韓國의 名文百選

沈在箕

(上)

이 책을 읽으실 분들께
(서문을 대신하여)

　어느새 세월이 흘러 인생을 마무리하여야 할 때가 가까웠습니다. 은혜로웠던 지난 생애에 대하여 감사하는 마음 그지없습니다. 그 마음의 만분지일이나마 세상에 보답하여야겠다는 생각에서 저는 이 작은 책을 꾸미게 되었습니다. 이것은 저의 보잘것없는 독서 비망록이지만 그래도 이 책을 읽으실 분들께 이 책이 어떻게 나오게 되었는가 하는 내력을 적어 저의 속마음과 이 책의 성격을 해명하고자 합니다.
　저는 1950년대 초반에 중·고등학교를 다녔습니다. 6·25 전쟁의 소용돌이 속에서 중학교 3년을 보냈습니다. 몇 권의 교과서를 피난 보따리 속에 넣고 다니며 교과서의 처음 몇 페이지를 배우고 나면 한 학기가 끝나고, 또 학년이 올라가는 세월이었습니다. 고등학교에 진학한 1953년에는 봄·여름 내내 휴전반대 데모를 하느라 수업시간도 줄이던 적이 있었습니다.
　그 시절에 국어문법 시간은 참으로 가관이었습니다. 첫 학기에는 이름씨, 움직씨, 느낌씨로 씨갈래 공부를 했는데, 그 다음 학기에는 명사, 동사, 감탄사라는 명칭으로 품사 분류가 바뀌는 것이었습니다. 담당선생님의 취향에 따라 교과서 선택이 달라지고 따라서 문법용어가 다르게 쓰였기 때문이었습니다. 이러한 분위기에서 저는 우리말에 대한 관심을 키우게 되었습니다. 그리고 드디어 대학교에 들어가 국어학을 전공하는 학생이 되었습니다.

대학생활은 참으로 행복했습니다. 훌륭한 스승님들 밑에서 학문하는 즐거움이 어떤 것인지를 감동의 연속으로 체득할 수 있었기 때문입니다. 그러나 일상의 생활은 지극히 험난하였습니다. 대학 4년 내내 가정교사 생활로 남의 집을 전전하며 동가식 서가숙을 하였기 때문입니다. 그 시절에는 온 나라가 경제적 어려움에서 허덕이던 때라 저의 어려움은 대개의 대학생들이 겪는 일이기도 하였습니다. 아마도 학문에 대한 열망이 행복한 마음을 지켜주었기 때문에 생활의 어려움을 어려운 줄도 모르고 이겨냈는지도 모르겠습니다.

1960년 봄, 저는 대학을 졸업하고 고등학교의 국어선생이 되었습니다. 그리고 대학원에 진학하여 국어학을 계속하였습니다. 세부 전공으로는 어휘론과 의미론을 선택하였습니다. 어휘와 의미에 특별한 관심을 갖고 공부하게 된 경위는 다음과 같습니다. 즉, 고등학교의 국어선생이 되어 수업을 담당하게 되었을 때, 저는 대학에서 배운 국어학 지식이 별로 도움이 되지 않는다는 것을 알게 되었습니다. 국어의 음운, 형태, 문법에 관한 지식은 우리말을 담는 겉그릇, 겉싸개, 곧 외형에 불과한 것이요, 그 알맹이 곧 내용에 대한 지식이 아니기 때문이었습니다. 그래서 우리말의 겉그릇이긴 하지만 그래도 속알맹이에 가까운 어휘와 의미 쪽으로 관심을 집중시키게 된 것이었습니다.

그러나 그것으로 만족할 수는 없었습니다. 국어과목이 본질적으로 통합교과의 성격을 띠는 것이라 국어 선생님은 모름지기 백과사전적 지식을 갖춘 만물박사가 되어야 하는 것이기 때문이었습니다. 게다가 관후하고 신실한 인품이 특별히 요구된다는 것도 심각하게 느꼈습니다.

그런데 1966년 봄에 저에게 놀라운 일이 벌어졌습니다. 송구스럽게도 제가 대학교수가 된 것입니다. 대학이라는 곳이 대체로 전공분야의 연구에 충실하면 기본적인 의무는 채우는 것이라 저의 무식함을 잠시 숨길 수는 있었습니다. 그렇지만 전공과목 이외에 교양국어를 담당하게 되면서 저는 고등학교 국어교사 시절의 무식과 무교양을 다시금 절감하게 되었습니다.

더구나 대학생들의 글짓기 능력을 증진시켜야 한다는 책임을 느끼면서 통합교과적 지식의 필요성이 더욱 간절하게 되었습니다. 그래서 저는 최소한 국학분야의 문학, 역사, 철학만이라도 조금씩 알아두어야겠다는 생각으로 우리 조상들의 글을 하나씩 찾아 읽기 시작하였습니다. 물론 저는 모자라는 한문실력을 보충하기 위하여 스승을 찾아 배우기도 하고 좋은 번역문을 구해 읽기도 하면서 조상들 한 분, 한 분의 정신세계를 들여다 볼 수 있었습니다. 그 기쁨은 이루다 형언할 길이 없었습니다.

그렇게 세월이 흘러 1990년대 말이 되었습니다. 그때 「한국인」이라는 교양지에서 좋은 글짓기 수련의 방편으로 조상들의 글을 한 편씩 소개하면 어떻겠느냐는 제의가 들어왔습니다. 그래서 저는 「한국의 명문 순례」라는 원고지 10매짜리 칼럼을 쓰기 시작했습니다. 그 반은 해설이고 나머지 반은 원문을 번역하여 소개하는 것이었습니다. 10여 편을 썼는데 불행하게도 「한국인」이 폐간되어 그 칼럼은 중단되었습니다. 그러다가 2000년대에 들어와 「한글+한자 문화」라는 잡지에 다시 그 칼럼을 실리게 되었습니다.

때마침 한자교육의 부활과 강화가 절실하게 된 시점이라 저의 칼럼은 분량의 제약을 벗어나 때로는 짧게, 때로는 길게 쓸 수 있었습니다.

그 칼럼들이 40여 편 쯤 모였을 무렵 저는 그것을 「永樂에서 蕩平까지」라는 제목을 붙여 세상에 선을 보인 적이 있었습니다. 지금부터 여섯해 전의 일입니다. 그때에 뜻있는 이들이 그 책을 찾아 읽고, 조상들의 글을 맛보기로 감상할 수 있어서 참으로 좋았다는 격려의 말씀을 해 주셨습니다. 그런데 이제 그 칼럼들을 추슬러 보니 100여 편이 넘게 쌓여 있는 것이었습니다.

그래서 다시 용기를 내어 이 책을 꾸미게 되었습니다. 좋은 글을 남기신 조상님들이 어찌 100분 밖에 되지 않겠습니까? 여기 실린 100여 편의 글은 급히 제 손에 잡히는 대로 뽑아 읽은 글들입니다. 그것도 한 분에 한 편씩만 뽑아 읽은 글들입니다. 한 분의 글만 연구하고 감상한다고 해도 한 평생이 모자랄 수 있는데 그 좋은 글들을 전부 다 섭렵할 수는 없는 일이니까, 한 분의 글도 한 편씩만, 그것도 일부분만 잘라낸 것이니 글자 그대로 맛보기 감상에 불과한 것입니다.

한 편의 글은 크게 네 부분으로 나뉘어 있습니다. 첫째 부분은 소개하는 글에 대한 총체적인 해설로서 그 글이 쓰인 역사적 배경과 글의 주인공을 소개하였습니다. 두 번째 부분은 원문의 현대어 번역문입니다. 오늘날의 감각에 맞게 하느라 때로는 의역한 부분도 있습니다. 세 번째 부분은 저의 개인적인 감상을 적었습니다. 일종의 평설입니다. 끝으로 마지막 부분은 한문 원문을 실었습니다. 한

문, 한자실력이 점점 떨어지는 요즈음, 한자는 보기만 해도 골치아파하는 분들에게 그래도 그것이 우리 조상님들의 혼령이 서린 본래의 글이니, 그 원문의 맛을 조금은 느껴보아야 하지 않겠느냐는 뜻에서 한문 원문을 실은 것입니다.

 이 책을 어떤 경위로 손에 들으셨건, 일단 손에 들으셨다면 시간 형편이 닿는대로 하루에 한·두편씩 꾸준히 읽기를 권합니다. 한 인물의 전 생애와 사상, 그 분이 살고 간 시대를 거슬러 역사적 현장을 상상하면서 글 내용을 검토하고 탐색해야만, 한 편의 글이 오늘날 우리에게 전하는 메시지를 어렴풋이 들을 수 있기 때문입니다. 그리고 할 수만 있다면 가장 감명 깊은 한두 구절에 밑줄을 치고, 그 구절의 한문 원문은 어떻게 되어 있는지 대조하여 기억하는 정성을 기울인다면, 이 책이 한국사상, 한국역사, 한국문학의 맛보기를 넘어서서 한국인이 누구인가를 말해주는 뇌성벽력 같은 호령을 들을 수도 있을 것입니다.

 단언하거니와, 이 책을 손에 든 분은 복되다 할 것입니다. 여기에 100분이 넘는 우리 조상님들의 숨결이 우리를 감싸고 호위하며 우리의 영혼을 살찌게 할 것이기 때문입니다. 삼가 이 책을 읽으실 분들의 건강과 행복을 기원하며 엮은이의 사연을 마칩니다.

2012년 1월 22일
북한산 끝자락 평창골 서재에서
沈 在 箕 삼가 적습니다.

|차 례|

〈上卷〉

■ 이 책을 읽으실 분들께

삼국시대

1. 광개토대왕(廣開土大王) 비문(碑文)   15
2. 원측(圓測)의 불설(佛說) 반야바라밀다심경찬(般若波羅密多心經贊)   20
3. 원효(元曉)의 대승기신론소(大乘起信論疏)   27
4. 의상(義湘)의 화엄일승법계도(華嚴一乘法界圖)   32
5. 혜초(慧楚)의 왕오천축국전(往五天竺國傳)   37
6. 최치원(崔致遠)의 격황소서(檄黃巢書)   42

고려시대

7. 균여대사(均如大師)의 보현십원가(普賢十願歌) 서(序)   49
8. 최행귀(崔行歸)의 역보현십원가서(譯普賢十願歌序)   54
9. 의천(義天)의 화폐론(貨幣論)   60
10. 김부식(金富軾)의 진삼국사기표(進三國史記表)   65
11. 이인로(李仁老)의 시화수필(詩話隨筆)   70
12. 지눌(知訥)의 목우자수심결(牧牛子修心訣)   75

13. 각훈(覺訓) 스님의 해동고승전(海東高僧傳)   80
14. 이규보(李奎報)의 시론(詩論)   86
15. 혜심(慧諶) 스님의 선문염송서(禪門拈頌序)   91
16. 최자(崔滋)의 보한집(補閑集)   97
17. 이승휴(李承休)의 제왕운기진정인표(帝王韻紀進呈引表)   102
18. 이제현(李齊賢)의 역옹패설(櫟翁稗說)   108
19. 경한(景閑) 스님의 선교통론(禪敎通論)   113
20. 이곡(李穀)의 차마설(借馬說)   119
21. 보우(普愚)의 현릉청심요(玄陵請心要)   126
22. 나옹화상(懶翁和尙) 혜근(惠勤)의 백납가(百衲歌)   132
23. 이색(李穡)의 자경잠(自儆箴)   138
24. 정몽주(鄭夢周)의 김해산성기(金海山城記)   145
25. 이숭인(李崇仁)의 상죽헌기(霜竹軒記)   152
26. 길재(吉再)의 산가서(山家序)   158

조선전기-상

27. 정도전(鄭道傳)의 조선경국전(朝鮮經國典)   167
28. 권근(權近)의 동국사략론(東國史略論)   172
29. 기화(己和) 스님의 현정론(顯正論)   178
30. 정인지(鄭麟趾)의 훈민정음서(訓民正音序)   183
31. 양성지(梁誠之)의 논군도(論君道)   188
32. 신숙주(申叔舟)의 해동제국기(海東諸國記)   195
33. 박팽년(朴彭年)의 쌍청당기(雙淸堂記)   200
34. 성삼문(成三問)의 송최주부귀양시서(送崔注簿歸養詩序)   206
35. 서거정(徐居正)의 필원잡기(筆苑雜記)   212
36. 강희맹(姜希孟)의 도자설(盜子說)   219
37. 김종직(金宗直)의 답남추강서(答南秋江書)   226
38. 김시습(金時習)의 고금군자은현론(古今君子隱顯論)   233
39. 성현(成俔)의 용재총화(慵齋叢話)   238

40. 남효온(南孝溫)의 귀신론(鬼神論) 243
41. 이언적(李彦迪)의 관서문답(關西問答) 249
42. 집현전문신(集賢殿文臣)의 동국병감(東國兵鑑) 255
43. 김안국(金安國)의 답대마도주서(答對馬島主書) 261
44. 권벌(權橃)의 청물허일본청화계(請勿許日本請和啓) 269
45. 조광조(趙光祖)의 계심잠병서(戒心箴竝序) 275
46. 서경덕(徐敬德)의 사직소(辭職疏) 280
47. 이준경(李浚慶)의 유차(遺箚) 285
48. 이황(李滉)의 진성학십도차(進聖學十圖箚) 291
49. 조식(曺植)의 유두류산기(遊頭流山記) 297
50. 보우(普雨) 스님의 회암사중수경찬소(檜巖寺重修慶讚疏) 303
51. 유희춘(柳希春)의 미암일기(眉巖日記) 311

■ 찾아보기 / 317

삼국시대

韓國의 名文百選 1

광개토대왕(廣開土大王) 비문(碑文)

　우리나라에서 가장 오래된 금석문(金石文)은 무엇일까? 그리고 그것은 어디에 있을까? 그 글은 「廣開土大王 碑文(광개토대왕비문)」이요, 그 비석은 고구려 옛땅 만주 벌판에 있다. 지금은 중국 요녕성(遼寧省) 집안현(輯安縣) 통구성(通溝城)이지만 비가 세워질 당시에, 그곳은 분명 고구려 땅이었으리라.

　414년에 세운 것이나 고구려의 쇠락과 함께 세상 사람들에게 잊힌 바 되어 땅 속에 묻힌 지 천년 세월, 우연히 밭갈이하는 농부가 발견한 것이 1880년이었다. 다시 세워놓고 보니 높이는 6.39m요, 무게 37t쯤으로 추정되는 거대한 네모꼴의 돌기둥이 새삼스럽게 1600년 전 우리 조상의 숨결을 내뿜고 있었다. 비석의 위아래는 약간 넓고 허리 부분은 좁은데 이 비석 네면에 모두 1,775자에 달하는 글자가 새겨져 있다. 글자 하나의 크기는 가로세로 12㎝요, 5㎜ 깊이의 음각이나 마멸된 글자가 많아 완벽하게 읽기에는 다소 어려움이 따른다.

그러나 고구려인의 웅혼한 기상을 짐작하는 데에는 조금도 손색이 없는 글자체와 문체를 보여준다. 어떠한 기교도 사용치 않은 고아한 해서체가 기본을 이루었고 문체 역시 담백하고 평이하면서도 상세한 서술 문체를 구사하였다. 꾸밈이 없이 쉽게 쓴 글이 어떻게 우리 후손의 가슴을 치는가 살펴보기로 하자.

옛날 시조 추모왕(鄒牟王)이 세운 나라로서 북부여로부터 시작되었다. 추모왕의 아버지는 천제(天帝)의 아들이셨고, 어머니는 하백(河伯)의 따님이셨다. 추모왕께서는 알을 깨고 세상에 태어나셨는데 태어나면서부터 성덕이 있으셨다. 하늘의 명을 따라 수레를 몰고 남쪽으로 내려오다가 부여 땅 엄리대수(奄利大水)를 지나가게 되었다. 왕께서 나룻가에 다다라 말씀하시기를 "나는 황천(皇天)의 아들을 아버지로 하고 하백의 따님을 어머니로 모신 추모왕이다. 나를 위해 갈대를 잇고 거북을 띄워라."하셨다.

그 소리에 응답하여 즉시 갈대가 엮어졌고 거북이가 떠올랐다. 그렇게 강을 건너, 비류곡의 홀본 서쪽 산 위에 성을 쌓고 도읍을 세웠다. (얼마 지나 왕께서는) 세상의 지위를 즐기지 않으시니 하늘에서 보낸 황룡이 내려와 왕을 맞았다. 왕께서는 홀본의 동쪽 언덕에서 용의 머리를 밟고 승천하시면서 세자 유리왕(儒理王)에게 명하시어 도로서 나라를 다스려 번창하게 하라 하셨다. 그 다음은 대주류왕(大朱留王)이 나라를 이으셨다.

그 후로 17대손에 이르러 국강상광개토경호태왕(國岡上廣開土境好太王)께서는 18세에 왕위에 오르시어 연호를 영락(永樂)이라 하시니 대왕의 은택은 온 천하에 퍼지고 그 위엄은 사해에 떨쳤다. 나라의 기강을 바로잡으니 나라가 가멸고 백성이 넉넉하였으며 오곡이 풍성하였다. (그러나) 하늘이 무심하여 (대왕의 나이) 39세에 나라를 버리고 떠나셨다. 갑인년 9월 29일 을유에 산릉을 옮겨 모시고 여기에 비를 세워 훈적을 새겨 후세에 보이고자 하니 그 내용은 다음과 같다.

영락 5년 을유년에 대왕께서는 비려(神麗)가 백성을 보살피지 아니하므로 몸소 군대를 거느려 나아가 토벌하였다. (중략) 그 무렵 백잔(百殘)과 신라(新羅)는 예부터 고구려의 속민(屬民)이어서 조공을 바쳐왔다. 〈그런데 왜가 신묘년(영락원년)에 바다를 건너왔으므로 (고구려는 왜를) 쳐부수고 (고구려는) 백잔과 ○○신라를 신민으로 삼았다.〉

영락 6년 병신년에는 대왕께서 몸소 수

광개토대왕릉비

군을 거느리고 잔국(殘國)을 토벌하였다. (중략) 잔국이 의로움에 굴복치 아니하고 감히 나아가 싸우려 하였다. 대왕이 크게 노하시어 아리수를 건너 군사를 보내어 공격하였다. 이에 백잔의 임금은 곤핍하여 남녀 1천명과 세포(細布) 천 필을 바치면서 대왕께 무릎을 꿇고 스스로 맹세하기를 "지금부터 영원토록 노객(奴客)이 되겠습니다."라고 하였다. 대왕께서는 그들이 앞서 저지른 잘못을 용서하시고 나중에 순종하는 정성을 받아들이셨다. 그때 58성 700촌을 얻었고 백잔 임금의 아우와 대신 10명을 거느리고 군대를 돌려 도읍으로 돌아왔다. (이하 생략)

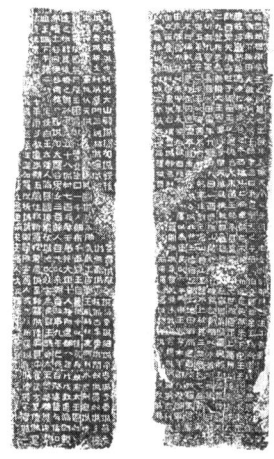

탁본

이 글은 9년, 10년, 14년, 17년, 20년에 광개토대왕이 국토를 넓혀 나아간 무공을 정리한 다음, 무덤 지키는 방법을 밝히는 수묘제도(守墓制度)로 마무리되어 있다.

이제 우리 후손들은 이 비문을 읽으면서 세월의 무상함을 반추할 것인가, 아니면 고구려인의 기백을 오늘에 되살려 21세기의 세계인으로 웅비할 기지개를 켤 것인가?

廣開土大王 碑文

惟昔 始祖鄒牟王之創基也. 出自北夫餘 天帝之子 母河伯女郎. 剖卵降世, 生而有聖德□□□□. □命駕巡幸南下 路由夫餘奄利大水. 王臨津言曰, "我是皇天之子 母河伯女郎 鄒牟王 爲我 連葭浮龜."

應聲卽爲 連葭浮龜. 然後造渡 於沸流谷 忽本西城 山上而建都焉. 不樂世位 天遣黃龍 來下迎王. 王於忽本東罡, 履龍首昇天. 顧命世子儒留王 以道興治 大朱留王 紹承基業.

遝至十七世孫 國罡上廣開土境平安好太王 二九登祚 號爲永樂 太王恩澤 洽于皇天, 武威振被四海掃除 □□庶寧其業. 國富民殷, 五穀豊熟. 昊天不弔, 世有九 宴駕棄國 以甲寅年九月廿九日乙酉 遷就山陵. 於是立碑銘記勳績 以示後世焉. 其辭曰

永樂五年 歲在乙未 王以稗麗不伺□人 躬率往討.(中略) 百殘新羅舊是屬民 由來朝貢.〈而倭以辛卯年 來渡海破百殘□□□羅 以爲臣民.〉

以六年丙申, 王躬率水軍, 討伐殘國.(中略) 殘不服義 敢出□□ 王威赫怒 渡阿利水 遣刺迫城.(中略) 而殘主困逼 獻□男女生口一千人 細布千疋(匹) 跪王自誓 "從今以後 永爲奴客." 太王恩赦 先迷之愆 錄其後順之誠. 於是 得五十八城 村七百 將殘主弟幷大臣十人 旋師還都.(下略)

韓國의 名文百選 2

원측(圓測)의 불설(佛說) 반야바라밀다 심경찬(般若波羅密多心經贊)

　원측(圓測, 613 진평왕35~696 효소왕5)은 신라 승이요, 또한 당나라 대덕(大德)이다. 신라사람으로 태어났으니 신라스님이요, 당나라 스님으로 활약하다가 그곳에서 세상을 떠났으니 또한 당나라 큰스님이다. 경주(慶州)근처 모량리(牟梁里)에서 왕손으로 태어났다고 전해오니 속명(俗姓)은 김씨일 듯. 문아(文雅)라는 이름도 함께 전해온다. 이름처럼 아름다운 생애를 약속받은 것인가? 그러나 무슨 인연으로 3살에 절에 맡겨져 절 밥을 먹고 자랐다. 고해의 혈혈단신은 전생의 업보이었는지 모른다. 다행히 그의 명민함과 총준(聰俊)함이 사람들 눈에 돋보여 15살에 당나라 공부 길에 올랐다. 훌륭한 스승을 만나는 것 또한 행운일 터, 법상(法常)과 승변(僧辨)이라는 두 스승 밑에서 불교 경전의 정수를 전해 받으며 용맹정진하는 그의 노력은 당나라 말과 산스크리트어를 제나라 말처럼 구사하는 천재스님의 명성을 얻게 하였다. 그리하여 그의 이름이 바로 당(唐) 태종에게 알려져 그는 도첩을 받고 장안(長安) 원법사(元法寺)에 머무는 당당한 당나라 법사가 되었다.

이때부터 그의 학문은 여의주를 문 비룡처럼 현란하였다.『비담론(毘曇論)』,『성실론(成實論)』,『구사론(俱舍論)』등 고금의 장소(章疏)에 통효하다는 소문이 세상에 퍼졌고,『유가론(瑜伽論)』,『성유식론(成唯識論)』이 현장법사(玄奬法師)에 의해 새로 소개되었을 때도 원측(圓測)은 그 경론들을 마치 나면서부터 아는 것인 양 풀이하였다. 당 태종은 이러한 원측의 능력을 깊이 사랑하여 장안 서명사(西明寺)의 대덕으로 주지하게 하였다. 이때부터 유식학을 강(講)하며 현장(玄奬)의 신역본(新譯本)을 토대로 수많은 논석(論釋)을 저술하여 유식학의 일가를 이루었다. 그러나 작은 나라 신라의 객승에 대한 질시는 그를 기다리는 또 하나 업보인 듯하였다. 당대 당나라 유식학의 정통을 주장하는 자은사(慈恩寺) 규기(窺基)스님과 그 일파의 갖은 모함은 원측을 운수객승(雲水客僧)으로 떠돌게 하였다. 그의 입적 후에도 한동안 당나라 스님들의 시샘이 계속되어 그의 이름이 잊혀질 듯하였으나 자

원측 사리탑 맨 아래에 놓여진 원측상

21

루 속의 송곳은 솟아 나오는 법, 서장대장경(西藏大藏經)의 논부(論部) 속에서 『해심밀경소(解深密經疏)』10권이 발견됨으로써 그의 이름과 학문이 새로운 평가를 받고 세상에 다시 빛을 보게 되었다.

7세기 80여 년을 살다간 신라출신 세계인, 원측. 그는 작은 나라에서 태어나 세계인으로 살면서 겪어야 하는 영욕을 천삼백 년이 지난 오늘날, 우리에게 말없이 전해주고 있다. 유저(遺著)도 거의 산일(散逸)되어 남아 있는 것이 많지 않다. 그 가운데서 『불설 반야바라밀다심경찬(佛說般若波羅密多心經贊)』의 일부를 옮겨본다.

불설 반야 바라밀다 심경을 해설함.

(전략)

◎ 佛說 般若 波羅密多 心經, 이것은 제목이다.

◎ 불설(佛說)이란 곧 설법을 행하신 주인을 표현한 것으로, 산스크리트 말로는 불타(佛陀)요 이것을 번역하면 깨달음[覺]인데 진지(眞智)와 속지(俗智)를 고루 갖추고 자각(自覺)과 각타(覺他)가 원만하므로 이름하여 불(佛)이라 하였고, 현묘(玄妙)한 문을 열어 젖혀서 중생들로 하여금 (의심을) 풀게 하였으므로 이름하여 설(說)이라 하였다.

◎ 반야(般若) 바라밀다(波羅密多)는 말씀하신 법내용을 드러내신 것이니 이 땅의 말로 번역하자면 "슬기가 저쪽 언덕(진리)에 이르렀다."하는 "지도피안(智到彼岸)"이 된다.

◎ 심경(心經)은 사리를 갖추어 설명한 바 가르침을 올바르게 밝힌 것인데 장부 가운데 心이 으뜸이듯 모든 반야(般若) 가운데 (이 經

이) 홀로 빼어나므로 이 가르침이 더없이 존귀하니 비유로 이름지어 心이라 하였고, 또 經에는 두 가지 뜻이 있으니 하나는 '꿰뚫는다'하는 관천(貫穿)이요, 또 하나는 '거두어 지닌다'하는 섭지(攝持)이니, 관천은 강설한 것을 의리를 따라 꿰뚫어 살피고, 섭지는 중생들을 교화하여 골고루 품고 거두어 지니는 것이다. 그러므로 이 經의 제목은 중심사상 풀이에 따라 능전(能詮: 사리를 갖추어 설명하는 것)과 소전(所詮: 사리를 갖추어 설명되는 것)을 아우르고 진리의 말씀, 곧 法을 비유의 방법으로 이름짓자니 불설 반야바라밀다 심경이라 하게 되었다.

(中略)

◎ 그러므로 이제 반야 바라밀다 기도문을 설명하겠다. 이 기도는 "아제아제 바라아제 바라승아제 보리사바하"라고 하는데("반야바라밀다"라는 처음 기도에 이어) 두 번째로 높이 받들어 찬양하는 기도이다. 이 기도는 기도하는 마음을 모아 두 마디로 나누어 읊는데 처음에는 높이 받드는 마음을 표현하기 위하여 길게 읊으며 나중에는 정성스럽게 소원을 비는 마음으로 찬송하여 읊는다. 그러나 이 기도를 해석하는 데에는 여러 가지 이설(異說)이 있어 한결같지 않다.

◎ 한 가지 설로는 이 기도는 번역할 수 없다는 것이다. 옛부터 시대를 이어 전해오는 것인데 본래 서역(西域)의 말로 된 비밀스런 말씀이므로 번역하면 그 영험함을 잃게 되니까 산스크리트 원말을 그대로 보존하는 것이다. 또 기도문 가운데에는 모든 성인(聖人)의 이름, 귀신(鬼神)의 이름, 모든 法의 깊고 깊은 뜻이 들어 있고 많은 뜻이 포함되어 있어서 이쪽 말로는 표현할 길이 없고 저쪽 말로 해야 마땅하므로 산스크리트 말을 보존하는 것이니 "바가범"(온갖 德을 성취하였다는 뜻의 산스크리트 말)도 그러한 기도문의 예라 하겠다.

◎ 또 한 가지 설에는, 모든 기도는 신비스러워야 하는 것이니 번역하여 말하여도 "나무아미타아불"같은 것으로 될 뿐이다. 이제 이 기도문을 풀이하기 위하여 셋으로 구분한다. 첫째는 "아제아제"다. 이것은 도도송(度度頌)이라 할 수 있다. 앞에서 '般若' 두 글자를 길게 읊었는데 이것은 '반야'가 큰 공이 있음을 드러내고 또 능히 스스로를 깨닫고 또 남도 깨닫게 할 수 있으므로 "깨닫게, 깨닫게 하소서."의 뜻으로 도도(度度)라 하는 것이다. 그 다음은 "바라아제 바라승아제"부분인데, 곧 바라밀다(波羅密多)를 (풀이하여) 길게 읊는 것이다. 이것은 저쪽 언덕(彼岸)에 도달함을 말하는 것이니 즉 열반(涅槃)은 피안(彼岸)의 이름이다. "깨닫고 깨달아 어느 곳에 이르는가?"를 말하는 "바라아제" 구절은 곧 피안을 일컫는 것이고, 깨달음의 장소를 일컫는 것이다. 그러므로 "바라아제"라고 말하였다. "바라아제" 부분을 글자대로 번역하면 위와 같다. "승아제"라 한 것은 일정한 경지에 도달함을 말한다. 끝으로 "보리사바하" 부분이다. 여기에서 "보리(菩提)"는 피안의 본체(피안 자체 곧 진리)이고 그 뒤의 "사바하"는 "매우 빠르다"를 뜻하는 말이다. 즉 현묘한 지혜로 말미암아 아름다움(勝)과 보람(功)과 쓰임(用)이 있음을 말함이니, 매우 빨리 현묘한 지혜를 발휘하여 진리의 피안에 도달하기를 바란다는 뜻이다.

◎ 또 하나의 설로는 이 기도를 사구(四句)로 보고 두 개의 마디로 나누는 것이다. 처음 두 구절 "아제아제 바라아제"는 法의 아름다움을 찬송한 것이고, 뒤의 두 구절 "바라승아제 보리사바하"는 사람의 아름다움을 찬송한 것으로 보기도 한다. 法을 노래한 부분에서 앞부분은 因이요, 나중은 果로 본다. "아제"를 두 번 반복한 것은 승승(勝勝)이니 원인(原因)이 되는 반야가 자리(自利)와 타리(他利)를 고루 갖추었으므로 勝을 두 번 읊어 승승(아름답고 아름답도다)이라 한

것이다. 그 다음 결과로서의 "바라아제"는 피안승(彼岸勝)을 말하였다. 반야(般若)로 말미암아 열반(涅槃) 곧 아름다운 진리, 피안을 얻었으니 피안승(진리의 아름다움이여!)이라 한 것이다.

사람을 노래한 것도 앞부분은 因이요 나중은 果라 하겠다. "바라승아제"는 피안승승(彼岸勝勝)을 말한 것이니 이것은 원인이 되는 일승보살(一乘菩薩)이 피안을 갈망하여 구하는 사람을 노래한 것이요, 그 다음 "보리사바하"는 최후의 경지에 도달한 깨달음을 말한 것이니 이것은 결과가 된 삼신과인(三身果人)이 法을 깨달음이 이미 충만하여 깨달음이 궁극에 이르렀음을 가리킨 것이다.

◎ 또 다른 설로서 이 사구(四句)는 불법승(佛法僧) 삼보(三寶)의 아름다움을 노래한 것이라 보기도 한다. 처음 2구는 법보(法寶)를 찬양한 것임을 알 수 있으니 처음은 행법(行法)이요, 나중은 과법(果法)이며 나중의 제3구와 제4구는 각기 승보(僧寶)와 불보(佛寶)를 찬양한 것으로 보는 것이다.

불자(佛子)가 아니라도 한국 사람이라면 누구나 반야바라밀다주(呪)를 들어보았을 것이요, 또 소리내어 읊어 보았을 것이다. 그러나 그 뜻을 올바르게 아는 이 그 몇이랴? 이제 위의 두 번째 풀이를 근거로 평이한 현대어로 이 기도문을 옮겨 보기로 하자.

"부처님. 저희의 지혜가 영글어 진리의 언덕에 이르게 하여 주소서. 진리의 아름다움 깨닫게 하여 주소서. 그리하여 진리의 언덕에 도달하게 하소서. 하루라도 빨리 진리의 언덕에 도달하여 부처님의 아름답고 완전하심, 부처님의 공덕과 은혜를 풍성하게 누리도록 허락하소서. 부처님을 높이 받들어 공경하나이다."

◎ 佛說般若波羅蜜多心經 言題目者

◎ 佛說卽是 標能說主 梵音佛陀 此飜名覺 具眞俗智 自他覺滿 故名爲佛. 開敷妙門 令衆生解 名之爲說.

◎ 般若波羅蜜多 辨所說法 此土飜爲 智到彼岸.

◎ 心經正顯 能詮之敎 盧道之中心王 獨秀於諸般若 此敎最尊 從諭立名 故曰心也. 經有二義 貫穿攝持 貫穿所應說義 攝持所化衆生. 故此卽依主 就能所詮 法諭立號 故言佛說般若波羅蜜多心經.

◎ 故說般若波羅蜜多呪 卽說呪曰 揭諦揭諦 波羅揭諦 波羅僧揭諦 菩提莎婆呵者 此卽第二擧頌 結歎於中有二 初長行標擧 後頌正歎 然釋此頌 諸說不同.

◎ 一曰 此頌不可飜譯 古來相傳 此呪乃是 西域正音 祕密辭句 飜卽失驗 故存梵語 又解呪中 說諸聖名 或說鬼神 或說諸法 甚深奧義 言含多義 此方無言 正當彼語 故存梵音 如薄伽梵.

◎ 一曰 諸呪密可 飜譯如言 南無佛陀耶等. 釋此頌句 判之爲三 初揭諦揭諦 此云度度頌 前長行般若二字 此顯般若有大功 能自度度他 故云度度. 次波羅等句 卽頌長行 波羅蜜多 此云彼岸到 是卽涅槃 名彼岸也. 揭諦言度度到何處 謂卽彼岸 是度之處 故云波羅揭諦. 言波羅者 飜名如上 僧揭諦者 此云到竟. 言菩提者 是彼岸體 後莎婆呵 此云速疾 謂由妙慧 有勝功用 卽能速疾 到菩提彼岸.

◎ 又解頌中 有其四句 分爲二節 初之二句 約法歎勝 後有二句 就人歎勝 就約法中 先因後果 重言揭諦 此云勝勝 因位般若 具自他利 二種勝用 故云勝勝 波羅揭諦 言彼岸勝 由般若 故得涅槃勝岸 故言彼岸勝 就歎人中 先因後果 波羅僧揭諦 此云彼岸勝勝 此歎因位 一乘菩薩 求彼岸人 菩提莎婆呵 此云覺究竟 此歎果位 三身果人 覺法已滿 名覺究竟.

◎ 或可四句 歎三寶勝 初之二句 如次應知 歎行果法 第三四句 如次應知 歎僧及佛矣.

韓國의 名文百選 3

원효(元曉)의 대승기신론소
(大乘起信論疏)

　한평생 세상살이를 거리낌 없는 자유인으로 멋지게 살다 간 신라의 큰스님 원효(元曉, 617~686). 만일에 그분이 없었다면 한국의 사상사에서 신라 불교의 깊이와 넓이를 어떻게 말할 수 있으며 한국적 철학의 우수성을 어떻게 내세울 수 있었을까. 만일에 그분이 이 세상에 오지 않았다면 신라의 불교사상은 허전한 들판에 지나지 않았을 것이고, 세속(世俗)과 해탈(解脫)의 경지가 둘이 아니요 하나임을 말하기가 무척 힘들었을 것이다.
　그의 구도행각(求道行脚)이 있었기 때문에 사물이 그 자체로는 깨끗한 것도 아니요 더러운 것도 아니라는 불교의 진리를 쉽게 깨달을 수 있었고, 성속(聖俗)을 넘나든 그의 실천적 삶이 생생한 증거가 되었기 때문에 원융회통(圓融會通)을 부르짖는 그의 사상이 우리의 심금을 울리게 되었다. 진실로 극적인 삶이요 증거의 일생이었다.

그러나 원효가 그토록 거룩한 스님이요, 찬란한 인생의 소유자이었다 할지라도, 그가 불교사상사에 영원히 기억될 명작들을 남기지 않았다면, 그의 행적은 다만 하나의 기행(奇行)에 머물렀을 것이다. 그러므로 원효의 원효다움은 어디까지나 그가 남긴 글월에 있다. 오늘날 남아 있는 그의 저술은 명문 아닌 것이 없으니 어느 것을 읽어도 될 것이다. 여기서는 「大乘起信論疏(대승기신논소)」의 처음 부분을 읽어보기로 한다.

대저 대승(大乘)의 본질은 고요하고 그윽하다. 그윽하고 또 그윽하지만 어찌 세상만물의 모습에서 벗어났겠는가. 고요하고 또 고요하지만 오히려 많은 사상가들의 언설(言說)안에 있다. 만물의 모습에서 벗어나지 아니하였건만 다섯 단계의 밝은 눈[眼]으로도 그 형체를 볼 수 없고, 언설 안에 있으나 네 단계의 뛰어난 설법[辯]으로도 그 형상을 바르게 말할 수 없다.

크다고 말하고자 하나, 온 우주 안에서 가장 작다고 하는 것(無內: 더 이상 속 부분이 없는 것. 원자핵 같은 것) 속에도 넉넉하게 들어갈 수 있고, 작다고 말하

원효(元曉)

고자 하나 더 이상의 바깥이 없는 우주의 외곽(無外: 더 이상의 밖이 존재하지 않는 무한대의 공간)을 둘러싸고도 오히려 남음이 있다. "있다"는 것에다 끌어 붙이자니 한결 같은 진리의 이치가 이것 때문에 빈 것(空)같으며, "없다"는 것에서 찾자니 만물이 이것을 의지하고 이용하여(乘) 생겨났다.

어떻게 말해야 좋을까 생각하다가 대승이라고 이름을 붙였다. 입을 다물고 말하지 않음으로써 뜻을 전한 유마거사(維摩居士)나, 눈길을 마주쳐도 도가 전달된 온백설자(溫伯雪子) 같은 이가 아니라면 누가 능히 말을 하지 않으면서 대승을 논하며, 생각이 더 이상 나아가지 못하여 멈춘 상태에서 깊은 신심을 일으키게 할 수 있겠는가. 그러므로 마명(馬鳴)보살이 조건 없는 큰사랑으로 어둠 속 허망한 바람에 표류하는 마음 바다를 불쌍히 여기고, 또 본각진성(本覺眞性)이 긴 꿈속에 잠들어 있어서 깨어나기 어려움을 가엾이 여겨서, 중생의 몸과 자기의 몸이 본래 하나임을 깨닫는 슬기, 곧 동체지(同體智)의 힘으로 이 론(論)을 지어서 여래의 깊은 사상, 오묘한 진리를 풀이하여 공부하는 이들로 하여금 책장을 넘기면 경(經)·율(律)·론(論) 삼장(三藏)의 뜻을 두루 더듬게 하고, 도를 닦는 이들에게는 온갖 경계를 뛰어 넘어 일심(一心)의 근원으로 돌아가게 하려고 한 것이다. 설명은 길겠지만 요약하면 위와 같다.(중략)

이 논의 뜻이 이와 같으니 펼쳐 놓으면 한없고 끝없는 뜻이 으뜸이 되고, 모아 놓으면 이문(二門: 마음의 두 가지 측면, 깨끗한 마음과 더러운 마음) 일심의 법이 핵심이 된다. 이문 안에 만 가지 뜻을 포함하되 어지럽지 않고, 끝없는 뜻이 한 가지 일심으로 엉기어 모인다. 그러므로 펼침과 모음이 자유롭고, 주장하고 부정함에 의심이 없다. 펼쳐도 번잡하지 아니하고, 모아도 옹졸하지 않다. 주장한다 하여도

> 얻음이 없고, 부정한다 하여도 잃음이 없다. 이것이 마명(馬鳴)의 묘술(妙術)이요 기신(起信)의 핵심이다. (이하 생략)

이 번역은 원문이 지닌 호방하면서도 치밀한 맛을 십분의 일도 살려내지 못했다. 그러나 독자들은 "대승"이 부처님의 본성을 뜻하는 "큰마음", 우리가 지니고 있는 본래의 마음이라는 것을 짐작했을 것이다. 그리고 또 감탄했을 것이다. 신라에 불교가 들어온 지 300년도 되지 않아 어떻게 원효와 같은 위대한 불교 사상가가 탄생되었는가 하는 것을.

大乘起信論疏

　夫大乘之爲體也. 蕭焉空寂 湛爾沖玄 玄之又玄之 豈出萬像之表 寂之又寂之 猶在百家之談 非像表也 五眼不能見其軀 在言裏也 四辯不能談其狀 欲言大矣 入無內而莫遺 欲言微矣 苞無外而有餘 引之於有 一如用之而空 獲之於無 萬物乘之而生 不知何以言之 强號之謂大乘.

　自非杜口大士 目擊丈夫 誰能論大乘於離言 起深信於絶慮者哉 所以馬鳴菩薩 無緣大悲 傷彼無明妄風 動心海而易漂 愍此本覺眞性 睡長夢而難悟 於是同體智力堪造此論 贊述如來深經奧義 欲使爲學者暫開一軸 徧探三藏之旨 爲道者永息萬境 遂還一心之原 所述雖廣 可略而言(中略)

　此論之意 旣其如是 開則無量無邊之義爲宗 合則二門一心之法爲要 二門之內 容萬義而不亂 無邊之義 同一心而混融 是以開合自在 立破無礙 開而不繁 合而不狹 立而無得 破而無失 是爲馬鳴之妙術 起信之宗體也.(下略)

韓國의 名文百選 4

의상(義湘)의 화엄일승법계도
(華嚴一乘法界圖)

　신라에 불교가 들어온 것은 5세기 초엽이요, 그로부터 100여 년이 흐른 6세기 초엽(A.D.527)에 이차돈(異次頓)이 흰 피를 뿜으며 순교하였다고 전해진다. 그로부터 100여 년이 흐른 7세기에 들어서면 찬연한 불교문화가 펼쳐진다. 원효(元曉), 원측(圓測), 의상(義湘) 등이 모두 7세기 신라의 불교문화를 꽃피운 고승 대덕들이다. 원효가 신라 땅을 한 걸음도 벗어나지 않은 국내파 학승이라면, 원측은 신라의 왕손으로 어려서 당나라에 유학하여 당태종으로부터 도첩을 받고, 당나라에서 활약하다가 그곳에서 죽었으니, 그는 국외파 학승이라 할 수 있다.
　그러나 의상(義湘, 625~702)은 나라 안팎을 두루 넘나든 큰 스님이었다. 36세 늦은 나이에 바닷길로 당나라에 들어가 지엄(至儼)의 문하에서 10년 동안 화엄종을 연구하고 46세 되던 671년에 귀국하여 해동화엄종(海東華嚴宗)을 처음으로 시작하니, 그의 문하에 당대의 똑똑하고 젊은 스님들이 구름같이 모여들었다. 의상십철(義湘十哲)이라 일컫는 훌륭한 제자 스님들이 의상이 아니면 어떻게 배출되었겠는가. 고려 숙종(肅宗)이 해동화엄시조원교국사(海東華嚴始祖圓敎國師)라는 시호를 내린 것은 너무도 당연하고 오히려 때늦은 조처였다.

의상(義湘)

의상이 일찍이 화엄의 진수를 간결하게 정리한 반시(槃詩)를 지으니 이름하여 「화엄일승법계도」라 한다.

> 법성(法性)은 둥글고 둥글어서 두 상(相)이 없으며
> 제법(諸法)은 움직이지 않으니 본래 고요하다.
> 명(名)도 없고 상(相)도 없이 모두 끊어졌는데
> 증지(證智)의 아는 바요, 다른 경(境)이 아니다.
> 진성(眞性)은 지극히 그윽하고 미묘하여
> 자성(自性)을 지키지 않아도 인연 따라 이루어진다.

하나 속에 모두 있고 많음 속에 하나 있으니
하나가 곧 모두요, 많음이 곧 하나이니
하나의 티끌 속에도 온 우주 들어 있고
모든 티끌 속에 온통 우주 들어 있다.
무량(無量)한 먼 겁(劫)도 일념(一念)일 뿐이요,
일념 또한 무량겁이 아니겠는가.
구세(九世) 십세(十世) 영원이 서로 붙었으나
혼잡하지 아니하고 구분이 뚜렷하다.

초발심(初發心)할 때가 다름아닌 정각(正覺)이니
생사 열반이 항상 함께 어울린다.
이론과 실제가 막막하여 구분이 안 되는가.
십불(十佛) 보현(普賢)이 큰 사람의 경(境)일세.
부처께서 해인삼매(海印三昧)에 계시면서
진리 중의 진리, 불사의(不思議)를 보이시니
은총의 비가 가득하여 중생을 돕고
중생들은 그릇에 따라 이익을 얻네.
그러므로 행자(行者)여, 제 자리에 돌아와
망상(妄想)을 끊어야 얻음이 있겠구나.
인연 없는 참 공부로 진리를 붙잡고
집에 와 분수에 따라 자량(資糧)을 얻으라.
다라니의 다함없는 보배를 지녀
법계(法界)의 참 보전(寶殿)을 장엄하게 꾸미고
마지막까지 있어야 할 중도상(中道床)에 앉으니
예로부터 움직임 없는 부처라는 분일세.

이 반시(槃詩)는 글자 그대로 소반 위에 놓고 빙글빙글 돌려가며 읽도록 되어 있다. 法자에서 시작하여 맨 마지막의 佛자까지 읽으면 7言 30行의 전체를 마무리하게 되어 있다. 자리행(自利行)이 제 1행에서 제 18행까지이고, 이타행(利他行)이 제 19행에서 제 22행까지이며, 제 23행에서 제 30행 끝까지가 수행방편을 묘사하였다.

가만히 뜻을 음미하면서 감상해 보면 우리들 자신이 곧 부처라는 착각을 느끼게 된다. 그러나 다시 생각해 보자. 초발심(初發心, 처음 부처님을 따르겠다고 결심한 때)할 때가 곧 깨달음의 극치에 도달한 정각(正覺)이라고 선언하며 현세의 죽고 사는 일이 내세의 열반과 맞물려 있어서 부처님이 설법하신 불사의(不思議)의 진리를 분수에 따라 받아들이라고 일깨우고 있는데, 우리가 그 말씀에 따라 정진(精進)하기만 한다면 우리들이 부처가 되는 것은 수유지간(須臾之間)이 아니겠는가?

의상 스님의 위대함은 이렇듯 부처님 되기가 어려운 일이 아니라고 우리들 속인의 머뭇거림을 용기로 바꾸게 하는 능력이었던 것 같다.

그렇다고 우리가 이「화엄일승법계도」한 편을 읽고 화엄사상의 진수를 알았다고 경망하게 떠벌리는 일은 없어야 하겠다.

華嚴一乘法界圖

法性圓融無二相
諸法不動本來寂
無名無相絶一切
證智所知非餘境
眞性甚深極微妙
不守自性隨緣成
一中一切多中一
一卽一切多卽一
一微塵中含十方
一切塵中亦如是
無量遠劫卽一念
一念卽是無量劫
九世十世互相卽
仍不雜亂隔別成
初發心時便正覺
生死涅槃常共和
理事冥然無分別
十佛普賢大人境
能仁海印三昧中
繁出如意不思議
雨寶益生滿虛空
衆生隨器得利益
是故行者還本際

回息忘想必不得
無緣善巧捉如意
歸家隨分得資糧
以陀羅尼無盡寶
莊嚴法界實寶殿
窮坐實際中道床
舊來不動名爲佛

韓國의 名文百選 5

혜초(慧超)의 왕오천축국전
(往五天竺國傳)

　신라의 스님 혜초(慧超, 704~787)는 그가 지은 『往五天竺國傳(왕오천축국전)』이 없었다면 세상에 알려지지 않았을 우리 조상이다. 그는 16세에 중국 광주(廣州)로 건너가 인도승 금강지(金剛智)의 제자가 되어 불법을 닦다가 20세에 스승의 명을 받들어 인도로 구도(求道)의 여행을 떠났다.
　광주에서 배를 타고 인도의 동쪽 땅에 올라 동천축국, 중천축국, 남천축국, 북천축국을 차례로 답사하고 캐시미르 지방을 지나, 파키스탄, 아프가니스탄, 파미르고원을 넘어 중국의 신강성으로 들어와 안서도호부(安西都護府)가 있는 쿠차에 도착한 것은 727년 11월 상순, 그의 나이 24세 때였다. 이때에 보고들은 것을 기행문의 형식으로 간략하게 적은 것이『왕오천축국전』이니 우리나라 조상이 쓴 최초의 인도풍속지로서 서역사(西域史) 연구에 둘도 없는 귀중한 자료이다.

 그러나 혜초가 기행문을 쓰지 않았다면, 그리고 이 책이 중국 돈황(敦煌) 천불동(千佛洞) 굴속에 보존되지 않았다면, 그리하여 프랑스의 동양학자 펠리오(Pelliot)가 찾아내어 세상에 알리지 않았다면, 더 나아가『왕오천축국전』의 저자 혜초가 신라 사람이란 것을 밝혀낸 일본인 학자 다카스키(高楠順次郎)가 아니었다면, 우리는 지금 혜초 스님을 우리 민족 최초의 세계인이요, 자랑스런 조상이라고 어떻게 말할 수 있을 것인가? 송구한 마음으로 중천국 답사 부분을 읽어보자.

 파라나시국을 지나 중천국의 왕이 사는 성에 다다르니 그 성의 이름은 '갈라급자'라고 하였다. 이 나라는 땅이 넓고 인구도 많다. 왕은 코끼리를 900 마리나 소유하였고, 나머지 수령들도 제각기 2~300 마리씩 가지고 있다. 왕은 언제나 몸소 군대를 거느리고 싸

왕오천축국전(往五天竺國傳)

움을 하는데, 이웃 네 나라와 전쟁을 하면 그때마다 승리를 거둔다.

그러자 이웃나라에서는 코끼리와 병사 수가 미치지 못함을 깨닫고, 강화를 요청하여 해마다 공물을 바치면서 충돌을 삼간다. 의복, 언어, 풍속, 법률은 이들 다섯 나라가 서로 비슷하다. 다만 남천축국은 지방사람들이 쓰는 사투리가 독특한데, 벼슬아치의 종류는 중천축국와 다름없다.

이 다섯 천축국의 법에는 목에 칼을 씌우거나 매를 때리거나 감옥에 가두는 형벌이 없다. 죄를 지은 사람이 있으면 죄의 경중에 따라 벌금만 물릴 뿐 사형에 처하지는 않는다. 위로는 국왕으로부터 아래로는 일반 서민에 이르기까지, 매를 날리고 개를 몰며 사냥하는 모습이 눈에 띄지 않는다. 행인을 노리는 도적이 많지만 물건만 빼앗고 사람은 그냥 풀어줘 다치게 하거나 목숨을 빼앗는 일이 없다. 만약 물건을 내놓지 않으려 하다가는 오히려 몸까지 다치는 수가 있다.

날씨가 매우 따뜻하기 때문에 식물은 사시사철 푸르며, 서리나 눈을 모르고 지낸다. 쌀, 떡, 보릿가루, 버터, 우유 등을 먹고사는데, 간장이 없고 소금으로 간을 맞춘다. 쇠로 만든 솥이 없기 때문에 모두 질그릇에다 밥을 지어 먹는다. 백성들은 별다른 부역과 조세를 떠맡지 않고 왕에게 곡식 다섯 섬을 바치기만 하면 되는데, 땅임자는 왕이 사람을 보내어 나르기를 기다린다.

나라 안에 가난한 사람은 많고 부유한 사람은 적다. 왕과 벼슬아치 그리고 부자들은 모직으로 지은 옷을 아래위로 두르지만, 가난한 사람들은 반 조각만 걸치고 있을 뿐이다. 여자들도 마찬가지다.

왕이 관청에서 일을 보고 있을 때 관리와 백성들이 왕을 둘러싸고 앉는다. 자리를 잡고 나면 저마다 옳다고 주장하며 소송을 내어 시끄럽게 한다. 그러나 왕은 말없이 듣기만 하다가 마지막에 가서야 누가 옳고 그른지를 가려낸다. 백성들은 왕의 마지막 한마디 말을 결정판결로 받아들이고 다시는 재론하지 않는다.

왕과 귀족들은 삼보(三寶: 佛.法.僧)를 매우 공경하며 믿고 받들기 때문에, 스님과 마주하는 자리에서는 의자 대신 땅바닥에 앉기를 더 좋아할 정도이다. 또 나들이할 때에는 의자를 가지고 뒤따르게 하여, 가는 곳마다 거기에 앉고, 다른 의자는 쓰지 않는다.(이하 생략)

오늘날 전해지고 있는 이 기행문은 혜초의 원본이 아니고 당나라 스님 혜림(慧琳)이 원본을 보고 줄여서 쓴 절약본(節略本)이기 때문에 원문이 나타냈을 법한 자상스럽고 정갈스런 문체를 맛볼 수 없는 아쉬움이 있다. 그러나 사실을 보고들은 대로 쓰는 기사문이 어떠해야 하는가를 보여주는 데에는 손색이 없는 글이다.

往五天竺國傳

　又卽從此波羅疤斯國 □□□月至中天竺國王住城 名葛那及自 此中天王境界極寬 百姓繁鬧王有九百頭象 餘大首領各有三二百頭 其王每自領兵馬鬪戰 常與餘四天戰也 中天王常勝 彼國等 自知象少兵少 卽請和 每年輪稅 不交陣相煞也 衣著言音 人風法用 五天相似 唯南天村草百姓 語有差別 仕□之類 中天不殊

　五天國法 無有枷棒牢獄 有罪之者 據輕重罰錢 亦無刑戮 上至國王 下及黎庶 不見遊獵放鷹走犬等事 道路雖卽足賊 取物卽放 不殤煞 如若怯物 卽有損也 土地甚暖 百卉恒靑 無有霜雪 食唯粳糧餠麨蘇乳酪等 無醬有鹽 總用土鍋 煮飯而食 無鐵釜等也 百姓無別庸稅 但抽田子五石與王 王自遣人運將 田主勞不爲送也 彼土百姓 貧多富少 王官屋裏 及富有者 著氎一雙 其外一隻 貧者半片 女人亦然 其王每坐衙處 首領百姓 總來遶王 四面而坐 各諍道理 訴訟粉粉 非常亂鬧 王聽不嗔 緩緩報云 汝是汝不是 彼百姓等 取王一口語爲定 更不再言 其王首領等 甚敬信三寶 若對師僧前 王及首領等 在地而坐 不肯坐床 王及首領 行坐來去處 自將牀子隨身 到處卽坐 他牀不坐.(下略)

韓國의 名文百選 6

최치원(崔致遠)의 격황소서(檄黃巢書)

　신라 사람 고운(孤雲) 최치원(崔致遠, 857~?)은 몇 개의 신기록을 갖고 있는 분이다. 첫째는 12살이라는 최연소의 나이로 당나라에 유학을 떠났다는 것, 둘째는 그 당나라에서 18살에 장원급제하여 벼슬살이를 한 최초의 신라인이 되었다는 것, 셋째는 우리나라 최초로『桂苑筆耕(계원필경)』이라는 개인문집을 낸 분이라는 것 등이다.
　여기에 한 가지 덧붙인다면 그것은 우리나라의 명문장가를 고른다고 할 때에 가장 먼저 손꼽힐 분이 바로 고운 최치원이라는 사실이다.
　그가 당나라로 유학의 길을 떠날 때 그의 아버지는 이렇게 말했다고 한다. "10년이 되도록 과거에 급제하지 못하면 내 아들이 아니다. 가서 힘써 노력하라."

　과연 그는 당나라에 도착하여 글공부에 정진하였고, 18세의 약관에 선주(宣州) 율수(溧水)의 현위(縣尉)에 임명되었다. 재임 중의 실적을 인정받아 승무랑 시어사내공봉이 되었는데 이 무렵 황소(黃巢)의 난이 일어나자, 그 토벌의 임무를 맡은 절도사 고변(高駢)이라는 이의 종사관으로 종군하면서 온갖 글짓기를 도맡았었다. 이 때에 지은 글들은 대개 4·6병려체(騈儷體)의 아름다운 명문들이다. 그 가운데에서도 황소에게 보내는 격문(檄文) 편지는 명문 중의 명문으로 세상에 널리 알려졌다. 그 글을 간추려 읽어보자.

　황소(黃巢)에게 고한다. 대저 올바른 것을 지키고 떳떳한 것을 가꾸어 닦는 것을 도(道)라 하며 위태로운 지경에 이르러 잠시 제도를 바꾸는 것을 권(權)이라 한다. 슬기로운 사람은 때에 순응하기 때문에 성공하는 것이요, 어리석은 자는 이치를 거스르기 때문에 실패하는 법이다. 비록 백년 안에 목숨이 죽고 사는 것은 기약할 수 없는 것이지만 만 가지 일은 마음 가지기에 있는 것이므로 그 일의 옳고 그름은 분별할 수 있는 법이다. 이제 내가 임금의 군대를 거느려 정벌을 하려니와 맞서 싸우는 것은 아니요, 군대를 이끄는 것도 은덕을 앞세우는 것이요, 베어 죽이는 일은 뒤로 미루는 법이다. 앞으로 평화를 회복하고 신의를 펴려 하매 공경하올 임금님의 명을 받들어 간사한 꾀를 쳐부수려 한다.

　그대는 본래 평범한 여염집의 자식으로 태어나 갑자기 억센 도적이 되어 우연히 시세를 타고 나라의 기강을 어지럽히더니 드디어 불칙한 마음을 갖고 높은 자리를 노려보며 도성을 침노하고 궁궐을

최치원(崔致遠)

더럽혔으니 이미 죄는 하늘에 닿았고 드디어 멸망하리란 것을 잘 알 것이다.

아, 요순시대로부터 오늘에 이르기까지 양심을 저버리고 충의를 잃은 너 같은 무리가 어느 시대인들 없었겠는가. 그러나 잠깐 동안 못된 짓을 하다가 필경에는 섬멸되고 말았느니라. 하물며 너는 평민으로 태어나 들판에서 무리의 우두머리가 되어 불지르고 겁탈하는 것을 계책인 줄 알고 사람 죽이는 일을 장한 일로 생각하며 헤아릴 수 없는 악행을 저지르면서도 뉘우치는 마음은 조금도 없으니 온 천하의 사람들이 모두 너를 죽이려고 생각하지 않겠는가? 땅속의 귀신들도 너를 목베어 죽이자고 하는 의논을 끝마쳤으리라. 비록 지금은 목숨이 붙어 있으나 벌써 정신은 죽었고 넋은 빠져나갔으리라.

대저 사람의 일이란 제가 제 자신을 제일 잘 아는 법이다. 내가 헛말을 하는 것이 아니니 너는 모름지기 살펴 들으라. 요즈음 우리 임금의 덕이 깊어 더러운 것도 참아주고 은혜가 무거운지라 결점을 따지지 아니하고 너에게 장령의 직분을 주어 지방의 병권을 맡겼거늘 너는 임금의 덕화를 등지고 군대를 궁궐에까지 몰고 와서 임금의 행차를 먼 지방으로 피하게 되었다. 임금께서는 너에게 죄를 용

> 서하는 은혜가 있었는데 너는 이토록 은혜를 저버린 죄인이 되었다. 반드시 얼마 안 가 죽고 망할 것이니 어찌 하늘을 두려워하지 아니하는가.(이하 생략)

　황소는 이 격서를 읽다가 "귀신도 너를 목 베어 죽이고자 하는 의논을 끝마쳤으리라"하는 구절에 이르러 자기도 모르게 앉았던 평상에서 굴러 떨어졌다는 이야기가 전해 온다.
　이렇듯 도도히 흐르는 강물처럼 막힘이 없는 글을 지은 최치원이었건만 그의 말년은 그렇게 유복하지는 않았다. 스물아홉에 조국과 부모님이 그리워 신라로 돌아왔으나 신라는 최치원의 천재성을 반겨 맞이할 줄을 몰랐다. 이미 신라가 기울고 있었기 때문이었다.

檄黃巢書

　　告黃巢 夫守正修常曰道 臨危制變曰權 智者成之於順時 愚者敗之於逆理 然則雖百年繫命 生死難期 而萬事主心 是非可辨 今我以王師 則有征無戰 軍政則先惠後誅 將期剋復上京. 固且敷陳大信 敬承嘉諭 用戢奸謀.

　　且汝素是遐甿 驟爲勍敵 偶因乘勢 輒敢亂常 遂乃包藏禍心 竊弄神器 侵凌城闕 穢黷宮闈 旣當罪極滔天 必見敗深塗地.

　　噫 唐虞已降 苗扈弗賓 無良無賴之徒 不義不忠之輩 爾曹所作 何代而無 遠則有劉曜王敦 覬覦晉室 近則有祿山朱泚 吠噪皇家. 彼皆或手握強兵 或身居重任 叱吒則雷奔電走 喧呼則霧塞烟橫 然猶暫逞奸圖 終殲醜類 日輪闊輾 豈縱妖氛 天綱高懸 必除兇族 況汝出自閭閻之末 起於隴畝之間 以焚劫爲良謀 以殺傷爲急務 有大愆可以擢髮 無小善可以贖身 不唯天下之人 皆思顯戮 仰亦地中之鬼 已議陰誅 縱饒假氣遊魂 早合亡神奪魄.

　　凡爲人事 莫若自知 吾不妄言 汝須審聽 比者我國家 德深含垢 恩重棄瑕 授爾節旄 寄爾方鎭 爾猶自懷鴆毒 不斂梟聲 動則齧人 行唯吠主 乃至身負玄化 兵纏紫微 公侯則奔竄危途 警蹕則巡遊遠地 不能早歸德義 但養頑兇 斯則聖上於汝 有赦罪之恩 汝則於國 有辜恩之罪 必當死亡無日 何不畏懼于天(下略)

고려시대

韓國의 名文百選 7

균여대사(均如大師)의 보현십원가(普賢十願歌) 서(序)

지금부터 일천여 년 전 10세기 중엽의 고려사회는 어떤 모습이었을까? 10세기 전반기는 고려가 건국되고 삼국을 통일하는 정치적 격동으로 숨돌릴 겨를이 없었을 것이다. 918년에 왕건의 고려 건국, 926년에 발해의 멸망, 그 유민들의 이주, 935년에 신라 복속, 936년에 후백제 멸망, 이렇듯 숨가쁜 격변의 시대는 10세기 후반에 오면 영특한 임금 광종(光宗, 재위 949~975)을 맞아 956년에는 노비안검법(奴婢按檢法)을 시행하여 많은 양민이 본래의 신분을 되찾음으로써 사회적 안정을 가져왔고 958년에는 과거제도가 실시되어 유학이 발전하고 관리 선발의 기틀을 다졌다. 960년에는 백관의 공복의 빛깔을 정하고 임금은 황제(皇帝)라 칭하며 독자적인 연호「광덕

(光德)」「준풍(峻豊)」 등을 사용하기도 하였다.

이 무렵 균여(均如, 923 태조6~ 973 광종24)라는 스님이 있었다. 대화엄수좌원통양중대사(大華嚴首座圓通兩重大師)라는 큰 이름에 걸맞게 불교계의 종파 통합에 힘썼고, 일반 백성이 불교 교리에 친숙하게 하는 교리 보급에도 힘을 기울였으며, 유능한 승려를 양성하는 일에도 열성을 다하였다. 이러한 균여대사의 행적 가운데 오늘날까지 우리 역사에 길이 남긴 것으로 불교의 대중화를 위해 향찰(鄕札)로 지은 보현십원가(普賢十願歌) 11수가 있다.

종교의 대중화에는 언제 어디서나 그렇듯이 일반 대중이 사용하는 일상의 언어를 전교의 수단으로 동원하여야 한다. 균여대사가 이것을 모르실 리 없었다. 그 당시 한문으로 적힌 불경을 자유롭게 읽을 수 있는 지식층은 매우 제한되어 있었다. 이것을 타파하려면 말하듯이 적는 이른바 언문일치의 표기방식으로 불경을 해설하거나 불찬(佛讚)의 노래를 보급할 필요가 있었다. 그래서 향가로 된 보현십원가가 나올 수 있었던 것이다.

그러나 그 당시의 국제언어였던 한문(漢文)으로도 적어야 중국에도 통할 수 있었기 때문에 최행귀(崔行歸)라는 당대의 선비가 이 보현십원가를 아름다운 칠언율시(七言律詩)로 번역하였다. 이 번역한시는 오늘날 또 다른 관점에서 그 가치가 인정된다. 그것은 원문인 향가가 천년 전의 고

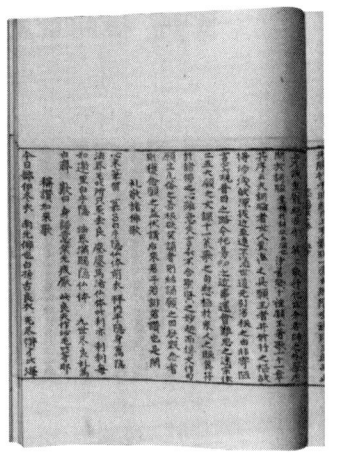

보현십원가(普賢十願歌)

려시대 언어를 향찰식으로 표기한 것이라, 그 당시의 언어실상을 복원하는 데 크게 어려움을 지니고 있었는데, 이 번역한시의 도움으로 해독의 실마리를 잡을 수 있었기 때문이다. 이러한 의미에서 한문은 시대와 지역을 초월한 국제언어의 성격을 반영한다.

다음은 균여대사가 보현십원가를 향찰로 지으면서도 그 취지를 한문으로 적어 노래 머리에 얹은 서문이다. 함께 읽어보자.

보현십원가 서문

대저 "사뇌"라 하는 것은 세상 사람들이 즐겨 노는 경우에 쓰는 도구이고, "원왕"이라 하는 것은 보살님들이 수행을 할 때에 근본이 되는 것입니다. 그런데 얕은 곳을 건너야 깊은 곳으로 갈 수 있고, 가까운 곳부터 걸어가야 먼 곳까지 도달할 수 있지 않겠습니까? 세속의 도리를 의지하지 않고 저열한 근성을 높은 경지로 이끌 수 있는 길이 없으며 비속한 언어를 이용하지 않고서는 크나큰 인연의 진리를 드러낼 방법이 없습니다.

그래서 이제 쉽게 알 수 있는 가까운 일을 빌리어 생각하기 어려운 멀고 먼 으뜸 뜻에 도달하게 하려고 열 가지 큰 서원의 글에 의지하여 열한 개의 거친 노래를 지었습니다. 세상의 뭇사람들의 눈으로 보면 별 것 아닌 부끄러운 것인지 모르나 모든 부처님의 마음에는 꼭 들어맞는 일이 되기를 바랍니다.

비록 지은이의 뜻은 다하지 못하고 말씨는 조리가 없어서 성현의 오묘한 사상에 부합하지는 않을지 모르나 이 서문을 쓰고 노래를 지은 것은 범속한 세상 사람들의 착한 마음 바탕을 일깨우고자

> 하는 것이므로 비웃는 심정으로 읊는 사람이라도 읊는 중에 원하는 인연을 맺을 것이고, 헐뜯는 마음으로 외우는 사람이라도 외우는 중에 원하는 이익을 얻을 수 있을 것입니다.
> 　엎드려 간청합니다. 훗날의 군자들께서 (이러한 제 노력을) 비방하시지도 찬성하시지도 않았으면 참으로 다행이겠습니다.

　이 보현십원가(普賢+願歌)의 첫 번째 노래를 현대감각에 맞게 고쳐보면 다음과 같다.

　　마음의 붓으로 그려놓은 부처님께
　　이 몸은 이 세상 끝날까지 절합니다
　　티끌도 부처님 온 세상이 부처님
　　온 세상 끝까지 부처님께 절합니다
　　아아
　　몸과 말과 생각을 갈고 닦는 일
　　이것만을 으뜸삼아 살겠나이다

　고려 오백 년 동안 고려의 백성, 우리 조상들은 이렇게 부처님을 공경하고 찬양하며 몸과 말과 생각을 아름답게 지니려고 노력하였다. 그 정신이 지금도 우리나라 방방곡곡에 스며들고 퍼졌으면 얼마나 좋을 것인가!

普賢十種願王歌 序

　夫詞腦者 世人戲樂之具 願王者 菩薩修行之樞.

　故得涉淺歸深 從近至遠 不憑世道 無引劣根之由 非寄陋言 莫現普因之路.

　今托易知之近事 還會難思之遠宗 依二五大願之文 課十一荒歌之句 憼極於衆人之眼 冀符於諸佛之心.

　雖意失言乖 不合聖賢之妙趣 而傳文作句 願生凡俗之善根 欲笑誦者 則結誦願之因 欲毀念者 則獲念願之益.

　伏請後來君子 若誹若讚也是閑!

韓國의 名文百選 8

최행귀(崔行歸)의 역보현십원가서
(譯普賢十願歌序)

우리나라 고대 시가에 향가가 있다는 것을 모르는 분은 없을 것이다. 그 향가는 25수가 전하는데 그 중 14수는 『삼국유사(三國遺事)』에 전하고 11수는 『균여전(均如傳)』에 있는 보현십원가(普賢十願歌) 11수라는 것도 모르는 분은 없을 것이다. 그런데 그 보현십원가가 당대에 얼마나 크게 유포되었는지를 아는 분은 그렇게 많지 않은 듯하다. 더구나 그것이 한역(漢譯)되어 중국에까지 소개되었었다는 것을 아는 분은 더욱 드물다.

균여대사(均如大師, 923 태조 6~973 광종 24)는 10세기 중엽 반백 년을 사신 분이다. 후삼국시대를 마무리 짓고 고려가 명실공히 삼한(三韓)을 통일하여 새 나라를 갖추어가던 시절이니 정치적 안정 못지 않게 사상적 통합도 크게 요구되던 때였을 것이다. 그러한 시절에 화엄경(華嚴經)의 보현행원품(普賢行願品)을 바탕으로 한 향가, 보현십원가는 신흥 고려사회에 지대한 영향을 미쳤을 것이다. 이 노래는 균여 45세 때인 967년에 동시대인 최행귀(崔行歸)에 의하여 한역되었으니 원래의 향가는 이 보다 이른 시기에 고려 백성들 사이에 널리 유행하였을 것이다.

천년 밖에 아니 된 세월인데 그 옛날이 까마득히 먼 과거로 잊혀지고 말았다. 아마도 그 시절 보현십원가는 우리 땅 고려에서 화엄사상을 전하는 수단으로 애창되었을 것이요, 중국에서는 최행귀의 한역시가 식자들 사이에 낭송되었을 것이다.

균여대사가 입적한 지 약 100년이 지난 1075년에 진사 혁연정(赫連挺)이란 분이 그 시절에 유행하던 행장 체재를 본 따 균여전을 지었다. 최행귀의 역보현십원가서는 이 전(傳)속에 들어 있다. 향가 풀이의 단서가 되어준 글이요, 향가의 문화사적 가치와 비교문학적 가치를 드러내고 생각하게 해 준 글이기도 하다. 애석한 것은 최행귀에 대한 정보가 한림학사였고 내의승지(內議承旨) 지제고(知制誥) 벼슬을 했다는 것과 청하(淸河)라 하는 아호를 썼다고 하는 균여전에 실린 내용 이외에 더 이상 아는 것이 없다는 사실이다. 최행귀에 대해 아는 것이 없다는 아쉬운 심정을 그의 글로 달래보기로 하자.

보현십원가(普賢十願歌)를 번역하면서

부처님의 공덕을 칭송한 게송은 경문속에 나타나 있고 보살님의 수행을 찬양한 시가는 논장속에 잘 보존되어 있다. 그것은 서쪽의 여덟 가람이 흐르는 인도로부터 동쪽의 세 뫼 우뚝한 우리나라에 이르기까지 때때로 세상을 밝게 하는 고승이 태어나 오묘한 진리를 드높이 읊었고, 또 가끔씩 세상 사람을 깨우치는 뛰어난 인물이 진리의 가르침을 낭랑하게 노래하였기 때문이다.(중략)

그러나 중국의 한문으로 된 시는 다섯 자, 일곱 자로 갈고 다듬으며 우리나라 말로 엮은 노래는 세 구절과 여섯 마디로 깎아 꾸민다. 그 운율적 특성을 따질 경우에는, 참성(參星)이냐 상성(商星)이냐 하는 것처럼 차이가 나서 동쪽·서쪽으로 나뉘어 판별하기가 쉽지만, 사상적 특성을 따질 경우에는 창과 방패가 맞서는 것 같아서 어느 것이 강하고 어느 것이 약한지 분별하기가 어렵다. 비록 대구의 아름다움과 수사의 날카로움을 견주어 말할 수도 있겠지만 다 함께 진리의 바다로 돌아간다는 취지에서는 충분히 공감이 되는 것이요, 각각 (한시와 향가가) 장점이 있어서 어느 것이 좋다 나쁘다 말할 수 없으니 참으로 좋은 일이 아닌가! 그러나 유감스러운 것은 우리나라의 글 잘하고 벼슬하는 선비들은 한시를 해득하고 읊을 수 있는데, 중국의 학문 높은 선비나 큰스님들은 우리나라의 향가(鄕歌)를 이해하지 못한다는 사실이다. 더 나아가 중국의 한문은 제석천(帝釋天)의 구슬그믈[垂珠網]이 복잡하게 얽힌 것 같아도 우리나라 사람들이 쉽게 읽을 수 있으나, 우리나라 향찰은 산스크리트 문자를 연이어 늘어놓은 것 같아서 저 땅의 사람들이 해독하기가 어렵다. 가령 양나라 송나라의 구슬 같은 글이 동쪽 우리나라로 오는 배편에 자주 전해오고, 우리나라의 비단 같은 글이 서쪽 중국으로 가는 사신편에 전해진다 하여도 그것이 두루 통하느냐 하는 것은 여전히 답답하고 한탄스러운 형편이다.

이것이야말로 노나라 공자께서 이 땅에 사시고자 하였으나 끝내

우리나라에 이르지 아니한 까닭이라 아니할 수 없으며, 한림학사 설총(薛聰)이 억지로 한문을 바꾸려 하였으나 마침내는 쥐꼬리를 만드는 데 그친 때문이 아니겠는가?(중략)

팔·구행 정도의 한자로 쓴 서문은 글 뜻이 넓고 풍성하며, 열한 수의 향가는 노래 말이 맑고도 곱다. 그 지은 바를 일컬어 사뇌라고도 하는데 정관시절의 사장을 얕잡아 볼만하며, 그 정교함은 최상급의 부(賦)와 같아서 혜제(惠帝), 명제(明帝) 때의 부를 연상시킨다. 그러나 중국 사람이 볼 경우에 서문 이외에는 자세히 알기가 어렵고, 우리나라 선비가 들었을 경우에는 노래에 취하여 쉽게 외우지만(거기에서 끝나고 마니) 모두 반쪽의 이익을 얻을 뿐이다. 이로 말미암아 요하와 패수 사이에서 읊어질 때에는 불법을 아끼는 마음으로 번역하는 이가 있겠으나 오나라 진나라 지역에서 이 노래 읊는 사람이 줄어들면 누가 (그것을) 한자로 적은 같은 글이라고 알아주겠는가?

하물며 대사의 마음은 원래 부처님과 같은 경지였으므로 비록 세속을 가까이 하며 얕은 곳에서 점차로 깊은 곳으로 들어가려 하였으니 어찌 먼 곳 사람에겐들 그릇된 길을 버리고 바른 길로 돌아오는 것을 막으려 하였겠는가?(중략)

얼마 전에 친구스님을 만나 요행히 이 현묘한 노래 말을 보게 되었었다. 그 오묘한 노래를 끊임없이 따라 부르다가 그 친구가 무언가 바라는 것이 있지 않은가 하는 느낌을 받았다. 하나의 샘이 두 줄기로 나뉘어 흐르듯, 시와 노래는 하나의 몸이면서 두 이름을 지녔으니 이 노래를 하나 하나 (한문으로) 번역하여 종이쪽에 연이어 적어 나갔다. 바라는 바는 동쪽 우리나라나 서쪽 중국에서나 두루 막힘이 없이 한시와 향가가 두루 퍼져서 스님들이나 세속사람들이 서로 인연을 맺어 듣고 보는 일이 끊이지 않는 것이다. 마음과 마음이 연이어 암송하여 처음에는 보현보살의 코끼리 수레를 보고, 입과 입이 연이어 읊어서 나중에는 미륵의 용화(龍華)모임에서 만나기를 또한 바란다. 이제 문득 이 보잘것없는 서문으로 이 아름다운 시의 앞머리를 삼으니 쇳조각으로 금을 만들기를 바라며 기와 조각으로 구슬을 찾아내는 수고를 아끼지 않았으면 좋겠다. 행여나 박식한 분이 이 글을 읽게 된다면 못난 이야기를 부디 고쳐주시기 바란다.

송나라 기원 8년(A.D. 967) 정월에 삼가 쓰노라.

천년 전 우리 조상들은 부처님의 가르침이 온 세상에 퍼져 이 세상이 낙원이 되어야 한다는 간절한 소망을 깊이 간직하고 있었다. 아무래도 이 보현십원가의 서시라도 한 수 현대어로 옮겨 놓고 조상들의 그 소망을 헤아려 보아야 할까보다.

부처님께 예경(禮敬)하는 노래

마음의 붓으로
절하는 이 몸
티끌마다 부처님 나라이옵고
온 세상에 가득하신 부처님이시어
아아 몸과 마음과 생각을 오롯이 모아

그리옵는 부처님께
법계의 끝까지 이르게 하소서
절간마다 부처님 모시옵니다
영원토록 절하오리이다
끊임없이 덕업을 닦으오리다

譯普賢十願歌序

偈頌讚佛陀之功果 著在經文, 詩歌揚菩薩之行因 收歸論藏. 所以西從八水 東至三山 時時而開土間生 高吟妙理 往往而哲人傑出 朗詠眞風.(中略)

然而詩構唐辭 磨琢於五言七字 歌排鄕語 切磋於三句六名. 論聲則隔若參商 東西易辨, 據理則敵如矛盾 強弱難分. 雖云對衒詞鋒 足認同歸義海 各得其所 于何不臧! 而所恨者 我邦之才子名公 解吟唐什 彼土之鴻儒碩德 莫解鄕謠. 矧復唐文如帝網交羅 我邦易讀 鄕札似梵書連布 彼土難諳. 使梁宋珠璣 數托東流之水 秦韓錦繡 西傳之星 其在扁通 亦堪嗟痛. 庸詎非魯文宣欲居於此地 未至鼇頭 薛翰林强變於斯文 煩成鼠尾之所致者歟?(中略)

八九行之唐序 義廣文豊, 十一首之鄕歌 詞淸句麗. 其爲作也 號稱詞腦 可欺貞觀之詞 精若賦頭 堪比惠明之賦. 而唐人見處 於序外以難詳 鄕士聞時 就歌中而易誦 皆沾半利 由是約吟於遼浿之間 飜如惜法 減詠於吳秦之際 孰謂同文?

況屬師心 本齊佛境 雖要期近俗 沿淺入深 而寧阻遠人捨邪歸正.(中略)

一作因逢道友 幸覽玄言 縱隨妙唱以無端 潛恐高情之有待 憑托之一源兩派 詩歌之同體異名 逐首各飜 間牋連寫. 所冀遍東西而無碍 眞草並行 向僧俗以有緣 見聞不絶. 心心續念 先瞻象駕於普賢 口口連吟 後値龍華於慈氏. 今則聊將鄙序 輒冠休譚 希蒙點鐵以成金 不避抛塼而引玉. 儻逢博識 須整庸音.

宋曆八年周正月 日 謹序

韓國의 名文百選 9

의천(義天)의 화폐론(貨幣論)

고려의 스님 의천 대각국사(義天 大覺國師, 1055~1101)는 고려의 열한 번째 임금이신 문종(文宗)의 넷째 아드님이다. 그의 형님 세분이 모두 임금 노릇을 하셨건만, 오직 의천만은 10살 나이에 절에 들어가 스님의 길을 걸었다. 왕자의 신분으로 스님이 된 것만도 놀라운 일인데, 그는 송나라에 유학하여 불법을 더 깊이 공부하고자 하였다. 아버지 문종께서 허락하실 리 없었다. 그러자 문종이 승하하시고, 뒤미쳐 큰 형님 순종(順宗)도 승하하시고, 둘째 형님 선종(宣宗)이 임금자리에 나아간 1084년, 서른 살 되던 해에 도망하다시피 송나라 상선을 타고 송으로 들어가 불법에 정진하는 한편, 송나라의 경제 제도를 유심히 관찰하였다. 왕자의 신분이니 송나라 황실에서도 그에 대한 각별한 환대가 있었을 것이나, 의천의 관심은 오로지 화엄(華嚴)과 천태(天台)를 더욱 깊이 연구하는 것이었고, 겸하여 송나라의 발전하는 경제제도를 검토하는 것이었다. 의천이 33살에 고국에 돌아와 교장도감(敎藏都監)을 두고 속장경(續藏經)을 간행한 것이나, 셋째 형님이신 숙종(肅宗)께 화폐제도(貨幣制度)를 건의한 것은 나라의 발전이 정신과 물질의 조화에 있음을 꿰뚫어본 의천의 실천적 불교사상의 결과이었다.

우리나라 화폐제도의 효시(嚆矢)를 이룬 의천의 「화폐론」을 몇 줄 읽어보자.

(전략) 무릇 임금으로서 돈을 만들고 화폐를 제정함은 인간생활에 필요한 시책입니다. 우리 해동(海東)을 살펴보면 삼한(三韓)이 통일되기 이전에는 그 풍속이 소박하였으니, 이른바 예악(禮樂)을 먼저 발전시켰고, 그때의 나라는 지나치게 검소하여 비루하기까지 하였습니다. 그러므로 신라의 대승통(大僧統) 자장(慈藏)은 상소하되, 본국 풍속의 의복이 너무 누추하므로 당나라의 제도를 쓰자고 청하였습니다. 국왕은 허락하시고 변복(邊服)

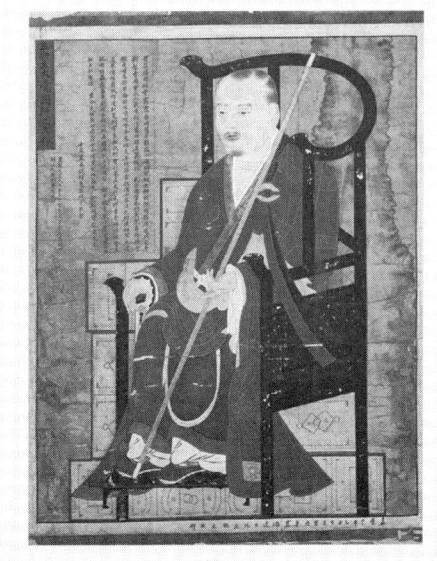

의천(義天)

을 버리고 의관(衣冠)을 숭상하였으므로 지금에는 홍성하고 아름답습니다.

엎드려 생각하건대, 우리나라는 하늘의 명령을 따라, 혁명하여 삼한을 통일한 뒤로 예의(禮義)를 혁신하고 법도(法度)를 바로잡았습니다. 의복은 제도가 있고, 거기(車騎)는 상법(常法)이 있으며, 문물(文物)에는 기강(紀綱)이 있고, 교육으로 발전시키며 백관을 통솔하고 만국(萬國)을 다스리니 모두가 삼가고 두려워하였습니다. 의관을 한 번 고치어 세월이 지날수록 더욱 새롭거늘, 돈을 정하는 법인들 어찌 그렇게 되지 않겠습니까?

신(臣)은 어리석어 감히 자장 스님을 따르지 못하오나 앞에서 말한 바와 같이 성인(聖人)과 시기는 만나기 어려운 것이니, 애석하게도 고칠 것을 고치지 않으면 그것은 고치지 않은 거문고나 비파를 고치지 않고 놓아두는 것과 같은 것입니다.

생각하오면 주상께서는 덕(德)은 삼왕보다 뛰어나고 도(道)는 이제(二帝)와 짝하며, 그 공은 유한(劉漢)보다 높고, 제도는 당나라를 이었사오니, 모든 나라들이 이곳을 향하고 백성들은 마음을 놓았습니다. 이때를 당해 곡식으로 교환하는 폐단을 고치지 않으면 이 뒤에는 누구를 기다리겠습니까?

대개 돈이란 그 몸은 하나이지만 그 뜻은 네 가지를 포함하고 있습니다. 첫째는 전(錢)의 바탕은 둥글고 모납니다. 둥근 것은 하늘은 본떴고 모난 것은 땅을 본뜬 것이니, 온 땅에 두루 돌고 돌아서 끊어짐이 없다는 것이며, 둘째는 천(泉)이니, 그것은 돈의 유통이 마치 다함이 없는 샘물과 같다는 것이며, 셋째는 포(布)이니 그것은 백성들 사이에 퍼지되 상하에 두루 퍼져 영원히 막히지 않는다는 것이며, 넷째는 도(刀)이니, 그것은 좋고 날카롭게 놀리면 빈부를 나누며, 날마다 써도 칼날 같아서 무디어지지 않는다는 것입니다.
간절히 바라옵건대 지금 과거의 원법(圓法)의 공을 본받으면 실익이 그 배나 될 것이니 그대로 단행하면 나라를 이롭게 하는 바가 다섯 가지나 있을 것입니다.(이하 생략)

　우리는 의천을 단지 점잖은 왕자 스님으로서 고려 천태종(天台宗)을 개창(開創)한 분쯤으로 알고 있다. 그러나 그는 고려 불교의 융합을 실현하기 위하여 노력한 실천적 종교인이었으며, 끈질기게 화폐제도의 개혁을 주장하여 그 실현을 본 경제사상가이기도 하였다. 대각국사(大覺國師)라는 칭호는 그가 병들어 죽기 이틀 전에 생전의 업적을 기리는 뜻에서 얻게 된 시호와 같은 명칭이었다.

貨幣論

　大抵人君鑄錢立幣 人生之遠施也. 伏觀海東自三韓求統已前 其風素略 語所謂先進於禮樂者也. 其國儉嗇 語所謂陋如之何者也. 故新羅大僧統慈藏 上疏以本俗衣服鄙醜 乞用唐儀 國王許之 迻去遠服 尊尙衣冠 儼然至今 極爲盛美.

　伏以我國家 順天革命 一統三韓 增新禮儀 彰明法度 衣服有制 車騎有常 丈物以紀 聲當明以發之 以臨百官 以齊萬國 莫不戒懼 而當然 且以衣冠 一更愈久而愈新 則立錢之法 豈不若是哉.

　臣愚不敢追縱於慈藏 然前所謂惟聖難逢 惟時難遇 惜乎當更而不更 是猶琴瑟不調而不收也. 恭惟主上德邁三王 道伴二帝 功高劉漢 制紹李唐 萬國向方 百姓安堵 當於斯時 米弊不更 後將孰待矣. 錢之爲物體一 而義包四 一曰錢質圓而方 圓以法天 方以象地 言覆載轉而旡也. 二曰泉者 通行流㲽 如泉之無窮也. 三曰布者 布於民間 上下周普 永遠而不滯也. 四曰刀者 行有美利 分割貧富 日用而不鈍也. 切謂方今 擬諸往圓法之功 昔實相倍 黛若決行 與利國有五. (下略)

韓國의 名文百選 10

김부식(金富軾)의 진삼국사기표
(進三國史記表)

『삼국사기(三國史記)』의 편찬책임자로서, 우리나라 역사가의 효시가 된 김부식(金富軾, 1075~1151)은 역사상 드물게 발견되는 행운의 문사(文士)다. 그의 시대 이전에 삼국의 역사책이 없었던 바 아니나, 그것을 볼 수 없는 오늘날, 우리나라 최고(最古)의 역사학자라는 영예를 누리는 것이 첫째요, 『삼국사기』의 편찬에 참여한 사람이 모두 열한 명이나 되건만, 오로지 편찬의 책임을 맡았다 하여 김부식만 거명되는 것이 그 둘째다. 그는 원래 글 잘하는 선비의 집안에 태어나 형님 두 분과 막내아우와 더불어 4형제가 당대를 주름잡는 학자였다. 송나라의 사신이 오면 으레 관반(館伴:사신의 말동무를 하는 사람)이 되어 당대의 문화를 논하였는데, 그의 식견에 놀란 송나라 문사 서긍(徐兢)은 『고려도경(高麗圖經)』에서 김부식과 그의 집안을 고려의 대표적인 문사의 집안으로 소개하고 있다. 그렇지만 문명(文名)에 가려져 있는 그늘이 없지도 않다. 1135년 묘청(妙淸)이 서경(西京, 지금의 평양)에서 반란을 일으키자 원수(元帥)로서 중군장(中軍將)이 되어 그 난을 평정하는 공을 세웠는데, 그 과정에서 그 무렵 글 잘하기로 김부식에 버금가지 않는다고 일컬었던 정지상(鄭知常)을 묘청과 내통하였다는 혐의로 죽인 일이다. 후세 사람들이 이것을 두고 글시샘으로 말하게 되었다.

다음은 『삼국사기』를 다 지어 임금에게 바치면서 올린 글이다.

신(臣) 부식(富軾)은 삼가 아뢰나이다. 옛날 중국에서는 나라마다 사관(史官)을 두어 그 시대의 일을 기록하였으므로, 맹자는 말하기를 "진(晉)나라의 사승(史乘), 초(楚)나라의 도올(檮杌), 노(魯)나라의 춘추(春秋)가 모두 한가지 역사책이다."하였습니다. 생각하옵건대, 우리나라 삼국(三國: 고구려, 백제, 신라)도 지나온 햇수가 오래되므로 마땅히 그 사실을 책으로 남겨 놓아야 할 방책이 있어야겠기에 이 늙은 신하에게 그것을 편집하도록 명령하셨습니다. 하오나 스스로 돌아보오니 모든 것

김부식(金富軾)

이 부족할 뿐이어서 어찌할 바를 모르겠습니다. 엎드려 생각하오니 성상(聖上)께서는 당요(唐堯)의 문사(文思)를 바탕으로 하시고, 하우(夏禹)의 근검(勤儉)을 본받으시어 밤낮으로 틈을 내시어 옛날 역사를 친히 읽으시고 말씀하시기를 "요즈음의 학사장부(學士丈夫)들은 오경(五經:詩經, 書經, 春秋, 禮記, 周易)과 제자백가의 책이며, 진한(秦漢)의 역사책은 열심히 읽어서 상세히 말하는 사람이 있으나, 우리나라의 사실에 대하여는 오히려 막막하여 처음도 끝도 알지 못하니 심히 통탄할 일이오. 하물며 신라, 고구려, 백제가 나라를 세우고 서로 솥발처럼 버텨서서 예의를 갖추어 중국과 교통한 까닭으로 범엽(范曄)의 『후한서(後漢書)』나, 송기(宋祈)의 『당서(唐書)』에는 모두 우리나라의 열전(列傳)이 있기는 하지만 자기 나라 것은 상세히 쓰고 남의 나라는 간략하게 적었으므로 자세치 않은 것이 많고, 또한 옛 기록에는 내용이 거칠고 잘못된 기록과 빠져 없어진 것이 많으므로 임금의 선악(善惡), 신하의 충사(忠邪), 국가의 안위(安危), 백성의 이란(理亂) 등을 모두 잘 밝혀서 후세 사람들에게 경계를 권할 수

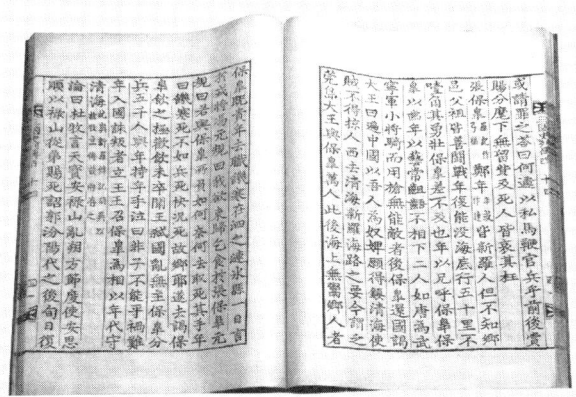

삼국사기(三國史記)

가 없구료. 마땅히 삼장(三長: 才 재주, 學 배움, 識 앎)의 인재를 얻어 한 나라의 역사를 완성하고 이것을 만세에 남겨주는 교훈으로 삼아 일월성신과 같이 밝게 하고 싶구료."하였사오나 신과 같은 사람은 원래 재주 있는 사람도 아니옵고 또한 깊은 학식도 없사오며, 늙음에 이르러서는 날로 정신이 혼몽하여 비록 책은 부지런히 읽사오나 돌아서면 곧 잊어버리고 붓을 들어도 힘이 없사오며, 종이를 대하여도 뜻대로 써지지 않나이다. 신의 학문이 이처럼 천박하온데 과거의 언어와 기왕의 사건은 정신이 아득하고 그윽하여 먼 곳을 바라보듯 어둡습니다. 그러므로 다시 정신을 가다듬고 힘을 다하여 겨우 이 책의 편찬을 마치기는 하였사오나 마침내 보잘 것이 없게 되었으므로 스스로 부끄럽기 그지없습니다.

엎드려 바라옵건대, 성상폐하께옵서는 이처럼 간략하게 만든 잘못을 용서하여 주시옵소서. 이 책이 비록 명산(名山)에 비장할 것은 되지 못하오나 한갓 간장을 담는 작은 항아리처럼 함부로 굴리는 것이 되지는 않기를 바라나이다. 신의 구구하고 망령된 뜻이오나 하늘의 해님은 밝혀 주시리라 믿나이다.

이 글은 『삼국사기』의 편찬 목적을 소상하게 밝힌다. 그런데 그 목적을 임금의 부탁말씀으로 묘사하면서 모든 공을 임금에게 돌리는 수사적 기교가 한층 돋보인다. 그러나 이 『삼국사기』는 과거의 역사를 객관적으로 다루는 데 결함을 보인다는 점(신라편중, 사대성향, 민족 자주성 결여) 때문에 두고두고 이야기 거리를 남기고 있다.

進三國史記表

臣富軾(謹)言 古之列國 亦各置史官 以記事. 故孟子曰 晋之史乘 楚之檮杌 魯之春秋 一也. 惟此海東三國 歷年長久 宜其事實著在方策 乃命老臣 俾之編集 自顧缺爾 不知所爲.

伏惟聖上陛下 性唐堯之文思 體夏禹之勤儉 宵旰餘閑 博覽前古 以謂"今之學士大夫 其於五經諸子之書 秦漢歷代之史 或有淹通而詳說之者 至於吾邦之事 却茫然不知其始末 甚可嘆也. 況惟新羅氏高句麗氏百濟氏 開基鼎峙 能以禮通於中國 故范曄漢書 宋祁唐書 皆有列傳. 而詳內略外 不以具載 又其古記 文字蕪茁 事迹闕亡. 是以君后之善惡 臣子之忠邪 邦業之安危 人民之理亂 皆不得發露以垂勸戒. 宜得三長之才 克成一家之史 貽之萬世 炳若日星."

如臣者 本非長才 又無奧識 泊至遲暮 日益昏蒙 讀書雖勤 淹卷卽忘 操筆無力 臨紙難下. 臣之學術 蹇淺如此 而前言往事 幽昧如彼 是故疲精竭力 僅得成編 訖無可觀 祇自愧耳.

伏望聖上陛下 諒狂簡之裁 赦妄作之罪 雖不足藏之名山 庶無使墁之醬瓿 區區妄意 天日照臨.

韓國의 名文百選 11

이인로(李仁老)의 시화수필(詩話隨筆)

이인로(李仁老 1152~1220)는 고려가 내우외환(內憂外患)에 시달리던 12세기 후반기와 13세기 초반에 걸쳐 살다간 문인이다. 그냥 문인이 아니라 죽림고회(竹林高會)라 하는 문단을 만들었고, 『파한집(破閑集)』이라 하는 시화(詩話) 수필을 지었으니 이것은 오늘날의 안목으로 보면 시문비평집이다. 그러므로 이인로를 일컬어 우리나라 최초의 문예비평가요 또

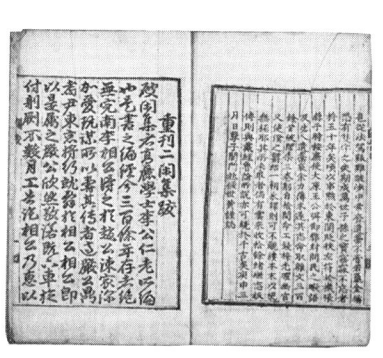

파한집(破閑集)

한 수필가라 부를 수 있으리라.

  그는 선비의 집안에 태어났으나 조실부모하여 고아의 신세가 되었는데, 다행히 집안 아저씨 요일(寥一)스님 밑에서 글공부를 하며 성장하여 29세에 장원급제하니 그로부터 그의 글재주가 세상에 널리 알려졌다. 그러나 그가 활동하던 시절은 무인들이 집권하여 나라살림을 어지럽히던 때이어서 뜻이 통하는 글벗들과 어울려 글짓기로 세월을 낚으니 그것이 곧 파한집이 되었다. 몇 줄 읽어보자.

  시구를 조탁(彫琢)하는 법은 오직 두보(杜甫) 한 사람이 지극히 뛰어났으니 "해와 달은 조롱(鳥籠)속의 새요, 하늘과 땅은 부평초(浮萍草)로다. 열 번 더위에 민산(岷山)이 갈포를 입었고, 세 번 서리 내릴 때 초나라 민가의 다듬이 소리를 들었도다."와 같은 것이 좋은 예다. 또 사람의 재주는 그릇이 네모난 것이냐 둥근 것이냐 하는 것과 같아서 두 가지를 겸하여 가질 수 없는 것이니 천하에 기이한 구경거리가 많아서 마음과 눈을 즐겁게 하지만 진실로 재주가 뜻에 미치지 못하면 마치 노둔한 말이 천리길을 달리는 것과 같아서 아무리 부지런을 피워보아도 먼 곳에는 이를 수가 없다. 그러므로 옛사람은 뛰어난 재주가 있더라도 망령되이 일을 서두르지 않고 반드시 단련하고 탁마(琢磨)한 연후에야 그 빛을 무지개처럼 드리워 천고에 빛냈던 것이다.(중략)

  지혜가 있는 자는 아직 형체가 나타나기 전에 보게되고, 어리석은 자는 일이 발생하지 않을 것이라 하여 근심하지 않고 태연하다가 환난이 닥친 뒤에야 비로소 마음을 태우고 힘을 수고로이 하여 구하고자 하나 어찌 존망 성패에 유익하리요. 이것이 편작(扁鵲: 전국시대의 명의)이 환후(桓侯)의 병을 고치지 못한 까닭이다. 옛날 한나라 문제 때에 세상이 잘 다스려지고 평안하였으며 백성들이 넉넉하였으나 가의(賈誼)는 나라를 통곡하였으며, 당나라 태종은 창업한 뒤에 날로 경계하고 두려워하여 일찍이 조금도 게을리 한 바가 없으나 위징(魏徵)은 오히려 열 가지 경계할 바를 상소하였다.

그러므로 옛글에 간(諫)하는 자는 병폐의 근원을 미리 막아서, 혹 서리 올 때에 얼음 얼 것을 경계하였고, 칠기(漆器) 만드는 것을 보고 옥배(玉杯) 만들 것을 염려하였다. 전날에 의종은 수십세(數十世) 동안의 풍성하고 태평한 왕업을 이어받아 왕위에 있은 지 오래 되매, 풀리지 않는 일이 없으므로 모두 태평한 나라가 태산같이 튼튼하다 하였으나 오직 한 사람 정언(正言) 문극겸(文克謙)은 대궐 문을 두드리고 소(疏)를 올리니 말한 것이 한결같이 당대의 병폐를 지적하였으므로 사람들이 "봉(鳳)이 산에 우는 것과 같다(鳳鳴朝陽)"하였으나 임금은 듣지 않았다. 문공이 벼슬을 버리고 집어 돌아와 다음과 같은 시를 지었다.

주운(朱雲)이 난간을 꺾음은 명예를 구함이 아니요,/원앙(袁盎)이 수레를 막는 것은 어찌 자기 몸을 위함이랴./한 조각 단성(丹誠)을 하늘이 비추지 않으므로/억지로 피리한 말을 채찍질하며 물러나는 것일세.

명종이 즉위하자 발탁하여 승선(承宣)의 자리에 있게 하니 국가의 안위와 인민의 이익과 병폐, 사대부의 어질고 못남을 모두 임금께 전달하여 조금도 늦춤이 없으니 지금에 이르기까지 이웃나라와 우호를 맺고 나라 안팎이 평안하여 근심이 없는 것은 오로지 공의 힘이었다. 공이 재상으로 있을 때에 나를 천거하여 내가 옥당(玉堂)에 입시한 지 1년이 지났을 즈음 공이 홀연히 세상을 떠났다.

몇 줄 되지 않는 간결한 시평이지만 그 속에 준엄한 문학수련의 도(道)를 말하고 있고, 또 몇 줄 안 되는 인물평전이지만 거기에 정치와 인생의 참길을 제시하고 있다. 우리 조상들은 이처럼 문학과 도덕과 인생을 구별하여 말하지 않았다.

오늘날 글짓기를 단순히 글재주 쌓기로 오해하는 풍토에, 아니면 문학이 세상에서 도망가는 수단으로 오해되는 풍토에 위의 수필은 뇌성벽력으로 소리치는 성난 스님의 할(喝)로 생각할 수는 없는 것인가?

詩話隨筆

琢句之法 唯少陵獨盡其妙 如日月籠中鳥 乾坤水上萍 十暑眠山葛 三霜楚戶砧之類是已 且人之才 如器皿方圓 不可以該備 而天下奇觀異賞 可以悅心目者甚夥 苟能才不逮意 則譬如駑蹄臨燕 越千里之途 鞭策雖勤 不可以致遠 是以古之人 雖有逸才 不敢妄下手 必加鍊琢之工 然後足以垂光虹蜺 輝央千古(中略)

智者見於未形 愚者謂之無事泰然 不以爲憂 及乎患至 然後雖焦神勞力思欲救之 奚益於存亡成敗數哉 此扁鵲所以不得救桓侯之疾也 昔漢文帝時 海內理安 人民殷阜 而賈誼爲之痛哭 唐文皇自創業之後 日益戒懼 未嘗少怠 而魏徵猶陳十漸

故傳曰 諫者救其源 不使得開 戒冰於霜 杜玉盃於漆器. 昔毅王籍數十世 豊平至理之業 居位日久 事無不擧 皆以謂太平之業 安於泰山 莫敢有言之者 正言文克謙 直叩天扉 上包襄一封 而所言皆中時病 人謂之鳳鳴朝陽 天聽未允. 公脫朝衣 還家作詩云 朱雲折檻非干譽 袁盎當車豈爲身 一片丹誠天未照 強鞭羸馬退逡巡 及明王踐阼 擢居喉舌地 國家安危 人民利病 士大夫之賢不肖 盡達於天聰 無一毫底滯 至今隣邦結好 中外晏然無患 實公之力也 公位冢宰 薦僕入侍玉堂 踰年公卒.

韓國의 名文百選 12

지눌(知訥)의 목우자수심결
(牧牛子修心訣)

　지눌(知訥, 1158~1210)은 누구인가? 고려의 큰스님이다. 조계종(曹溪宗)은 무엇인가? 우리나라 불교의 대표적 종파요, 우리나라 불교의 얼굴이다. 어찌하여 지눌과 함께 조계종을 언급하는가? 지눌이 조계종을 처음 개창(開創)한 큰스님이기 때문이다.

　지눌은 의종 19년(1165) 여덟 살 나이에 출가하였다. 본래 황해도 명문가인 정(鄭)씨 집안에 태어났으나, 태어나면서부터 병약하여 매양 그의 아버지가 병만 낫는다면 아들을 부처님께 바치겠다고 맹세하였는데 과연 여덟 살에 병이 깨끗이 나았다. 그래서 부모의 약속에 따라 출가하게 되었다. 25살 되던 해에 승과(僧科)에 급제했으나 중으로서의 출세를 단념하고 전국을 누비며 여러 스승의 가르침을 받았다. 그러면서도 그의 뜻은 당대 불교의 병폐를 씻고자 하는 것이었다. 그러다가 드디어 1200년 그의 나이 마흔 셋에 뜻을 같이 하는 도반(道伴)들과 함께 정혜사(定慧社)를 만드니 이것이 우리나라 조계종의 출발이 되었다.

그의 사상을 한마디로 말하라면 돈오점수(頓悟漸修) 넉 자면 족하다. 이것은 깨달음은 갑자기 찾아오지만 점진적인 도닦기가 없이 오는 것이 아니니, 선(禪)을 체(體)로 삼고 교(敎)를 용(用)으로 삼아 부지런히 마음을 닦아야 한다는 것이다.

다음은 마음 바깥에 부처가 따로 있을 수 없다는 그의 사상을 아주 쉽게 설파한 「목우자수심결」의 첫 부분이다.

온 세상의 고뇌는 마치 불타는 집과 같으니 어찌 거기에 그대로 머물러 긴 고통을 감내하려 하는가? 죽고 사는 것을 벗어나려 한다면 부처 되기를 구하는 것보다 더 좋은 것이 없다. 부처가 되기를 바란다면 그 부처란 무엇인가? 부처는 바로 마음이다. 마음을 어찌 멀리서 찾을 것인가? 마음은 우리 몸을 떠나서 있는 것이 아니다. 이 육신은 헛것이라 태어나기도 하고 죽기도 하지만, 참마음은 허공과 같아서 끊어지지도 않고 변하지도 않는다.

그러므로 '온 몸은 무너지고 흩어져 물로 돌아가고, 바람으로 돌아가지만 한 가지 물건만은 언제나 신령하여 하늘을 덮고 땅을 덮는다'고 하였다.

슬프다, 오늘날 사람들은 어리석음에 빠진 지 오래되어 제 마음이 곧 참 부처임을 알지 못하고 제 성품이 곧 참된 법임을 깨닫지 못하여, 법을 구하려 하면서도 멀리 성인들의 행적이나 찾고, 부처를 구하려 하면서도 제 자신의 마음을 살펴보지 못한다. 그리하여 마음밖에 부처가 있다 하기도 하고, 성 밖에 법이 있다 하기도 하면서 부처의 도를 구하려 한다면 억만 겁의 세월을 지내도록 몸을 사르고 팔을 태우며 뼈를 깨뜨려 골수를 내고 피를 내어 경전을 베끼며 곧게 앉아 눕지도 아니하고 밥은 하루에 한 끼만 먹으며 대장경 수만 경전을 다 읽어 제치고 또 갖가지 고행을 참아 견딘다 할지라도, 그것은 모래를 삶아 밥을 지으려는

지눌(知訥)

것과 같아서 다만 헛된 수고만 더할 뿐이다. 그러나 다만 제 마음을 알면 항하의 모래처럼 많은 법문과 한량없는 묘한 이치를 구하려 하지 않더라도 저절로 얻게 될 것이다.

그러므로 일찍이 부처님은 "일체 중생을 두루 살펴보니 모두 여래의 슬기와 덕스러운 모습을 고루 갖추었구나." 하셨고, 또 "일체 중생의 갖가지 신묘한 재주들도 모두 여래의 원만히 깨달은 마음에서 나왔구나." 하셨으니 마음을 떠나서는 결코 부처가 될 수 없음을 알 수 있다.

과거의 모든 부처도 다만 마음을 밝힌 사람이요, 현재의 모든 성현들도 마음을 아는 사람이니, 미래의 공부할 사람들도 마땅히 마음을 아는 방법에 의지해야 할 것이다. 그러므로 도 닦는 사람들은

> 부디 밖에서 구하려 하지 말라. 심성은 본디 물듦이 없어 본래부터 스스로 완벽하게 성취된 것이니, 오로지 망령된 인연만 벗어난다면 곧 법신불(法身佛)이 되는 것이다.(중략)

우리는 이 글을 읽으면서 생각하게 된다. 명문(名文)이란 과연 무엇인가. 그것은 아름다운 낱말을 늘어놓은 것이 아니라 피땀어린 노력으로 도를 깨친 사람이 자신의 가슴을 열어 보이는 정성어린 고백이라는 것을.

지눌 스님의 말씀에 다시 귀기울여 보자. 수심결의 마지막 구절이다.

> 지금 보배가 쌓인 곳에 왔으니 빈손으로 돌아가지 말라. 한 번 사람이 몸을 잃으면 만겁에 어찌 다시 회복하리요. 청컨대 부디 삼가라. 지혜 있는 사람이라면 보배 있는 곳을 알면서 구하지 않다가 어찌 오래도록 외롭고 가난함을 원망하겠는가? 진실로 보배를 얻으려 하거든 가죽주머니(사람의 몸통)를 놓아 버려라.

牧牛子修心訣

　三界熱惱 猶如火宅 其忍淹留 甘受長苦 欲免輪廻 莫若求佛 若欲求佛 佛卽是心 心何遠覓 不離身中 色身是假 有生有滅 眞心如空 不斷不變.

　故云 百骸潰散 歸火歸風 一物長靈 盖天盖地 嗟 夫今之人 迷來久矣.

　不識自心是眞佛 不識自性是眞法 欲求法而 遠推諸聖 欲求佛而 不觀己心. 若言 心外有佛 性外有法 堅執此情 欲求佛道者 縱經塵劫 燒身燃臂 敲骨出髓 刺血寫經 長坐不臥 一食卯齋 乃至轉讀 一大藏敎修 種種苦行 如烝沙作飯 只益自勞爾 但識自心 恒沙法門 無量妙義 不求而得. 故世尊云 普觀 一切衆生 具有如來 智慧德相 又云 一切衆生 種種幻化 皆生如來 圓覺妙心 是知 離此心外 無佛可成.

　過去諸如來 只是明心底人 現在諸賢聖 亦是修心底人 未來修學人 當依如是法 願諸修道之人 切莫外求 心性無染 本自圓成 但離妄緣 卽如如佛(中略)

　今旣到寶所 不可空手而還 一失人身 萬劫難復 請須愼之. 豈有智者 知其寶所 反不求之 長怨孤貧 若欲獲寶 放下皮囊.

韓國의 名文百選 13

각훈(覺訓) 스님의
해동고승전(海東高僧傳)

　각훈(覺訓) 스님은 생몰연대(生沒年代)가 자세치 않다.『해동고승전(海東高僧傳)』첫머리에 오관산 영통사(靈通寺) 주지로 '교학(敎學) 사자사문(賜紫沙門) 신(臣) 각훈(覺訓)이 임금님의 명(命)을 받들어 삼가 이 책을 편찬(編纂)'하였다는 기록이 있고, 또 그 서문속에 이 책을 편찬한 해가 순도의 고구려 입국이래 844년 되었다는 기록과 맞추어 보면 이 책이 완성된 해는 고려 고종(高宗) 2년(1215 A.D.)에 해당한다.

　한편 이규보(李奎報)의『동국이상국집(東國李相國集)』에는 각훈(覺訓)에 대해 다음과 같이 쓰고 있다.

  早修僧傳僅終編
  法門梁棟今頹折
  後學憑誰討十玄
  일찍이 고승전(高僧傳)을 겨우겨우 끝마치고
  법문(法門)의 대들보가 이제 꺾여 무너지니
  후학(後學)들은 누굴 믿고 십현(十玄)진리 연구할꼬

 그렇다면 1215년은 각훈이 아무래도 환갑은 넘은 나이였을 것이고, 또 얼마 안 되어 세상을 하직한 것처럼 보인다. 이규보는 의종 22(1168)~고종28(1241)이니 아마도 그와 연상약한 연배 아니면 얼마간의 연상이 아니었을까?

 고양취곤(高陽醉髡)이란 아호가 전하는 것으로 보아 고양(高陽)사람인 듯하고 또 "술취한 빡빡머리"를 자랑스레 내세웠으니 스님의 몸으로 꽤나 술을 즐긴 듯. 유불(儒佛)을 넘나들며 당대의 문사들과 짙은 교분을 쌓았던 것 같다. 이때에는 유림과 학승이 서로 어울려 놀며 노석(老釋)과 공맹(孔孟)을 한 자리에 놓고 자유롭게 토론하던 시대가 아니던가?

 이『해동고승전』은『삼국사기』,『삼국유사』와 함께 고려조에 찬술된 3대사료의 하나로 꼽힌다. 이제 그 서문을 읽어보자.

해동고승전 유통 서(海東高僧傳流通序)

 생각해보자. 부처님의 가르침은 성상(性相: 만물의 본성과 현상)이 언제나 한결같고 비원(悲願: 중생제도의 간절한 소원)이 크고 깊어 삼제(三

際: 과거 현재 미래)에 두루 닿았고, 시방(十方: 上下와 八方)에 두루 퍼져서 비와 이슬처럼 적시고 우레와 번개처럼 울리니 가려하지 않았으나 도달하였고, 서두르지 않았으나 빨라서 다섯 가지 눈(肉·天·慧·法·佛의 보기)으로도 그 얼굴을 볼 수 없고, 네 가지 입(法·義·辭·樂說의 말하기)으로도 그 참모습을 말할 수 없으니, 그 본체는 가고 옴이 없으나, 그 작용은 태어나고 소멸됨이 있다.

그러므로 우리 석가여래께서는 도솔천에서 전단누각을 타고 마야부인의 태에 들어가 주나라 소왕 갑인년(B.C. 623) 4월 8일에 드디어 그 오른쪽 옆구리를 열고 정반왕궁에서 태어나시니, 그 날 밤에 오색의 밝은 서기가 온 하늘에 뻗치고 사방에 비치었다. (이에) 소왕이 태사 소유에게 묻기를 "큰 성인께서 서쪽 땅에서 태어나셨으니 이 세상에 어떤 영향이 미치겠는가?"하였다. 태사가 대답하였다. "이것은 다름이 아니오라 일천 년 뒤에 그 놀라운 가르침이 이 땅을 덮으리라는 것입니다." 그러므로 (부처님께서) 처음에 궁중에 계실 때에는 역시 세상 속인들의 모습과 다를 것이 없었다. 그러다가 42년 갑신년((B.C. 593) 4월 8일, 부처님 나이 서른에 궁성을 넘어 집을 떠나 드디어 보리수 밑에 앉아 道를 이루고 그 法을 전파하여 중생을 이롭게 하시니, 이것은 마치 우담바라 꽃이 때를 맞추어 한 번 활짝 핀 것과 같았다.

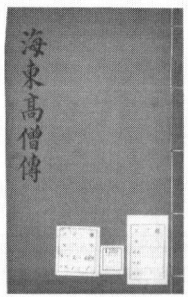
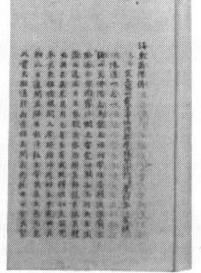

해동고승전(海東高僧傳)

처음에는 화엄경을 설법하시고, 다음에는 소승경전을 설법하셨는데, 어떤 때에는 반야경이나 심밀경으로, 또 어떤 때에는 법화경이나 열반경으로 (듣는 이의) 근기(根機: 가르침을 깨닫는 인식능력)에 따라 그들을 널리 교화하며 그들 그릇[마음 바탕]의 생김새[모가 났는가 둥근가 하는 수용자세]에 맡기니 그것은 마치 하나의 바람결이 만개의 구멍에서 일제히 울리고, 외로운 달 하나가 천 개의 강 위에 모두 나타나는 것과 같았다. 이렇듯 49년 동안 중생을 제도하셨으니 열자(列子)가 말한 바 "서녘에 큰 성인이 계시다."한 것이 바로 이것이다. 이때에 문수와 목련이 세상 사람을 교화하는 큰 인물이 되어서 중국[震旦은 중국의 별칭]에까지 그 자취를 남겼다. 부처님 나이 79세, 목왕 임신년(B.C. 544) 2월 15일에 경림[沙羅雙樹]에서 열반하시니 그 때 흰 무지개 열두 갈래가 여러 날 밤을 사라지지 않았다. 목왕이 태사 호다에게 그 연유를 물으니 "서녘의 큰 성인이 이제 돌아가셨기 때문이옵니다."하고 대답하였다.

이에 아난 등이 부처님의 말씀을 결집하여 패첩(貝牒: 베다나무잎)에 갖추어 실으니 經·律·論·戒·定·慧가 비로소 널리 전파될 길이 트이었다. 그러나 화엄경의 한결같은 말씀은 용궁에 들어가 숨으니 사악한 종파가 독사처럼 휘젓고 이단의 무리가 개구리처럼 울어대었다. 그러던 중 마명(馬鳴)이 이 세상에 우뚝 솟듯 나타나니 그 뛰어남이 진나(陳那)에게 미치고 호법(護法)이 화답하여 사악함을 내쫓고 올바름을 드러내어 (화엄의) 뜻을 풀이하고 그 종지(宗旨)를 펼치게 되었다. (이것은) 모든 것이 널리 서역에 갖추어진 다음 앞으로 동녘으로 전파될 기회를 기다리는 것이었다.

(중략)

이제 우리 해동 (불교를 생각해 보면) 고구려 해미류왕(소수림왕) 때에 순도(順道)스님이 평양성에 이르렀고, 뒤이어 마라난타(摩羅難陀)가 진(晉)나라에서 백제에 왔으니 곧 침류왕 때이다. 그 뒤로 신라

제23대 법흥왕이 왕위에 오르시니 양(梁)나라 대통 원년 정미년(527 A.D.) 3월 11일, 아도(阿道)스님이 일선현(一善縣: 지금의 善山)에 와 머무셨으니 그것은 믿는 선비 모례(毛禮)가 숨겨 준 때문이었다. 또 오(吳)나라에서 온 사자 향도(香道)가 분점(焚點)의 의식을 가르쳐 주니 이로 말미암아 그 예식이 왕궁에까지 전해지게 되었다. 그러나 그 가르침은 아직 잘 알려지지 않았는데 사인(舍人: 신라의 낮은 벼슬이름) 염촉(厭髑)이 열성스런 마음과 간절한 정성으로 과감하게 나라 사람들의 의심을 풀었다. 아아, 이 미천한 사람(이차돈=염촉)이 없었다면 우리는 지금 어느 가르침을 따랐을 것인가!

　이때로부터 원광스님, 자장스님들이 서녘으로부터 법을 전해 받아 돌아오니 상하가 모두 믿고 공경하며 나라 안팎에서 받들어 행하여 앞에서 부르면 뒤에서 응답하니 날이 가고 달이 갈수록 불법이 흥성하였다. 그리고 드디어 삼한과 우리 성조(聖祖)에 이르러 옛 풍습을 고치고 더욱 불교를 숭상하게 되니 무릇 모든 제도는 불교를 많이 따르게 되어 문물을 지키고 법통(정체성)을 이어가는 임금님들은 (이 불교를) 전하며 잃어버리지 않았다. (이하 생략)

　역사란 무엇인가? 현재가 미래를 염두에 두고 과거와 진지하게 나누는 대화라고 한다. 이것은 현재가 과거와 나누는 대화이지만 그 주체인 현재는 미래를 생각하며 과거에 자문한다는 뜻이겠다. 그러면 우리는 각훈스님께 무엇을 여쭙고자 하는가? 그것은 물론 한국불교의 미래일 것이다. 그러나 시대를 이끌어 갈 정신적 지주로서의 입지가 확고하지 않다면 현재의 한국불교가 각훈스님께 아무리 장광설로 여쭙는다 하여도 그분이 무슨 말씀을 하실 수 있을 것인가!

論曰 夫佛陀之爲敎也 性相常住 悲願洪深 窮三際遍十方 雨露以潤之 雷霆以鼓之 不行而至 不疾而速 五目不能覩其容 四辯莫能談其狀 其體也 無去無來 其用也 有生有滅.

故我釋迦如來 從兜率天 乘栴檀樓閣 入摩耶胎 以周昭王甲寅四月初八日 遂開右脇 生於淨飯王宮 其夜五色光氣 入貫大微 通於西方 昭王問太史蘇由曰"有大聖人 生於西方 問利害." 曰 "此時無他 一千年後 聲敎被此土焉." 始處宮中 亦同世俗 粵四十二年 甲申四月八日 佛年三十 踰城出家 遂坐樹成道 轉法利生 如優曇花 時一現耳.

初說華嚴 次說小乘 或般若深密 或法華涅槃 隨機普被 任器方圓 其猶一風而萬竅齊號 孤月而千江皆現. 四十九年度脫群品 列子所謂 西方有聖人者 是也. 是時 文殊與目連爲化人 亦迹子震旦. 佛年七十九 以穆王壬申二月十五日 入滅於瓊林 白虹十二道 連夜不滅 王問太史扈多曰"西方大聖人 方滅度耳"

於是 阿難等結集金言 具載貝牒 經律論戒定慧 爰方啓行. 然華嚴恒常之說 隱入于蚪宮 邪宗蚖肆 異部蛙鳴 旣而馬鳴屹起 挻生及陳那 護法唱之和之 推邪現正 演義申宗 廣大悉備乎西域 將有待而東驅矣.(中略)

若我海東 則高句麗解味留王時 順道至平壤城. 繼有摩羅難陀 從晉來千百濟國 則枕流王代也. 後於新羅第二十三法興王踐祚 梁大通元年丁未三月十一日 阿道來止一善縣 因信士毛禮隱焉. 屬有吳使者香道 指其焚點之儀 由是延致王宮. 然其敎未闡 舍人厭髑 赤心面內 勇決國人之疑. 噫微夫子 吾當從何敎也.

自爾圓光慈藏之徒 西入傳法 上下信敬 內外奉行 先呼而後應 日益而月增 遂使於三韓及我聖祖 葦舊鼎尤尊佛敎 凡制度多用佛敎 守文繼體之君 傳而不失.(以下略)

韓國의 名文百選 14

이규보(李奎報)의 시론(詩論)

고려시대를 통틀어 대표적 문인 다섯 사람을 손꼽으라고 할 때, 반드시 거명될 분은 동국이상국집(東國李相國集)과 백운소설(白雲小說) 등을 남긴 백운거사(白雲居士) 이규보(李奎報, 1168~1241)선생이다.

그가 만일 현대에 태어났더라면 벼슬살이는 하지 않았을 것이고, 이른바 문단의 우두머리로 숱한 일화를 남겼을 분이다. 그는 스스로 삼혹호(三酷好)선생이라 칭하였는데, 시(詩)와 술[酒]과 거문고[琴]라면 자기보다 좋아할 사람이 없을 것이라는 자신감의 표현이었다. 아마도 술과 거문고는 "시"를 떠받치는 두 기둥이었으리라.

호탕하고 활달한 시풍은 당대의 어떤 시인도 그를 흉내낼 수 없었다. 벼슬자리에 나아갈 때마다 그 감회를 읊은 즉흥시는 당대의 문단을 흔들었고, 몽고군이 침입하였을 때에 분을 삭이며 쓴 진정표(陳情表)는 몽고군을 격퇴시키는 결정적인 명문(名文)이 되었다.

　더구나 그가 진정한 의미의 문인으로 손꼽히는 까닭은 그가 시에 대한 이론에도 밝았기 때문이다. 여기 소개하는 글은 원제목이 "논시중미지략언(論詩中微旨略言)"인데 요즈음 표현으로 바꾸면 "시 속에 감추어진 오묘한 뜻과 과감한 생략을 논함"이라 바꿀 수 있을 것이다. 함께 읽어보기로 하자.

　무릇 시는 뜻을 으뜸으로 삼는다. 뜻을 감추기가 제일 어렵고 사연을 엮는 것은 그 다음이다. 뜻은 또한 "기(氣)"를 으뜸으로 삼으니 "기"의 좋고 나쁨에 따라 뜻의 깊고 얕음이 달려 있다. 그러나 "기"는 타고나는 것이라 배워서 얻을 수는 없다. 그러므로 "기"가 모자라는 이는 글을 만들기에만 힘쓰고 뜻을 앞세우려 하지 않는다. 흔히 글을 다듬고 꾸밈이 있어서, 어구를 단청(丹靑)하면 실로 아름답기는 하나 그 안에 감추어진 깊고 무거운 뜻이 없어서 처음 읽을 때에는 그럴 듯해 보이나 두 번째 읽으면 벌써 그 맛이 사라진다.(중략)

　바야흐로 생각을 읽을 때에 깊이 들어가 헤어나오지 못하면 빠진다. 빠지면 부딪치고, 부딪치면 미혹하고, 미혹하면 한 곳에 집착해서 변

이규보(李奎報)

동이 없다. 오직 이동하며 앞뒤로 돌아보아 자유롭게 변화한 뒤에야 거리낌이 없어서 원만하고 능숙한 경지에 이른다.(중략)

시에 아홉가지 마땅치 않은 체격이 있으니 이것은 내가 깊이 생각해서 스스로 터득한 것이다.

한 편의 시에 옛사람의 이름을 많이 쓴 것은 한 수레에 가득히 귀신을 실은 체격이요, 옛사람의 뜻을 모조리 모아 쓴 것이 있으니 이것은 도적질조차 서툰 것이라 서툰 도적이 잡히기 쉬운 체격이다. 어려운 운(韻)을 달기는 했는데 근거한 곳이 없다면 힘이 모자란 채 쇠뇌[弩]를 당긴 체격이요, 재주는 헤아리지 않고 운을 번드레하게 달았다면 제 양에 넘는 술을 마신 체격이다. 어려운 글자를 쓰기 좋아해서 남을 쉽게 현혹하려 했다면 이것은 함정 속으로 장님을 인도하는 체격이요, 사연은 순탄치 못하면서 인용하기를 일삼는다면 이것은 강제로 남을 나에게 따르게 하려는 체격이다. 속된 말을 많이 쓴다면 이것은 시골 첨지들이 모여 떠드는 체격이고, 기피해야 할 말을 함부로 쓰기를 좋아하면 이것은 존귀를 침범하는 체격이요, 사설이 어수선한데도 다듬지 않고 놓아두었다면 이것은 잡초가 밭에 우거진 체격이니 이런 마땅치 못한 체격을 모두 벗어난 뒤에라야 비로소 시를 논할 수 있을 것이다.

누군가 내 시의 결점을 지적해 주는 이가 있다면 행복한 일이다. 그 말이 옳으면 따를 것이고, 옳지 않아도 내 생각에 충실하면 그만인데, 듣기 싫어하며 마치 간(諫)하는 충신의 말을 외면하는 임금처럼 할 것이 무엇인가. 무릇 시를 지으면 반복해서 읽어보되 내 작품으로 보지 말고, 평생에 제일 미워하는 사람의 작품인 양 여겨서 부족하고 잘못된 것을 찾아보고 찾아보아 더 이상 찾을 수 없을 때에 발표해야 할 것이다.(이하 생략)

이 글을 읽으면 문학적 재능은 천부적인 것이어서 처음부터 재능이 없다고 생각되는 사람은 문학에 접근하지 말라고 경고하는 듯하다. 그러나 또 천부적인 재능이 있다고 하여 끊임없이 갈고 닦는 노력이 없다면 그 천부적인 재능도 보잘 것이 없는 것임을 준엄하게 일깨우고 있다. 문학적 정신의 숭고함을 또한번 깨우치는 순간이다.

論詩中微旨略言

　夫詩以意爲主 設意尤難 綴辭次之 意亦以氣爲主 由氣之優劣 乃有深淺耳. 然氣本乎天 不可學得 故氣之劣者 以雕文爲工 未嘗以意爲先也. 蓋雕鏤其文 丹靑其句 信麗矣 然中無含蓄深厚之意 則初若可翫 至再嚼則味已窮矣.(中略)

　方其搆思也 深入不出 則陷陷 則着着 則迷迷 則有所執 而不通也. 惟其出入往來 左之右之 瞻前顧後 變化自在 而後無所礙 而達于圓熟也.(中略)

　詩有九不宜體 是予所深思而自得之者也.

　一篇內多用古人之名 是載鬼盈車體也. 攘取古人之意 善盜猶不可盜 亦不善 是拙盜易擒體也. 押强韻無根據處 是挽弩不勝體也. 不揆其才 押韻過差 是飮酒過量體也. 好用險字 使人易惑 是設坑導盲體也. 語未順而勉引用之 是强人從已體也. 多用常語 是村父會談體也. 好犯語忌 是凌犯尊貴體也. 詞荒不刪 是莨莠滿田體也. 能免此不宜體格 而後可與言詩矣.

　人有言詩病者 在所可喜 所言可則從之 否則在吾意耳. 何必惡聞如人君拒諫 終不知其過耶. 凡詩成反覆視之 略不以己之所著 觀之如見他人 及平生深嫉者之詩 好覓其疵失 猶不知之然後行之也.(後略)

韓國의 名文百選 15

혜심(慧諶) 스님의
선문염송서(禪門拈頌序)

　임금님의 나라를 부처님의 나라로 만들어 평화롭고 행복하게 살려고 하였던 천년 전 우리나라 조상들은 벼슬살이보다는 떠돌이 운수(雲水)행각을 더 좋아하였다. 어쩌다 벼슬길에 나아가는 과거시험을 보기도 하였고, 또 그러한 시험에 합격하여 벼슬길이 열리기도 하였으나, 끝내는 세상을 등지고 산 속으로 들어가 존경하는 스님 밑에서 머리를 깎고 중이 되었다.
　1201년, 24살의 나이에 사마시(司馬試)에 합격하였으나 얼마 지나지 않아 조계사로 지눌(知訥) 스님을 찾아 평생을 의탁한 혜심(慧諶, 1178 명종8년~1234 고종21년)스님도 유생(儒生)의 길에서 불자(佛子)로 방향전환을 한 고려시대 지성인의 한 분이다.

그 때의 스님들은 부처님의 가르침을 이론적으로 탐색하는 경론(經論)연구보다는 깨달음을 얻어 초인의 경지에 이르는 선수행(禪修行)을 더 즐겨하였다. 부처님 가르침의 흐름이 애초부터 이심전심의 방편을 쓰고 있었기 때문이다. 그리하여 선수행에서는 언어적 논리의 세계는 무언가 걸리적거리는 장애요소로 여겨지기도 하였다. 그러나 인류의 정신문화는 언어·문자를 매개로 하여 다듬어지고 전수되는 것이었다. 할 수 없이 깨달음을 얻은 큰스님들이 불완전한 언어·문자를 방편으로 해서 말씀을 남기고 글을 지었다.

혜심(慧諶) 스님도 깨우침에 요긴한 화두(話頭) 염송(拈頌) 법어(法語)를 정리하여 뒤에 오는 이들을 위하여 책을 엮으니 그것이 선문염송(禪門拈頌) 30권이다. 이 스님이 일찍이 지눌 스님을 찾아갔을 때 스스로 제자 되는 기쁨을 읊은 시는 지눌을 감동시켜 기쁘게 제자로 맞아들이게 하였다고 한다. 그 게송(偈頌)은 다음과 같다.

    呼兒響落松蘿霧
    煮茗香傳石徑風
    才人白雲山下路
    已參庵內老師翁
    동자 부르는 소리가 솔숲 안개 속에 사라지는데
    녹차 끓이는 향기는 돌길 바람 타고 풍겨옵니다.
    재주 있는 젊은이 백운산 길을 따라 찾아와서는
    암자 안의 노스님을 어느덧 찾아뵙고 인사합니다.

선문염송 서문

가만히 생각해 보니, 석가세존과 가섭존자 이후로 대대로 이어 내려온 등불이 꺼지지 않고 서로 은밀한 가운데 부탁하고 맡김으로써 올바로 전해줌을 삼았다. 그렇듯 올바로 전해주고 은밀하게 부탁하고 맡기는 경우에, 말이나 뜻을 갖추지 않은 것은 아니나, 말로 표현하고 논리를 세우는 것으로는 충분히 미칠 수 없었으므로 비록 가리키는 바가 있기는 하지만 문자를 사용하지 않고 펼치며 마음에서 마음으로 전하여 올 수밖에 없었다. 그런데 가끔 일 좋아하는 이들이 굳이 그들의 행적을 기록하여 서책에 실어 오늘에 이르기까지 그것을 전하였으나 그 엉성한 자취는 진실로 소중히 여길 것이 못된다. 그렇기는 하지만 흐름을 따라 올라가 근원을 발견하고 끄트머리를 의지하여 밑뿌리를 아는 것도 괜찮으니, 근원을 얻은 사람은 비록 만가지로 구별하여 말할지라도 핵심을 잃는 일이 없으며, 근원을 얻지 못한 사람은 비록 말을 끊고 침묵을 지킨다 할지라도 미혹함에서 벗어나지 못할 것이다.

이런 까닭에 지난날의 덕이 높은 스님들은 문자를 외면하지도 않고, 자비로움을 아끼지 않으면서도 물어보기도 하고 들어 보이기도 하며, 대신하기도 하고 구별하기도 하며 게송을 읊기도 하고 노래를 부르기도 하여 부처님의 깊고 깊은 이치를 드러내어 후세 사람들에게 물려주었다. 그러므로 바른 눈을 뜨고, 그윽한 기틀[玄機]을 갖추어 온 우주[三界]를 감

혜심(慧諶) 스님

싸안고, 온 세상의 생명[四生]을 구원하려고 하는 사람이라면 이것을 버리고 무엇을 가지고 할 수 있겠는가? 더구나 우리나라[本朝=高麗]의 조성(祖聖)께서 삼국을 통일한 이후에는 선(禪)의 가르침[禪道]으로 나라의 운수를 늘이고, 슬기로운 논리[智論]의 복을 받아 이웃나라 군사를 진압하였으니 으뜸 뜻을 깨닫고 진리를 논의할 자료로 이것만큼 급한 것이 있겠는가. 그러므로 우리 종문의 배우는 이들은 (이것을) 목이 말라 물을 찾듯, 배가 고파 먹을 것을 생각하듯 하였다.

그래서 나는 저 배우는 이들의 간절한 청을 받아, 앞서 가신 성인(聖人) 조사(祖師)님들의 본래의 품은 뜻을 생각하여 나라의 복을 받들며 불법의 도움을 얻어 제자 진훈(眞訓) 등 몇 사람을 거느리고 옛 화두(話頭) 1,125가지를 모으고, 여러 스님들의 염송을 비롯한 종요로운 말씀들을 간추려 기록하여 30권을 만들어서 이것으로 등불 전하는 일[傳燈]을 삼았다. 이제 바라는 것은 요순의 정치가 선풍(禪風)과 더불어 길이 불고, 요순의 세상과 부처님의 세상이 함께 밝아서 바다는 평안하고 강물은 맑으며 시절은 화락하고 해마다 풍년들어 물건들은 제각기 그 쓰임새대로 쓰이고, 집집마다 억지로 애쓰지 않건만 진정으로 삶을 즐기니, 갈피갈피에 느끼는 마음은 오로지 이 일에 간절한 뿐이다.

다만 한스러운 것은 여러 스님들의 어록을 다 보았다고 할 수 없으니 빠뜨린 것이 있을 듯 두려울 따름이거니와 행여 다하지 못한 것은 뒷날의 어진 이를 다시 기다려야 하겠다.

정우 14년(1226 A.D.) 한 겨울. 해동 조계산 수선사 무의자 서문을 씀.

어느 시절엔들 하늘의 도우심으로 나라가 태평하고 백성이 화락하기를 기원하지 않았겠는가? 고려 500년도 예외가 아니어서 인왕경(仁王經)이라는 호국경전이 국보처럼 존중되었는데, 그 무렵 지눌(知訥)에 이어 수선사(修禪寺)의 2세 스님으로 취임한 혜심(慧諶)은 요순(堯舜)의 치세와 선풍의 진작을 함께 기원하며 이 선문염송을 엮었다. 그리고 설법의 방편으로 시를 지으니, 이로 말미암아 우리나라 불교시문학의 빗장이 열렸다. 다음은 혜심이 입적하며 읊었다는 노래다.

  春深院落淨霧埃
  片片殘花點綠苔
  誰道少林消息絶
  晚風時送暗香來
  깊은 봄 절 뜨락엔 티끌하나 못 보겠고
  흩날려 지는 꽃잎 이끼 위에 점을 찍네
  뉘라서 소림사의 끊긴 소식 전하려나
  해질녘 바람결에 꽃향기만 짙어오네.

禪門拈頌序

　詳夫自世尊迦葉以來 代代相承 燈燈無盡 遞相密付 以爲正傳 其正傳密付之處 非不該言義 言義不足以及 故雖有指 陳不立文字 以心傳心而已. 好事者 强記其迹 載在方册 傳之至今則其蠹迹 固不足貴也. 然不妨尋流而得源 據末而知本 得乎本源者 雖萬別而言之 未始不中也. 不得乎此者 雖絶言而守之 未始不惑也.

　是以諸方尊宿 不外文字 不恪慈悲 或徵或拈 或代或別 或頌或歌 發揚奧旨 以貽後人 則凡欲開正眼 具玄機 羅籠三界 提拔四生者 捨此奚以哉. 況本朝 自祖聖會三已後 以禪道延國 祚智論 鎭隣兵 而悟宗論道之資 莫斯爲急 故宗門學者 如渴之望飮 如飢之思食.

　余被學徒力請 念祖聖本懷 庶欲奉福於國歌 有裨於佛法 乃率門人 眞訓等 採集古話 凡一千一百二十五則 幷諸師拈頌等語 要錄成三十卷 以配傳燈 所冀 堯風 與禪風永扇 舜日共佛日恒明 海晏河淸 時和歲稔 物物各得其所 家家純樂無爲 區區之心 切切於此耳.

　第恨諸家語錄 未得盡覽 恐有遺脫 所未盡者 更待後賢.

　貞祐十四年 丙戌仲冬 海東 曹溪山 修禪寺 無衣子 序

韓國의 名文百選 16

최자(崔滋)의 보한집(補閑集)

　최자(崔滋, 1188 명종~1263 원종1)는 13세기 중엽의 고려 문신이다. 때는 무신집권의 말기, 도읍을 강화(江華)로 옮기고 대몽항쟁의 기치를 높이던 시절이었다. 문신들은 정치적 경륜을 펼칠 기회가 좁아졌고 자연스레 그 기운을 문학적 낭만으로 발산시켰다. 그 열매의 하나가 해좌칠현(海左七賢)이라는 문인그룹의 형성같은 것이었다. 그러나 조만간 최씨 집권체제가 안정을 찾게 되자 무신정권에 협조하는 문신들도 나타나게 되는데 그 무렵 크게 돋보인 문신이 이규보(李奎報)·진화(陳澕)·최자(崔滋) 등이었다.

　최자는 문헌공 최충(崔冲)의 후예로 자를 수덕(樹德), 호를 동산수(東山叟)라 하였는데, 온화하고 겸허한 성품에 문재와 행정력이 뛰어난 분이었다고 전한다. 정언, 상주목사를 거쳐, 국자대사성·상서우복야를 지내고 수대사 문하시랑, 동중서문하평장사 판이부사에서 치사(致仕)하였다. 이규보·진화와 더불어 당대를 주름잡는 문사로서 해좌칠현의 우두머리 격인 이인로(李仁老)의 『파한집(破閑集)』에 모자란 점을 보완한다는 뜻에서 『보한집(補閑集)』을 남겼다. 이 책에는 당대 문사들의 시화비평 뿐만 아니라 그 시절의 시사(時事)와 불교 등 문화전반의 이야기 등을 기록하여 오늘날 고려사회를 이해하는 데 좋은 길잡이가 되게 하였다.

여기에서는 그 서문의 첫 부분과 화엄월수좌(華嚴月首座) 각훈 스님의 이야기를 옮긴다.

◎ 글이란 진리를 밟는 문이요, 법도에 맞는 말씀이 아니면 취급하지 않는 길이다. 그러나 기운을 북돋고 말씨를 강조하며 마음을 움직여 귀가 번쩍 뜨이게 하려면 간혹 위험스럽고 기이한 표현도 마다하지 않는다. 하물며 시를 짓는다는 것은 본래 비유와 풍자로 흥을 돋우려 하기 때문에 반드시 신기하고 교묘한 것에 의지하는 바가 있다. 그런 다음에야 그 기운이 웅장하고 그 의미가 깊으며 그 말씨가 살아나서, 세상 사람의 마음을 감동시키고 깨달음을 얻을 수 있으며 그 시의 섬세한 뜻이 드러나 마침내는 올바른 길로 돌아갈 수 있는 것이다. 그러므로 행여나 남의 글을 쪼개어 베끼고 울긋불긋한 현란함만을 자랑하려 한다면 그것만은 진정코 선비가 피해야 할

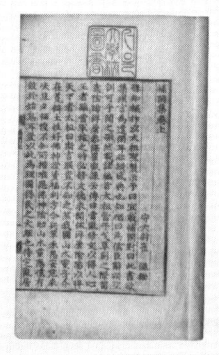

보한집(補閑集)

일이다.

　비록 시인들이 기승전결의 격식만을 갈고 닦으려 하는 수가 없지 않으나 진실로 취해야 할 것은 글귀를 다듬어 그 뜻을 깊이 있게 하는 일이다. 그런데 오늘날 신진 후배들은 성율(聲律)과 장구(章句)만을 숭상하여 글자를 다듬을 때 반드시 새로운 것만 찾으려 하기 때문에 그 말이 생경하고, 대구(對句)를 다듬을 때에는 억지로 짝을 맞추려 하기 때문에 그 뜻이 치졸하게 되니 웅혼하고 헌걸차며 노련하고 성숙한 기풍이 그로 말미암아 사라지는 것이다.

　◎ (각훈스님) 화엄 월수좌는 남는 시간 즐기는 일로 문장에 깊이 심취하여 문집을 꾸민 일도 있었다. 그것이 선비사회에 전하여 온다. 일찍이 『해동고승전』을 지었는데 그 무렵 동관 이윤보(李允甫)는 (월수좌에 대하여) 다음과 같이 말하였다.

　『(침묵 중에 수행하는 이가 있으니 그를 묵행자로 부르겠다.) 이 묵행자(黙行者)는 어느 집안 사람인지 알 수 없고 나이는 50세가량인데 어떤 때는 빡빡머리를 하고, 어떤 때는 행각승차림으로 불경을 염하지도 않고 예불을 하지도 않은 채 하루종일 좌선(坐禪)의 자세로 눈을 감고 조는 듯이 앉아 있었다. 그를 찾아와 인사하는 사람이 있어도 눈을 들어 바라보지도 않고 이름을 물어도 대답하지 않았다. 어디에서 왔느냐고 물어도 역시 대답하지 않았다. 그래서 묵행자라고 이름을 붙이는 것이다. 귀정사(歸正寺) 별채에 머물고 있었다.

　그 무렵 내가 귀성(龜城)에 가 있었는데 도인 존순(存純)이 나에게 그 행자에 대한 이야기를 해 주었다. 일찍이 (그 行者는) 겨울에도 좌구(座具)하나를 깔고 한 벌의 누비옷을 걸쳤는데 그 누비옷 속에는 서캐도 이도 없었다. 차디찬 냉돌바닥에 앉았으나 추위하는 기색이 전혀 없었다. 불도를 배우는 후진이 책을 안고 그에게 찾아와 의심되는 바를 물으면 자세하게 풀이하여 설명치 않는 것이 없었다. 그때는 마침 추위가 심하여 그가 얼어죽을까 걱정이 되었는데 그 방문객은 (행자가) 나간 틈을 타 심부름꾼을 보내 급히 땔나무를 구해다가 불을 짚혀 구들을 덥히고 돌아갔다. 행자가 돌아와 그것을 보고 기뻐하지도 또 성내는 기색도 없이 천천히 집밖으로 나가 돌 자갈을 주워다가 그 아궁이를 막고 진흙을 이겨 틈바구니를 발라버렸다. 그리고 태연히 자기 자리에 앉아 (참선하기를) 전과 같이 하였다. 그후로 다시는 방안을 따뜻하게 덥히는 일이 없었다. 일찍이 재가 들었을 때, 나물을 먹어도 장을 넣지 않은 나물만 먹고 또 오후에 밥먹는 것을 금지하지는 않았으나 있으면 먹고 없으면 먹지 않는데 혹 이레나 여드레까지도 먹지 않는 일이 있었다. 스스로 다음과 같이 말하였다.

'무릇 이름난 명산이 있으면 성인의 자취가 있으니 찾아가 유람치 않은 적이 없었으나 내가 가서 보았건만 한 마디도 나눈 바가 없었다.』

문학에서 내용과 형식 사이의 비중문제는 아마도 영원한 시소게임이 될 것이다. 최자는 이 서문에서 주제의식, 내용우선을 강조하는 기골(奇骨)과 의격(意格)을 앞세우며 성률과 낱말에 관심이 깊은 표현기교파 이인로 계열을 은근히 반박하고 있다. 또 각훈 스님의 이야기를 동관 이윤보(李允甫)의 말로 인용하면서 당대에 이미 전설적 탁덕(鐸德)이 된 각훈의 모습을 소개하고 있다. 스님의 행적이란 원래 그래야 하는 것이 아닌가? 오늘날의 스님들을 생각하며 얼마간 착잡한 마음이다.

補閑集

◎ 文者 蹈道之門 不涉不經之語. 然欲鼓氣肆言 竦動時聽 或涉於險怪. 況詩之作 本乎比興諷喩 故必寓託奇詭 然後其氣壯 其意深 其辭顯 足以感悟人心 發揚微旨 終歸於正. 若剽竊刻畫 誇耀青紅 儒者固不爲也.

雖詩家有琢鍊四格 所取者琢句鍊意而已. 今之後進 尙聲律章句 琢字必欲新 故其語生 鍊對必以類 故其意拙 雄傑老成之風 由是喪矣.

◎ 華嚴月首座 餘事亦深於文章 有草集 傳士林 嘗撰海東高僧傳 時李東觀允甫言

『有黙行者 不知族氏 年可五十 或爲髡髮 或爲頭陀 不念經 不禮佛 終日宴座瞑如也. 有候之者 不擧目改觀 問其名不應 問從甚處來 亦不應 故以黙行者名焉, 居歸正寺別區.

時予適在龜城 道人存純謂予言行者 嘗冬月敷一座具 着一衲衣 衲中無蟣蝨 坐氷埃上 寒色不形. 學道後進 抱册往從 質疑者 無不委細開說. 方大寒恐其凍也 候出時遺房子 急熱柴頭 溫其埃而去, 行者來觀之無喜溫色 徐出戶拾石礫 塡埃口 泥其灰塗隙 而上宴坐如初. 自是不復遺溫也. 嘗齋時 食菜不用醬 又不禁午後食 値幸則食之 惑至七八日不食. 自言 凡名山有聖蹟 無不遊觀 予往見不交一言.』

韓國의 名文百選 17

이승휴(李承休)의 제왕운기진정인표
(帝王韻紀進呈引表)

나라가 힘들고 어려울 때, 뜻있는 사람들은 결코 실망하지 않는다. 마음을 가다듬어 나라의 힘을 키우기 위한 지혜를 모으며 나라의 근본이 원대하였음을 일깨운다. 13세기 후반 고려의 원종·충렬왕대가 바로 그러한 시대였다.

수십 년간 지속된 대몽항쟁은 고려가 원나라의 부마국(사위의 나라)이 되는 것으로 조정됨으로써 평화를 얻을 수 있었다. 즉 원종의 세자가 쿠빌라이의 공주를 아내로 맞으니 그가 곧 '충'자돌림의 첫 번째 임금 충렬왕(忠烈王)이다. 그러나 충렬왕은 원의 압력에 굴복하여 두 차례에 걸쳐 일본 구주 침략에 나섰으나 겸창 막부군의 완강한 저항과 태풍으로 그 원정은 실패하였다. 그 과정에서 고려는 함선제조와 군량미 보급 등으로 극심한 어려움을 겪었다.

이러한 시절에 고려의 지식인들은 정신을 가다듬어 민족의 정체성을 확립하는 학풍을 진작시켰다. 안향(安珦)이 원으로부터 성리학을 들여와 유학(儒學)을 새롭게 진흥시킨 것도 이 때였고,『고금록(古今錄)』,『천추금경록(千秋金鏡錄)』같은 관찬 사서가 나온 것도 이때였으며, 일연(一然)의『삼국유사(三國遺事)』에 뒤미처 이승휴의『제왕운기(帝王韻紀)』가 간행된 것도 이 시절의 사건이었다.

이승휴(李承休, 1224 고종11~1300 충렬26)는 가리(加利) 이씨의 시조로 자를 휴휴(休休), 호를 동안거사(動安居士)라 하였다. 고종 때 문과에 급제하여 한 때는 서장관이 되어 원나라에 가서 그의 특유한 유려 문체로 문명을 날리기도 했으나 벼슬에는 뜻이 없어 중년의 한 동안 벼슬을 버리고 강원도 두타산 귀동에서 학문에 정진하였다. 그 때에『제왕운기』를 지었다. 말년 75세 때 다시 등용되어 사림시독학사, 좌간의대부, 판비서사를 거쳐 밀직부사감찰대부, 사림승지를 끝으로 벼슬생활을 마쳤다.

그의『제왕운기』는 상권이 중국사요, 하권이 우리나라 역사인데,

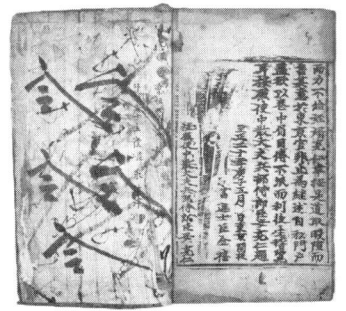

제왕운기(帝王韻紀)

우리나라 역사가 처음부터 중국사와 나란히 진행된다는 것을 역설함으로써 민족적 자긍심을 높이려 하였다. 그러나 자료가 빈약한 고대사 고조선 부분의 한·중년대 대비는 오늘날까지 우리 후손들이 밝혀야 할 숙제로 남아 있다. 이제 그의 글을 읽어보자.

『제왕운기』를 지어 바치며 드리는 글

 신(臣) 승휴는 아뢰나이다. 신이 삼가 제왕운기를 지어 두 권으로 나누어 정성스레 베껴 적어 바치나이다. 이것은 이 못난 선비가 전적(典籍)을 통하여 거칠게나마 깨우친 바가 반딧불 같이 흐린 빛이오나 해와 달보다 더 밝으신 성상께 도움이 되기를 바라기 때문이옵니다. 신 승휴는 진실로 황공하여 머리를 조아리고 또 조아리나이다.
 삼가 생각해 보나이다. 우리 주상 전하께서는 周나라보다도 더 흥성하시고 탕임금보다도 더 유덕하시나이다. 천제의 누이를 비로 삼으셨으니 어찌 일찍이 삼한에서 이처럼 훌륭한 인물이 모인 것을 보셨나이까? 실로 백대에 듣기 힘들고, 만대에 만나기 어려운 인재가 한 시대에 모였나이다. 엎드려 생각하나이다. 신은 선대로부터 내려온 가르침을 받들고 밝은 날 떠오르는 해처럼 상서로운 임금께 보답하려고 어가를 모시고 동으로 서로 다닌 인연으로 화려한 요직에 품계를 뛰어넘는 벼슬자리를 받았나이다. 정수리에서 발꿈치까지 온 몸이 임금님 은혜에 흠씬 젖어 머리터럭마다 그 은혜를 헤아리며 맑은 마음으로 전하를 보필하였사오나 박명한 탓으로 지금은 벼슬을 내놓고 이 몸이 한가롭게 되었나이다. 전하를 뵈올 수 없음이 한탄스러우나 만수무강을 축원할 수 있는 것이 기쁠 뿐이옵니다.

(이제) 마음은 부처님께 돌아가 있고 눈은 불경에 꽂혀 있습니다. 만권 서적이 밝은 창안에 가득하오나 날이 갈수록 뜻은 사그라지는 듯 하온데 구중궁궐은 한결같은 봄철이라 늙음이 없는 세월일 것이옵니다.

또 생각하나이다. 이 신통치 못한 글월은 소신의 평생사업인지라 벌레소리 같은 하찮은 기록이오나 임을 그리워하는 뜻을 펼치었나이다. (그리하여) 드디어 옛날부터 지금에 이르기까지 임금에서 임금으로 전한 역사를 (완성하였나이다.) 중국은 반고로부터 금나라까지이옵고, 우리나라는 단군으로부터 본조까지이온데 나라가 시작된 근원부터 참고자료를 널리 탐색하여 흥망성쇠의 같고 다름을 비교하여 종요로운 점을 간추리어 노래로 읊고 거기에 (비평의) 글을 덧붙였나이다. 저 나라들이 서로 이어 주고받으며 흥망성쇠함이 손바닥의 손금보듯 하여 무릇 선대에서 계획하고 논의하며 실천하고 취사선택한 것이 마음 안에 불을 지핀 듯 밝게 드러나이다.

삼가 엎드려 바라나이다. 우악하오신 성지(聖知)를 펴시어 소신이 못났다고 글마저 버리지 마옵시고 잠시나마 밝고 밝은 눈길을 빌리시어 훑어보아 주시옵소서. 그리고 바깥(관청)에 맡겨 널리 시행하여 뒷날에 권장하고 경계를 삼도록 하소서.

신은 진실로 황공하고 송구하여 머리를 조아리고 또 조아리며 삼가 말씀을 드리나이다.

지원 24년(1287) 3월 두타산거사 신 이승휴

『제왕운기』에서 민족적 긍지가 어떻게 전개되는지 그 첫머리를 인용해 보자.

> 요동땅 한쪽에 별천지가 있으니
> 그곳은 중국과 구별되는 땅일세
> 만경창파 큰 물결이 삼면을 둘러싸고
> 북쪽으로 육지가 맞닿아 있다네
> 그 가운데 사방천리 여기가 조선이니
> 강과 산이 하나같이 명승의 고장이요
> 밭 갈고 우물파고 예의바른 나라이니
> 중국사람 모두 일러 소중화(小中華)라 한다네

자랑스런 역사를 말하고는 있으나 중국의 시야에서 한 걸음도 벗어나지 못하는 한계를 스스로 드러내고 있었다. 이것이 이 시대의 특성이었다.

帝王韻紀進呈引表

　臣承休言 臣謹編修帝王韻紀 分爲兩卷 繕寫以進者 牛襟下士 粗得曉於典墳 螢燭末光 期助明於日月 臣承休 誠惶誠恐 頓首頓首.

　恭惟我 主上殿下 於周爲盛 于湯有光. 天妹爲妃 夫豈三韓 曾見龍樓成集 實有百代難聞 萬世奇逢 一時鐘在. 伏念 臣陪先代遺弓之詔 報中天昇日之祥 因緣扈駕以西東 除拜超階於華要.

　自頂至踵 洽然湛露淪身 擢髮數恩 行以清絲補袞 乃緣命簿 返得身閑. 嗟無計於覲天 喜祝齡之有地.

　心歸佛隴 目屬虯函 萬軸明窓 趂日志疲之消息 九重丹禁 恒春不老之光陰. 抑念 唯玆不腆之文 是我平生之業 宜以虫吟之無譜 聊申鶴戀之有加 遂乃古往今來 皇傳帝受. 中朝 則從盤古而至於金國 東國 則自檀君而泊我本朝, 肇起根源 窮搜簡牘 較異同而撮要 仍諷詠以成章. 彼相承授受之興立 如指諸掌 凡肯搆云爲之取捨 可灼於心.

　伏望 優推聖知 無以人廢 暫假离明之炤 許垂乙夜之觀. 付外施行 爲後勸誡. 臣誠惶誠恐 頓首頓首 謹言.

　至元二十四年三月日 頭陀山居士 臣 李承休

韓國의 名文百選 18

이제현(李齊賢)의 역옹패설(櫟翁稗說)

고려 25대 충렬왕(1275~1308)부터 31대 공민왕(1352~1374)에 이르기까지 7대에 걸친 100년 동안 고려의 임금은 대대로 원(元)나라 황실의 공주를 아내로 맞은 원제국의 사위였다. 고려의 왕자가 세자로 책봉되면 그 세자는 원나라 서울인 북경(北京)에 '토루카'(禿魯花 : 인질)로 머물다가 부왕이 돌아가시면 원나라 공주를 왕비로 거느리고 귀국하여 임금의 자리에 나아갔다.

이렇듯 서슬 푸른 원나라의 지배체제 아래였으나 고려는 부마의 나라라는 이점을 살리며 그 기간 중에 독자적인 문화를 발전시킬 수 있었다. 세자가 인질로 북경에 머무는 것은 그 주변에 생각이 반듯한 선비가 따라붙는 기회가 되었고, 그들은 원나라의 앞선 문물을 잽싸게 받아들일 수 있었다. 성리학을 들여오고, 서역을 통해 전래된 과학기술도 익히며,『고금록(古今錄)』,『천추금경록(千秋金鏡錄)』같은 역사책을 편찬한 것은 모두 원나라와의 문화적 교섭의 결과였다.

그러한 문화수입의 선봉에 익재(益齋) 이제현(李齊賢, 1287 충렬13~1367 공민16) 같은 출중한 학자 관료가 있었다. 흥미롭게도 익재(益齋)의 생몰연대는 원나라 부마도위였던 일곱 분 임금님의 치세기간과 일치한다. 그는 경주에서 정승 진(瑱)의 아들로 태어나 열다섯 나이에 성균시(成均試)에 급제하는 천재였다. 29세에는 성균제주가 되었고, 33세에 충선왕을 따라 북경으로 가서 충선왕이 '만권당(萬卷堂)'이라는 연구기관을 설립했을 때, 익재는 고려를 대표하는 학자로서 조맹부(趙孟頫), 요수(姚燧) 같은 원나라의 쟁쟁한 학자들과 교유하며 고려의 개혁적 유학자를 선도하였다.

그러나 그는 나라가 어지러울 때 산야에 묻혀 세월을 기다리며 책을 지으니 그것이 그의 나이 56세에 지은『역옹패설(櫟翁稗說)』이다. 이 책은 〈역옹패설〉이라 읽어야 하지만 익재가 그 책 서문에 〈낙옹비설〉로 읽어주기를 청하는 다음과 같은 사연을 적어 놓았다.

"대체로 櫟은 '樂' 소리를 따른 것이니, 이는 나무가 재목감이 되지 못해 베어버리게 되는 해를 입지

이제현(李齊賢)

않으면 즐거운 것이기 때문이다. 내가 일찍이 벼슬살이 하다가 스스로 물러나 櫟翁이라 자호(自號)하였으니 재목감이 아니어서 수(壽)를 누릴까 하는 뜻이 있었다. 稗도 또한 '卑' 소리를 따른 것이니 피[稗]는 벼 중에서 가장 비천한 것이다. (중략) 이제 늙어서 잡된 글쓰기를 즐기니 이것은 피[稗]와 같이 비천한 것이 아닌가!"

이렇게 스스로를 낮추어 묘사한 패설에는 역사·인물·경전을 논하면서 민족의 정체성을 드러냈고, 시·서·화를 비평하면서 우리 문화의 우수성을 현양(顯揚)하였다. 다음은 선행(善行)을 닦는 삶에 축복이 깃든다는 사례를 역사상 실제인물의 실화로 풀이하고 있다.

역옹패설(낙옹비설)

나라 초엽에 있었던 일이다. 서신일(徐神逸)이 교외에 살고 있었는데, 어느 날 화살 맞은 사슴 한 마리가 집안으로 급히 달려들었다. 신일(神逸)이 화살을 뽑고 그 사슴을 숨겨 주었더니 사냥꾼이 와서도 발견치 못하고 돌아갔다. 그 날 밤 꿈에 한 신령스런 사람이 나타나 감사해하면서 말하였다.

"그 사슴은 내 자식인데 이제 그대의 은혜를 입어 죽지 않았으니, 마땅히 그대의 자손으로 하여금 대를 이어 재상(宰相)이 되게 하겠소이다."

그때 신일의 나이가 팔십이었으나 아들을 낳으니 그가 필(弼)이고, 필이 희(熙)를 낳고, 희가 병(昞)을 낳았는데, 과연 그들이 대를 이어 태사내사령(太師內史令)이 되었고 임금을 모신 묘정(廟庭)에 함께 배향되었다.

　근세에 있었던 일이다. 통해현(通海縣)에 거북과 같은 큰 바다 짐승이 밀물을 타고 포구에 들어왔다가 썰물이 빠지자 미처 바다로 빠져나가지 못하고 백성들은 그것을 잡아죽이려 하였다. 그때에 현령 박세통(朴世通)이 잡지 못하게 말리고, 큰 노끈을 만들어 양쪽의 배로 끌어서 바다 가운데에 놓아주었다. 그 날 밤, 세통의 꿈에 한 늙은 아비가 나타나 그의 앞에 절하며 말하였다.

　"저희 집 아이가 날짜를 가리지 못하고 놀러 나갔다가 가마솥에 잡혀 죽을 뻔하였는데 다행히 어르신께서 살려 주셨으니, 그 음덕이 진실로 크옵니다. 어르신과 어르신의 자손은 반드시 3대에 걸쳐 재상이 되실 것입니다." 그 후로 세통과 그 아들 홍무(洪茂)는 모두 추밀(樞密)의 자리에 올랐는데 손자 감(瑊)은 상장군(上將軍)을 끝으로 벼슬에서 물러났다. 감(瑊)은 마음에 불만을 품고 시를 지어 이렇게 한탄하였다. "거북아, 거북아, 잠만 자지 말아라. 3대에 걸친 재상은 거짓말이었구나."

　그러자 그 날 밤에 거북이 꿈에 나타나 말하였다.

　"공께서 주색(酒色)에 빠지어 스스로 자기 복을 없앤 것이지 어찌 제가 감히 은덕을 잊었겠습니까? 그러나 장차 한 가지 기쁜 일이 있을 것이니 좀 기다려 보시지요."하고 물러갔다.

　며칠이 지나자 과연 퇴임발령이 취소되고 복야(僕射) 벼슬을 받았다.

櫟翁稗說

　國初 徐神逸郊居 有鹿帶箭莽投 神逸拔其箭而匿之 獵者至不見而返. 夢一神人謝曰

"鹿吾子也 賴君不死 當令君之子孫 世爲宰輔."

　神逸年八十生子曰弼 弼生熙 熙生昐 果相繼爲太師內史令 配享廟庭.

　近世 通海縣 有巨物如龜 乘潮入浦 潮落而不得去 民將屠之, 縣令朴世通禁之 作大索兩舟曳放海中. 夢老父拜於前曰

"吾兒遊不擇日 幾不免鼎鑊 公幸活之 陰德大矣. 公與子孫必三世爲宰相."

　世通及子洪茂 俱登宥密 孫諴以上將軍致仕 鞅鞅作詩曰

"龜乎龜乎莫耽睡 三世宰相虛語耳."

　是夕龜夢之曰

"君溺於酒色 自減其福 非予敢忘德也 然將有一喜姑需焉."

　數日果落致仕爲僕射.

韓國의 名文百選 19

경한(景閑) 스님의 선교통론(禪敎通論)

 "손가락을 들어 하늘의 달을 가리킨다면 손가락을 보고 달이라 하겠는가?"

 그러나 손가락이 달을 가리키는 방편이라는 것을 아는 사람도 손가락만 보며 달의 존재를 망각하는 수가 있다. 축구경기에서 득점을 한 사실만 기뻐하고 골을 넣은 선수의 발끝을 잊어버리는 일, 이름 있는 책은 기억하면서 그 책을 엮은 사람은 까맣게 잊어버리는 일 같은 것이 그러하다.

 우리나라에서 앞선 인쇄술의 발달로 말미암아, 주조활자로 인쇄된 『백운화상초록불조직지심체요절(白雲和尙抄錄佛祖直指心體要節)』이란 책이 있다는 것, 그리고 그 책은 우리나라에 있는 것이 아니라,

113

프랑스 파리 국립도서관에 소장되어 있다는 것을 우리는 잘 알고 있다. 이 책은 1377년 청주목외(淸州牧外) 흥덕사(興德寺)에서 간행되었다는 것도, 또 그보다 약 150년 전인 1230년에 이미 『상정예문(詳定禮文)』이라는 책과 『남명천화상송증도가(南明泉和尙頌證道歌)』라는 책이 금속활자로 인쇄되었다는 역사적 사실도 잘 알고 있다. 그리고 이러한 우리나라의 앞선 인쇄술의 발달은 저 명(明)나라 홍치(弘治)·정덕(正德)년간(1488~1521)의 인쇄술보다 250여 년이 앞선 것이요, 서양의 구텐베르그(Johannes Gutenberg)가 금속활자로 책을 찍었다고 하는 1440년보다 210년이나 앞선 것이라는 것도 잘 알고 있다. 그러나, 이제는 세계의 보물이 된 『직지심체요절(直指心體要節)』을 엮은 백운화상(白雲和尙)이 누구인지를 아는 사람은 별로 많지 않다.

경한(景閑) 스님(1298 충렬24~1374 공민23)이 바로 백운화상이다. 경한은 법명(法名)이요, 백운(白雲)은 아호(雅號)인데 고려말 사상계를 주름잡던 3대선걸 가운데 한 분이다. 한 분은 우리나라에 임제종(臨濟宗)을 바로 세운 태고국사(太古國師) 보우(普愚) 스님이고 또 한 분은 조계종(曹溪宗)을 중흥시킨 나옹화상(懶翁和尙) 혜근(惠勤) 스님이요, 그리고 마지막 한 분이 백운화상(白雲和尙) 경한(景閑) 스님이다. 앞의 두 분의 영향력은 당대를

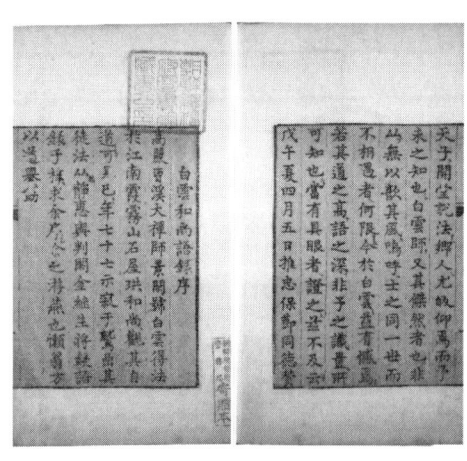

백운화상 어록

주름 잡았음에 비하여 경한 스님은 거기에 미치지 않은 것으로 알려졌다. 앞의 두 분은 대체로 힘있고 지체높은 왕후장상과 폭넓은 교제에 능하여 그들에게 즐겨 설법하였으나 경한 스님은 얼굴을 꾸미며 이름을 훔치려 하지 않으며 있는 대로 살아가는 진경 속의 인물이었다.

경한은 두 권의 법어집(法語集)을 남겼는데 그 가르침에 막힘과 엉김이 없고 치우침과 거리낌이 없었다.

"온 세상 대자연이 모두 해탈문이니 들어가고 들어가고 또 들어가도 안[內]이 없고, 나오고 나오고 또 나와도 밖[外]이 없는데 이 안에 들어앉아 무엇을 삼문(三門)이라 하는가?"

이런 말씀이 곧 경한(景閑)의 참모습이었다.

여기에 소개하는 글은 선(禪)과 교(敎)가 둘이 아니요 하나임을 쉽고 또 편하게 설파한 짧은 칼럼이다.

선종과 교종을 함께 논함

우리의 으뜸 스승이신 석가모니 부처님께서 마지막 법회였던 영산회상에서 꽃을 들어 대중에게 보이셨을 때, 수많은 대중들이 모두 그 뜻을 몰라 어리둥절하였는데 오직 대가섭이 홀로 얼굴을 활짝 펴며 웃음을 지었다. 그때에 석가세존께서는 "내가 가지고 있는 정법안장(正法眼藏)과 열반묘심(涅槃妙心)을 큰사람 대가섭에게 맡기노라."하셨고, 또 이르시기를 "교법(敎法)의 바다는 아난의 입으로 옮겨 쏟았으며, 선정(禪定)의 등불은 가섭의 마음에 옮겨 밝혔노라."

이렇게 말씀하셨다.

처음으로 가섭에게 전하여졌으므로 가섭을 초조(初祖)로 삼고 이로부터 서천(西天) 인도(印度)의 28조(祖)와 동진(東震) 중국(中國)의 6조(祖) 큰스님들이 차례대로 서로 전하고 차례대로 등불을 이어 받았으니 그들이 모두 석가모니 부처님의 제자들이다.

이렇듯 오늘날에 이르기까지 오로지 으뜸 스승님의 말씀으로 대중들에게 가르치며 말씀으로 말미암아 도(道)를 깨닫고 법(法)을 보이며 가르침의 법통인 종(宗)을 밝혀 불가(佛家) 바깥에서는 아무 것도 구하지 않게 하며, 또 (그 큰스님들이) 친히 부처님의 뜻을 전하고 부처님의 씨앗을 이어받아 곧바로 조사(祖師)의 자리에 들게 하면서 교법으로 가르침의 원칙을 삼았으니 어찌 선(禪)과 교(敎)의 구별이 있겠는가?

그러나 부처님의 말씀은 마음으로 으뜸을 삼고 문(門, 일정한 방법)이 없는 것을 법문(法門)으로 삼았으니 그래서 곧 교는 부처님의 말씀이요, 선은 부처님의 마음(품은 뜻)이다. 그렇다고 부처님의 마음과 말씀이 결코 서로 어긋나는 것이 아니니 그러므로 부처님들은 손수 이러한 뜻을 주고받았으며 조사님들은 서로서로 이 마음을 전하고 받았다. 그래서 그분들은 각기 이름과 글귀에 따라 비슷하면서도 차이가 있다. 그러므로 마땅히 선과 교가 이름은 다르지만 몸은 같아서 본래 평등하다는 것을 알아야 한다.

평등하다는 그것이 무슨 까닭으로 사람들에게 근기를 따라 설법을 했을 때에는 권실(權實)과 돈점(頓漸)의 차이로 나뉘는가? 또한 통달한 선비가 이치를 꿰뚫어 알고 말하기를 잊었다면 거기에도 불조(부처님과 조사)와 선교(선종·교종 또는 선학과 교법)의 차이가 있다고 할 것인가? 그러므로 입에 올려 말한 것을 교라하고 마음으로 전한 것을 선이라 한다고 하였던 것이다.

　근원을 꿰뚫어 안다면 선도 없고 교도 없는 것인데, 그것을 갈래 지어 늘어놓는 이가 선이니 교니 하며 고집하는 것이다. 거기에 빠져 어두워지면 모두 잃는 것이요, 거기에 집착하여 헤어나지 못하면 선과 교에 모두 상처를 입힐 것이다. 함께 녹여 내어 두루 꿰뚫으면 통하지 않는 것이 없을 것이요, 결단을 내려 바른 길로만 간다면 바르게 되지 않는 것이 없을 것이니, 바른 길로 가느냐, 그른 길로 가느냐 하는 것은 오직 사람에게 달려 있을 뿐이다.

　그러므로 다만 한결같은 생각이 기틀(機)을 돌릴 수만 있다면 저절로 모든 법이 다함께 사라져버려 드디어 선과 교의 구별도 없어질 것이다. 그러나 이것은 부처님 문중에서 세운 이론이다. 만약에 납승(衲僧)들의 문중에 근거한다면 거기에는 본래 부처도 없고 중생도 없으며 이름도 없고 모양도 없이 호호탕탕 넓고 넓을 뿐이라 생각[思議]의 바깥으로 멀리 벗어났으니 또다시 무엇을 선이니 교니 구별을 짓겠는가!

　윗글에서 부처님 문중은 누구이고 납승들의 문중은 누구인가? 아마도 부처님의 문중은 정통성을 지닌 교단이고, 납승들의 문중은 어떤 조직에도 소속되지 않은 떠돌이 스님들을 뜻하는 것 같다. 경한 스님은 이처럼 어디에도 소속되지 않은 채 바람 따라 떠도는 구름이요, 지형 따라 흐르는 냇물과 같이 운수(雲水)를 본성으로 삼은 자유인이었다.

禪敎通論

我本師釋迦牟尼佛於末後 靈山會上 拈華示衆 百萬億大衆 悉皆罔措 唯大迦葉 破顔大笑, 世尊云 吾有正法眼藏涅槃妙心 付囑摩訶大迦葉 又云 教海瀉阿難之口 禪燈點迦葉之心. 首傳迦葉以爲初祖 以此西天四七東震二三轉轉相承 燈燈相繼 皆是釋迦如來弟子.

迄表于今 唯以本師之語 訓示徒衆 因言證道 見法明宗 不外馳求 親傳佛意 紹隆佛種 卽入祖位 以教爲指南 豈有禪教之別. 然佛語心爲宗 無門爲法門 則教是佛語 禪是佛意, 然諸佛心口 必不相違 則佛佛于授受斯旨 祖祖相傳此心 各隨名句 似有差殊 當知禪教 名異體同 本來平等.

平等何故 至人隨機說教 則分權實頓點之殊, 達士契理忘言 則豈有佛祖禪教之異. 故云 登之於口謂之教 傳之於心謂之禪. 達其源者 無禪無教, 列其派者 禪教各執 昧之則皆失 執之則兩傷 融而通之 則無不通 決而正之 則無不正 正邪唯在人焉.

但得一念廻機 自然萬法俱泯矣. 了無禪教之別, 然此是佛事門中施設 若據衲僧門下 本來無佛無衆生 無名無相 蕩蕩焉 恢恢焉 廻出思議之表 喚什麼作禪教也.

韓國의 名文百選 20

이곡(李穀)의 차마설(借馬說)

우리 조상들의 삶을 가만히 돌이켜 보면, 그것은 우리 눈앞에 영광과 환희로 다가오기도 하지만 굴욕과 분노로 다가서기도 한다. 지금으로부터 700년 전, 13세기 후반에서 14세기 중반에 이르기까지는 특별히 굴욕과 분노로 다가선다. 그때의 고려의 임금님들은 모두 '충(忠)'자를 시호로 가지고 있는데, 이것은 그 임금님들이 원(元)나라 황실의 사위로서 원나라에 충성스러웠음을 기리는(?) 이름이었다. 충렬, 충선, 충숙, 충혜, 충목, 충정 이 여섯 분이 바로 그러한 분들인데 1275년에서 1351년까지 77년간 고려의 임금이셨다. 그 시절이 얼마나 치욕스럽고 암담하였는지 충렬왕 25년(1299)조의 기록을 몇 개만 간추려 보기로 하자.

- 3월 경인에 지도첨의사사 최유엄(崔有渰)을 원으로 파견하여 황자(皇子)의 탄생을 축하하였다.
- 4월 신해삭에 원은 공부상서 야선첩목아(也先帖木兒) 등을 보내와 일일이 내정에 간섭하는 조를 내려 지시하고 훈계하였다.
- 5월 신사삭에 장군 백효주(白孝珠)를 원으로 파견하여 요(鷂)를 바쳤다.
- 5월 정해에 판삼사사 정인경(鄭仁卿)을 원으로 파견하여 사은의 글을 바쳤다.
- 7월 정미에 밀직사 유욱(柳栯)을 원으로 파견하여 성절(聖節)을 축하하였다.
- 9월 기묘삭에 대장군 민보(閔甫)를 원으로 파견하여 요(鷂)를 바쳤다.
- 10월 갑자에 원은 활리길사(闊里吉思)를 보내와 정동행중서성 평장사로 삼고 야율희일(耶律希逸)을 좌승으로 삼아 국사를 왕과 함께 공리(共理)하게 하였다.
- 10월, 이 달에 왕은 "조풍(祖風)을 바꾸지 않게 하면 영원히 소국(小國)이 후직(侯職)을 닦을 것"이라는 진정서를 올렸다.
- 12월 무신삭에 장군 이백초(李白超)를 파견하여 인삼·곡육(鵠肉)을 바쳤다.

　한 달이 멀다하고 축하사절을 보내고 사은의 글과 진정하는 글을 올리며 철따라 매 사냥에 쓰이는 익더귀(鷂)와 인삼·곡육 등을 바치고 그러고도 "제발 나라의 풍습만은 바꾸지 않게 해달라"고 애걸하건만 드디어 저들이 파견한 관리와 우리 임금님이 국사를 함께 처결한다는 공리제도(共理制度)가 자리 잡는다. 근대의 식민지정책과 무엇이 다른가!

이 충렬왕 25년조에는 나타나지 않지만 제주 말과 어여쁜 고려 처녀들을 골라 뽑아 바친 것은 또 몇 번이었던가!

이러한 시절에 가정(稼亭) 이곡(李穀, 1298 충렬왕 24년~1351 충정왕 3년)이 태어나 살았다. 공교롭게도 그의 생존기간은 '忠'자 임금 여섯 분의 치세기간과 일치한다. 그는 한산인(韓山人)으로 이제현(李齊賢)의 문인이었다. 도평의사사의 서리이던 23세 때 문과에 급제하고 36세되던 해에 원나라 제과에 제2갑(甲)으로 급제하여 원나라 벼슬살이를 하였다. 원의 한림국사원 검열을 거쳐 휘정원 관구를 역임하고 정동행중서성 좌우사 원외랑이 되었을 때 그동안 진행되어 왔던 고려 처녀 징발을 중지하도록 원 순제(元順帝)에게 건의하여 그것을 실현시켰다.

그가 바친 글월은 "언관(言官)을 대신하여 동녀(童女)를 취하는 일을 파하시기를 청하는 글(代言官請罷取童女書)"이라는 것으로 인정과 사리에 합당하기가 엄정준열할 뿐만 아니라 문장이 고결청랑하여 순제(順帝)가 그 글에 감복하였다고 전해 온다. 1337년(지원3년)의 일이었다. 그 후 가정(稼亭)은 귀국하여 정당문학을 거쳐 도첨의찬성사에 이르렀고 한산군(韓山君)에 봉해졌다.

이 가정 이곡(稼亭 李穀)의 생애를 뒤따라 살피다 보면, 재주 있는 고려의 문사들이 원나라와 고려의 조정을 넘나들며 어떻게 작은 조국, 고려의 정체성을 지키고 그 위상을 바로 세우는 일에 심혈을 기울였는지를 짐작할 수 있다. 한마

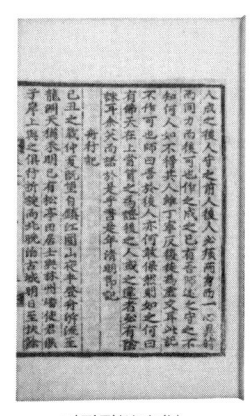

가정집(稼亭集)

디로 말하여 고려를 지킨 것은 원나라에 건너가 저들과 당당하게 글재주를 겨루며 고려인의 우수성을 발휘한 선비들이었다. 얼마나 그분들의 삶이 반듯하였고, 그분들의 글이 깊이 있고 아름다웠는가는 다음의 차마설(借馬說)·시사설(市肆說) 만으로도 충분할 것이다.

말을 빌려 탄 이야기

내가 집안이 가난하여 타고 다닐 말이 없었으므로 간혹 이웃에서 빌려 타는 때가 있었다. 둔하고 여윈 말을 빌렸을 때는 아무리 급해도 채찍질을 하지 못하고 조심조심하여 넘어지지 않을까 마음쓰며 개울이나 구렁을 만났을 때는 말에서 내렸다. 그래서 가끔 후회하는 마음이 있었다. 또 발굽이 높고 귀가 날카로운 준마를 빌려 신나게 잘 달릴 때에는 의기양양하여 힘껏 채찍질을 하며 평지를 달리듯 언덕과 골짜기를 지나치니 참으로 기분이 흔쾌하였다. 그러나 그러다가 말에서 떨어지지나 않을까 염려하는 마음이 없지도 않았다. 아하, 사람의 마음이 이처럼 변덕이 심하고 바뀌는 것이 언제나 이와 같을 것 아닌가!

남의 물건을 빌리어 준비하였다가 하루아침 잠시 사용하는 것도 오히려 이와 같은데 하물며 자기가 실제로 가지고 있는 것은 어떠하겠는가. 생각해보면 사람이 소유하고 있다는 것은 어느 것이건 빌리지 않은 것이 없다. 임금은 백성으로부터 힘을 빌리어 존귀하고 풍요로우며, 신하는 임금으로부터 그 세력을 빌리어 은총과 지위를 누린다. 자식은 어버이로부터, 지어미는 지아비로부터, 비복(婢僕)은 그 주인으로부터 빌린 것이 또한 너무나 깊고 넓고 많아서 그것을 가져다가 자기 것인 양 삼으면서도 마침내는 반성할 줄을 모르니 이 어찌 미웁다 하지 않겠는가!

그러므로 진정코 행여라도 잠깐사이에 그 빌린 것이 제 자리로 돌아가면 만방을 다스리던 임금도 외로운 사나이가 되고 백승의 권세를 누리던 신하도 외톨이 신세가 되니 하물며 보잘것없는 범부야 말해 무엇하랴.

맹자께서 이르시기를 "남의 것을 오랫동안 빌려쓰고 있으면서 돌려주지 않으면 그것이 어찌 자기 것이 아닌 줄을 알겠는가" 하셨다. 내가 여기에 느낀 바가 있어 "말을 빌려 탄 이야기"를 지어 그 뜻을 세상에 널리 알린다.

시장(市場)이야기

장사하는 이들이 모여들어 물건을 사고팔며 필요한 것을 변통하니 이것을 시장이라 한다. 내가 일찍이 개경에 올라왔다가 뒷골목을 들어갔었다. 거기에서 곱게 몸치장을 하고 매춘을 하는 자들이 그들의 어여쁨에 따라 그 값을 높게도 하고 낮게도 하였는데, 그렇게 하는 것이 공공연하였고 조금도 부끄러움이 없었다. 이것이 여자시장이니 나라의 풍속이 아름답지 않다는 것을 알았다. 또 관청에 들어갔다가 법조문을 가지고 글재주를 부려 장난을 치는 자들을 보게 되었는데 그들은 사건의 무겁고 가벼움에 따라 (뇌물의) 값을 높게도 메기고 낮게도 메기어 공공연히 주고받으며 조금도 의심하고 두려워하지 않았다. 이것이 공무시장(公務市場)이니 나라의 형정(刑政)이 사리에 맞게 운영되지 않는다는 것을 알았다. 그런데 오늘에 이르러 또 사람시장을 보게 되었다. 지난해부터 나라에 물난리와 가뭄으로 백성들이 먹을 것이 없어서 힘센 자들은 도적 떼가 되고 힘이 약한 자들은 모두 뿔뿔이 흩어져서 입에 풀칠할 방도도 찾지 못하게 되니 부모는 자식을 팔고 지아비는 지어미를 팔며 주인은 제 종을 내다 팔아 저자거리에 늘어 세우니 그 값이 천하기가 개·돼지만도 못하였다. 그러나 관청에서는 그것을 아는 체도 아니 한다.

아하, 앞의 두 가지 시장은 그 정황이 밉살스러워 엄중하게 징계하지 않을 수 없는 것이지만, 뒤의 사람시장의 경우는 그 정황이 진실로 불쌍하기 그지없으니 그 또한 하루빨리 사라지게 해야 할 것이다.

진실로 이 세 가지 시장을 없애지 않는다면 나는 알 것 같다. 그 불미스럽고 부조리한 것이 앞으로 이 정도에서 멈추지 않으리라는 것을!

천만 년 세월에 사람 사는 모습이 많이도 변하였지만 그것은 역시 삼장법사의 손바닥에서 노는 손오공의 몸짓인지도 모르겠다. 오늘날 우리가 심오한 서양신학의 논리라고 생각했던 것이 700년 전 우리 조상의 수필 속에 아무렇지도 않은 평범한 이야기로 감추어져 있는 것을 발견하는 이 놀라움! 내가 가진 모든 것은 내 것이 아니라는 깨달음과 나라 살림의 근본은 모든 백성이 사람답게 사는 것이라는 외침!

이것은 일찍이 700년 전 우리 조상 이곡 선생이 우리에게 일러주었던 가르침이었다!

借馬說

余家貧無馬 或借而乘之. 得駑且瘦者 事雖急不敢加策 兢兢然 若將蹶躓 值溝塹則下 故鮮有悔. 得蹄高耳銳駿且駛者 陽陽然肆志着鞭縱靶 平視陵谷 甚可快也 然或未免危墜之患. 噫 人情之移易 一至此耶.

借物以備 一朝之用 尚猶如此 況其眞有者乎. 然人之所有 孰爲不借者. 君借力於民以尊富 臣借勢於君以寵貴, 子之於父 婦之於夫 婢僕之於主 其所借亦深且多 率以爲己有 而終莫之省 豈非惑也. 苟或須臾之頃 還其所借 則萬邦之君爲獨夫 百乘之家爲孤臣 況微者耶. 孟子曰"久假而不歸 烏知其非有也." 余於此有感焉 作借馬說 以廣其意云.

市肆說

商賈所聚 貿易有無 謂之市肆. 始予來都入委巷 見冶容誨淫者 隨其妍媸 高下其直 公然爲之 不小羞恥 是曰女肆 知風俗之不美也. 又入官府 見舞文弄法者 隨其重輕 高下其直 公然受之 不小疑懼 是曰吏肆 知刑政之不理也. 于今又見人肆焉 自去年 水旱民無食 强者爲盜賊 弱者皆流離 無所於餬口 父母鬻兒 夫鬻其婦 主鬻其奴 列於市 賤其估 曾犬豕之不如 然而有司不之問. 嗚呼, 前二肆 其情可憎 不可不痛懲之也 後一肆 其情可矜 亦不可不早去之也. 苟三肆之不罷 予知其不美不理者 將不止於此也.

韓國의 名文百選 21

보우(普愚)의 현릉청심요(玄陵請心要)

白雲雲裏靑山重
靑山山中白雲多
日與雲山長作伴
安身無處不爲家

흰 구름, 구름 속에 겹친 푸른 산
푸른 산, 산 가운데 엉긴 흰 구름
해야 구름산아 오랜 동무야
너희가 내 집이라 이 몸 편안하구나.

한 평생 구름 산 속에서 이런 노래를 읊으며 유유자적하였던 14세기 고려말의 큰스님 태고(太古) 보우(普愚, 1301 충렬왕27~1382 우왕8)는 우리나라 불교사의 태산준령 높은 봉우리 가운데 하나다. 속성(俗姓)은 홍(洪)씨요 홍주(洪州)분이다. 13세에 출가하여 회암사(檜巖寺) 광지(廣智)밑에서 스님이 되셨고, 26세에 승과에 급제했으나 명찰을 버리고 탁발고행을 본 모습으로 삼았다. 46세 때에 중국(元나라)에 건너가 두어해 남짓 머물고 돌아와 소설사, 광명사 등에 머물다가 소설사(小雪寺)에서 법랍 70, 향년 82세로 입적하였다. 세상을 등지고 살려했으나 세상이 그의 장삼자락을 붙잡으니 어쩔 수 없이 현달한 승직으로 법복을 누린 바 되었다.

우리나라 선종의 기틀은 태고(太古)가 태어나기 백여 년 전에 이미 보조 지눌(知訥)스님이 닦아 놓았건만 조계종의 종조(宗祖)로 추앙받는 것이 그 첫째요, 기복은 있었으나 공민왕의 왕사가 되어 스님으로서의 벼슬 영예를 누린 것이 그 둘째요, 중국에 머무는 동안 호주(湖州) 하무산 청공(淸珙)스님으로부터 의발을 이어 받아 우리나라 임제종(臨濟宗)의 시조로도 기억되는 것이 그 셋째다.

그러나 그토록 영예를 누린 광휘의 그늘에는 그 값에 상당한 태고스님의 끝없는 고행과 법력의 감화가 숨겨있을 것이다. 충목왕 2년(1346)에 중국에 들어가 두 해 정도 머물고 충목왕 4년에 귀국하였는데 그 짧은 기간 중에 호주의 청공법사로부터

태고화상어록

중국 임제종의 17대 법손의 지위를 얻은 것이며, 연경(燕京)에 올라갔을 때에는 천자(원나라 順帝)가 그의 명성을 듣고 영명사(永明寺)를 개당(開堂)케 하였으니 이런 일은 쉽게 이루어지는 일이 아니기 때문이다.

다음 글은 그 영명사 주지 시절쯤 되었을까? 공민왕이 세자시절 연경에 머물 때에 태고스님을 만나 법요를 청하니 거기에 답했던 글이다. 그 때에 세자는 감탄하여 "소자가 만일 새로 고려의 왕이 되면 스님을 내 스승으로 모시겠습니다." 이렇게 약속하였다고 전한다. 그리고 그 약속은 실현되었다.

현릉(玄陵)께서 '마음이 무엇인가'를 (가르쳐 달라고) 청하시다

임금님께서 명하여 말씀하셨다. "나에게 자비를 베풀어 설법하여 은혜가 흘러넘치게 할 수 없겠소이까?" 이에 나는 공경하는 마음으로 그 뜻을 받들어 간략하게 한 부분을 말씀드렸다.

〈아득한 옛날 한 처음에, 그 속에는 어떠한 법도 없었사온데 무슨 말을 할 수 있겠습니까? 하오나 아무런 대답도 드리지 않을 수는 없겠습니다. 임금님께서 거듭거듭 청하시므로 말도 되지 않는 말씀으로 마음을 곧바로 가리켜 한 말씀드립니다.

어떤 물건이 하나 있습니다. 그것은 밝고도 분명하며 거짓도 없고 사사로움도 없으며 고요하여 움직이지도 않으나, 크고 신령스러운 앎이 있사오며, 애초부터 삶이니 죽음이니, 옳으니 그르니 하는 것도 없고 이름도 모양도 없으며 또한 말로 표현할 수도 없는 것입니다. 온 허공을 모두 삼키고 온 천지를 모두 뒤덮고 빛깔이며 소리도 모두 감싸 안아서 커다랗게 몸체와 쓰임[作用]을 갖추었습니다. 그 몸체를 말씀드리자면 그 넓고 큰 것[宇宙]을 모두 감싸 안았으나 바깥이 없고 그 미미하고 작은 것을 모두 거두어 들였으나 안이 없습니다. 그 쓰임을 말씀드리자면 부처님 세상의 티끌 숫자보다 많은 지혜와 신통함과 바른 마음과 말재주가 있고 숨었다 나타났다 함도 종횡으로 자유로우며 크나큰 영험과 변화가 있어서 아무리 큰 성인이라도 그 무궁한 능력을 헤아리지 못합니다.

 이 하나의 물건은 언제나 누구에게나 있어서 발을 들어 올리거나 내려놓을 때, 어떤 환경에 부딪치거나 인연을 맺게 되는 경우에도 반듯하고 확실하며, 확실하고 반듯하여 어떤 일에도 밝고 어떤 물건에도 분명하여 그 일체의 작용이 고요할 뿐 아니라 분명하게 밝은 것입니다. 편의상 그것을 '마음'이라 부르기도 하고 '道'라 부르기도 하며 '萬法의 王'이라 부르기도 하고 또한 '부처'라 부르기도 합니다.

 부처님이 말씀하시기를 "거닐거나 앉거나 눕거나 언제나 그 가운데 있다."하셨고, 요순(堯舜)임금님도 말씀하시기를 "진실로 그 한 가운데[中庸]를 잡으면 (억지로)하는 일이 없어도 천하가 크게 다스려진다."고 하셨습니다. 요순이 어찌 성인이 아니며 부처님이 또한 특별한 분이시겠습니까? 오로지 이 마음을 밝혔을 따름입니다. 그러므로 예부터 지금까지 부처님들과 큰스님들이 글을 써서 밝히지도 않고, 말을 하여 밝히지도 않으며 다만 마음에서 마음으로 전하고 특별히 법을 만들지 않았습니다. 만일에 이 마음 이외에 따로 다른 법이 있다면 그것은 아마도 마귀의 속삭임이요, 절대로 부처님의 말씀이 아닐 것입니다. 그리하여 이것을 이름하여 '마음'이라고 하는 것입니다. 이 마음은 범부가 망령되이 일으키는 분별의 마음도 아니요, 각자가 스스로 고요하여 바탕 마음을 움직이지 않는 바로 그 마음입니다. 이와 같은 자기 마음을 스스로 지키지 않고 생각 없이 망령되이 움직이면 어느 틈엔가 제 모습을 잃게 하는 바람에 어지럽게 흔들리어 色·聲·香·味·觸·法의 여섯 가지 티끌 속에 파묻혀 일어났다 사라졌다 하기를 반복하여 망령되이 끝없이 삶과 죽음의 업고를 짓게 될 것입니다.

그러므로 부처님이나 큰스님이나 성인들은 과거에 발원했던 정성을 계승하여 세상에 나와 큰 자비로 사람의 마음이 본래 부처임을 곧바로 가리키심으로써 드디어 마음이 부처임을 깨닫게 하신 것일 뿐이옵니다.(이하 생략)

『태고집(太古集)』에 실린 이 글은 현릉(玄陵)이란 능호와 국왕이란 칭호가 함께 나타나는 것으로 보아 왕사 시절에 공민왕께 진언한 법어로 되어 있다. 그러나 연경 체류시절 고려인의 신분으로 이심전심 서로 마음을 나눌 때에 마음의 정체가 무엇인지, 강릉대군(江陵大君)의 신분으로 숙위생활(宿衛生活)을 하는 왕자의 객수를 달래는 법어로 보는 것이 더 합당할 것 같다. 문집의 편찬은 편집할 때를 기준으로 고쳐쓰기를 하는 경우가 많기 때문이다.

玄陵請心要

　　國王命曰 "爲我慈悲 垂法語流恩" 某敬心奉旨 略露其端云
「太古這裏 本無一法 何語之有哉. 然不可毋答 國王重請 以非言爲語 直指心地而言. 有一物 明明歷歷 無僞無私 寂然不動 有大靈知 本無生死 亦無分別 亦無名相 亦無言說 吞盡虛空 盖盡天地 盖盡色聲, 具大體用. 言其體則 包羅盡廣大而無外 收攝盡微細而無內, 言其用則 過佛刹微塵數 智慧神通 三昧辯才 即隱即顯 縱橫自在 有大神變, 雖大聖莫之能窮. 此一物 常在人人 分上擧足不足時 觸境遇緣處 端端的的 的的端端 頭頭上明 物物上顯 一切施爲 寂然昭著者. 方便呼爲心 亦云道, 亦云萬法之王 亦云佛. 佛言"經行及坐臥 常在於其中." 堯舜亦曰"允執厥中 無爲而天下大治." 堯舜豈非聖人乎 佛祖豈異人乎. 只明得箇此心 故從上以來 佛佛祖祖 不立文字 不立語言 但以心傳心 更無別法. 若此心外 別有一法 便是魔說 元非佛語. 所以名此心者, 非是凡夫妄生分別之心 正是當人寂然不動底心也. 如是自心 不能自守 不覺妄動 忽忽然 被境風動亂 埋沒六塵之裏 數起數滅 妄造無窮生死業苦. 是以 佛祖聖人 承宿願力 出現世間 以大悲 故直指人心本來是佛 令其只悟心佛耳.」(以下略)

나옹화상(懶翁和尙) 혜근(惠勤)의 백납가(百衲歌)

우리는 가끔 도통한 성자가 그리울 때가 있다. 갑작스러운 일로 감당하기 힘든 심신의 고통이 밀려올 때, 천재지변으로 무고한 생령이 속절없이 희생되는 세상을 바라볼 때, 서로가 자기의 옳음만을 주장하며 사회 정의를 자기 것으로 아귀다툼을 일삼는 세태를 생각할 때, 우리는 그 모든 것에 초연했던 가난한 성자(聖者)가 그리울 때가 있다.

돌이켜 보면 우리나라 역사에도 그러한 성자가 없지 않았다. 아니 오히려 생각보다 많이 있었을 것 같다. 오늘날까지 이름을 남긴 선대의 고승대덕들이 얼마나 많은가? 생각이 여기에 미치자 이름 있는 선조 선승들 가운데서 청빈을 사랑하고 찬양하며 속세를 티끌처럼 여기고 초연했던 분, 그리고 그것을 글로 남긴 분이 누구일까 찾아보게 되었다. 그러다가 나옹화상의 백납가를 읽게 되었다.

나옹화상 혜근(懶翁和尙 惠勤, 1320 충숙왕7~1376 우왕2)은 세상이 다 잘 아는 바와 같이 고려말의 명승이다. 그에게 붙여진 공식 법명은 「고려국왕사 대조계종사 선교도총섭 근수본지 중흥조풍 복국우세 보제존자 시선각 나옹화상」이다. 참으로 으리으리하고 화려하다. 이처럼 거창한 이름 뒤에는 그에 걸맞은 스님의 족적이 서려있다.

나옹은 영해(寧海)에서 선관서령을 지낸 아서구(牙瑞具)의 아들로 태어났다. 스무살 무렵 절친했던 친구의 죽음을 맞아 깊은 슬픔에 빠지게 되었다. 죽음은 무엇이며 죽음 뒤에는 무엇이 있는가 하는 인간존재의 원초적 의문은 그를 법문의 세계에 발을 들여놓게 하였다. 그때부터 명산대찰의 선사들을 두루 찾아 헤맸다. 25세에 회암사 석옹화상 밑에서 참선하다가 28세 때에 분연히 원나라 연경으로 떠났다. 그곳 법원사에서 인도승 지공화상(指空和尙)을 만나 피나는 수도정진으로 2년을 보냈다. 그리고 그는 어느새 당대 최고 선사들과 어깨를 나란히 하는 선승의 반열에 들어서게 되었다. 고려국의 청년 승이 국제무대에서 대선승으로 활약하게 된 것이다. 이렇게 원나라에 머문 지 15년 그는 홀연히 고국으로 돌아왔다. 나라에서는 거창한 법명을 내리고 왕사요 대종사요 도총섭이요 하였으나 그는 자기의 종교적 행로에 큰 지침이었던 인도승 지

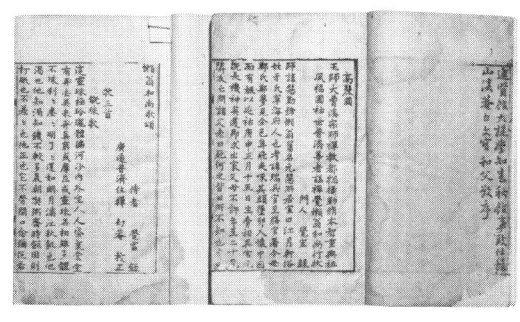

나옹화상가송

공선사의 영골과 사리를 중국에 가서 모셔와 회암사에 봉안하고 그곳에 머물렀다. 그러나 그의 장삼은 언제나 명산을 휘젓는 바람결이었다. 우왕2년 나옹은 임금의 명으로 형원사로 가는 길에 신륵사에 머물던 5월 보름날, 조용히 열반하니 그의 나이 57이요 출가한지 37년만이었다.

누더기 노래

이 누더기 백납옷은 정말 내게 알맞구나
긴 겨울 한여름에 언제나 편안하다
솔기솔기 꿰멘 것 천만군데 얽혔고
겹겹이 기운 곳은 앞뒤가 없건마는

때로는 자리삼고 때로는 옷이로다
철따라 때에 맞춰 쓰임이 탐탁한데
이제부터 가는 길 만족함을 알고나니
飮光[1]스님 끼친 자취 지금 여기 있구나

한 그릇 찻잔과 일곱 근의 장삼은
趙州[2]스님 헛된 노력 부질없이 들먹인다
천만 가지 현묘한 설법이 있다한들

---

1. 음광(飮光) : 가섭존자. 석가의 십대 제자 중 한 사람이다.
2. 조주(趙州) : 당나라의 선승 종심(從諗) 선사(778~897). '끽다거(喫茶去)'라는 말로 선승들을 깨우치게 한 것으로 널리 알려 있음.

우리집 백납장삼 당할 수 있으랴

이 누더기 누비옷은 참으로 요긴하다
오는 길 가는 길에 언제나 편하다네
술에 취해 꽃구경을 어느 누가 마음쓰랴
깊은 산에 道 닦는이 스스로 의젓하네

아는가 이 누비옷 몇 해나 되었는지
바람에 반쪽 날고 한쪽반만 남았다네
서리내린 달밤에 홀로앉은 초막에는
안팎을 분간 못할 혼몽한 풍경뿐

비록 몸은 가난하나 진리는 무궁하다
천만 가지 묘한 쓰임 진정코 다함 없네
웃지마라 남루한 이 바보 멍충이를
일찍이 眞理 찾아 眞風을 이었노라

다 떨어진 옷 한벌 비쩍마른 지팡이
온천하를 휘저으며 거칠 것이 없었는데
산천을 돌고 돌아 무엇을 얻었는가
처음부터 배운 것은 오직 貧窮 뿐이었네

재물도 명예도 구한 적이 없었소
누더기옷 빈가슴에 무슨 정을 두었으랴
한바리에 얹힌 생애 어디가나 풍족한데

오로지 이 재미로 여생을 마치리라

사는 것이 풍족하니 또 무엇을 구하랴
가소롭다 분수없이 재물찾는 바보들아
전생에 지은 죄로 福을 얻지 못하고
하늘땅을 원망하며 부질없이 허덕이네

해도 달도 세월도 기억하지 않으리라
經文도 외지 않고 參禪도 아니하고
흙빛얼굴 회색머리 이 못난 천치바보
오직 한벌 누더기로 남은 생애 보내려니.

    나옹화상은 국문학사상 가사문학(歌辭文學)의 창시자로 논의되고 있다. 서왕가(西往歌)・낙도가(樂道歌)・심우가(尋牛歌) 등의 가사를 지었으며 서왕가는 가사문학의 효시라는 것이다. 그러나 나옹의 생존년대는 말년 무렵에서 기산해도 훈민정음이 창제되기 7~80년 전이니 그의 가사가 한글로 전수되었다고는 볼 수 없고 상당기간 구전되었다는 가정을 세워야 한다. 그러면 어떻게 구전 되었을까? 대개 칠언시로 작성된 한시를 4・4조 가사체로 번역하면 그것이 곧 가사의 형태를 띄게 된다. 그래서 백납가도 4・4조의 율조에 맞추어 번역해 보았다. 정말로 나옹화상은 우리나라 가사문학의 창시자이었음을 입증하고 싶어서….

百衲歌

這百衲最當然
冬夏長披任自便
祖祖縫來千萬結
重重補處不後先

或爲席或爲衣
隨節隨時用不違
從此上行知已足
飮光遺跡在今時

一椀茶七斤衫
趙老徒勞舉再三
縱有千般玄妙說
爭似吾家百衲衫

此衲衣甚多宜
披去披來事事宜
醉眼看花誰敢着
深居道者自能持

知此衲幾春秋
一半風飛一半留
獨坐茅庵霜月夜
莫分內外混蒙頭

即身貧道不窮
妙用千般也不窮
莫笑襤縿癡呆漢
曾參知識續眞風

一鶉衣一瘦筇
天下橫行無不通
歷徧江湖何所得
元來只是學貧窮

不求利不求名
百衲懷空豈有情
一鉢生涯隨處足
只將一味過殘生

生涯足更何求
可笑癡人分外求
不會福從前世作
怨天怨地妄區區

不記月不記年
不誦經文不坐禪
土面灰頭癡呆呆
唯將一衲度殘年

韓國의 名文百選 23

이색(李穡)의 자경잠(自儆箴)

고려말 대표적인 학자 문신으로 목은(牧隱)·포은(圃隱)·야은(冶隱), 세 사람의 삼은(三隱)을 꼽는다. 목은(牧隱) 이색(李穡, 1328 충숙왕 15~ 1396 태조 5)은 바로 그 세 사람 가운데 한 분으로 격동의 14세기를 살다간 고려의 지성이었다. 본관은 한산, 경학의 대가인 찬성사 가정(稼亭) 이곡(李穀)의 아들이요, 익재(益齋) 이제현(李齊賢)의 문인이다. 14세에 성균시에 급제하고, 19세에 결혼, 21세에 원나라 국자감의 생원이 되어 3년간 연경에서 성리학을 연구하였다. 24세에 부친상을 당하자 귀국하여 유교식으로 장례를 치른 뒤에 그 때의 임금 공민왕(恭愍王)에게 전제, 군제, 학제의 개혁과 억불(抑佛)을 주장하는 건의문을 올려 국정의 진로를 밝혔다. 여기까지의 이력을 통하여 우리는 이미 목은의 넓은 학식과 깊은 고뇌를 감지할 수 있다.

그는 25세에 향시에 합격, 뒤미처 정동행성의 향시에 일등으로 급제한 후, 27세에 다시금 원나라 연경으로 가서 회시와 전시에 합격함으로써 원나라 한림원에 등용되기에 이른다. 여기에서 우리는 또 잠시 그 무렵 목은의 세계관과 역사관을 짐작해 보아야 할 것이다. 원나라 연경, 궁정에서는 몽고말이 쓰이고 학문을 논하는 한림원에서는 중국말(漢語)이 쓰이는 이중언어 구조를 목도하면서, 목은은 정신문화의 뿌리와 전통이 미약한 원나라의 미래를 보았을 것이요, 약소국가인 고려의 장래가 어디로 갈 것인가를 깊이깊이 궁리하였을 것이다.

그는 고향에 돌아와, 지공부사, 지예부사, 지병부사, 동지춘추관사, 예문관 대제학 등을 거쳐 40세에는 성균관 대사성이 되고, 그 다음해, 1368년에 드디어 중원에서는 원·명이 교체되는 대변혁의 소용돌이를 지켜보았다. 이 시점에서 안개 속을 헤쳐나가는 고려의 앞날에 대해 목은은 어떻게 대처하였는가? 그는 일단, 명나라와 화친하며 고려의 명맥을 어떻게든 이어가고자 하였다. 우왕이 쫓겨났을 때, 조민수와 함께 창왕을 즉위시키고 이성계 일파를 견제하려 한 것이 그의 정치

이색(李穡)

적 행보였다.

　그러나 그의 나이 63세, 1392년에 결국은 고려가 망하고 이씨왕조가 출발하는 것을 지켜보았다. 이때에 목은은 신왕조의 중심세력이 추진하는 사회개혁에 대해서는 깊이 동조하고 있었고, 문하에 정도전, 권근, 변계량 등 재사(才士)를 거느리며 새로이 발전하는 조선의 신유학(新儒學)을 이끌고 있었으므로 추방과 유배를 거듭하면서도 한산부원군, 한산백에 봉함을 받으며 표면적인 예우는 잃지 않았다. 그러나 그 말년에 아들과 부인을 연거푸 잃었다. 그러다가 67세 때 여강으로 가던 도중에 세상을 떠났다. 따라서 그의 말년은 한운야학(閒雲野鶴)의 선가적(禪家的) 초인의 모습을 보이니 세상 사람들은 그를 가리켜 팔분(八分)의 염락(濂洛)이요, 이분(二分)의 선불(仙佛)이라 일컬었다고 한다.

　여기에 목은집에 실린 짧은 칼럼 두 개, 자경잠과 답문을 옮긴다. 자경잠에서는 끊임없이 고뇌하며 초인의 경지에 오르려는 목은의 의지가 보이며 답문(答問)에서는 그 초인이 득의한 모습이 얼핏 스친다.

　※ 염락(濂洛) : 송(宋)의 명유(名儒) 염계 주돈이(濂溪 周敦頤)와 낙양의
　　　정호, 정이(程顥, 程頤) 형제를 가리킴.

자경잠(自儆箴)

쉰 살 되던 해 가을 구월 초하룻날
나는 자경잠을 지어 아침저녁으로 바라보며
정성을 다하여 몸소 지키려 하였다.

(그러나) 가까운 것 같다가도 멀어지고
얻은 것 같다가도 잃었다.
멀다고 느꼈으나 때때로 가까운 듯 하였으며
잃었다고 느꼈으나 때때로 얻은 듯도 하였다.
아득하고 막막하여 손길 닿는 바가 없었으나
불꽃처럼 밝아서 분명히 볼 때도 있었다.
환하게 밝았으나 때로 어두워 보이지 않았고
아득히 멀었으나 때로 밝은 빛이 보였다.
(버릴 것은) 찾아 끝내려고 하였으나 차마 그리 못하였고
(할 일은) 더욱 힘쓰고자 하였으나 끝내는 힘이 닿지 않았다.
마땅히 스스로 꾸짖고 또 스스로 부끄러워해야 하리라.
쉰 살이 되어서야 무엇이 잘못인지 알게 되었고
아흔 살이 되어서야 (衛武公은) '억(抑)'이란 글을 지었다 하니
이것이 옛 사람이 스스로 힘쓰며
숨 한번 쉬는 동안에도 게으르지 않고자 애쓴 까닭이 아닌가!
스스로 낙심하여 스스로 저버리다니
이 자포자기(自暴自棄)는 도대체 무엇이란 말인가?

※ 위무공(衛武公) : 주나라 무왕의 아우

물음에 답한다

'글공부한다는 것이 무엇입니까'하고 여쭙는 이가 있었다.
선생이 대답하였다.
"반드시 해야 할 말이라면 그 말은 꼭 해야 하고 반드시 써야 할

것이라면 꼭 그대로 쓰는 것, 그것뿐이니라."

그 다음은 무엇이냐고 여쭈었다. (선생이 대답하였다.)

"말이 멀어도 [표현이 좀 부족하여도] 혹 가까운 데에 보탬이 될 수 있으며, 쓰임이 멀어도 [활용성이 좀 떨어져도] 혹 올바른 일에 도움이 될 수 있느니라."

또 그 다음은 무엇이냐고 여쭈었다.

"말이란 꼭 해야 할 말이라고 해도 그것을 말하지 않고, 쓰임이란 꼭 써야 할 것이라고 해도 그것을 쓰지 않는다면 이 또한 진실스럽다 하지 않겠는가?"

또 묻기를 그러면 마땅히 해야 할 것은 어떤 것이냐고 여쭈었다. 스승께서 대답하셨다.

"스승이란 사람에게 있는 것이 아니요, 또 책에 있는 것도 아니다. 스스로 얻어야 하는 것일 뿐이다. 스스로 얻는다고 하는 것은 요순(堯舜)이래로 지금껏 바꿀 수가 없었던 것이다."

십여 년이 지난 뒤에 그 묻던 이가 찾아와 사례하며 말씀드렸다.

"선생님께서 지난날에 해 주신 말씀이 모두 옳았습니다. 맹서하오니 한 평생 그 가르침을 지키고자 하옵니다."

동자아이가 옆에 있다가 그 연유를 물었다. 나는 이것을 기록하여 답문이라 하였다.

자경잠과 답문을 읽다가 문득 도덕경의 첫머리 구절이 떠오른다. "진리를 진리라고 표현하면 그것은 이미 영원한 진리가 아닙니다. 어떤 이름을 하나의 이름으로 부르면 그것은 이미 완전한 이름이 아닙니다."(道可道非常道 名可名非常名)

그리고 또 "돈오돈수(頓悟頓修)냐 돈오점수(頓悟漸修)냐"하고 치열한 논쟁을 벌이던 지난날 우리 조선(祖禪)들의 모습이 떠오른다. 그들은 사생결단의 의지로 용맹정진하며 수행에 수행을 거듭하다가 드디어 한 찰나에 섬광처럼 스치고 지나간 법열 뒤에 오도송(悟道頌) 한 수를 읊었었다.

자경잠과 답문도 목은의 오도송이라 하면 어떨까?

自儆箴

五十歲秋九月初吉 作自儆箴 朝夕觀之 庶以自勉 若近焉而遠之 若得焉而失之. 遠矣而時近也 失矣而時得也. 茫乎無所措也 赫乎如有覿也. 赫乎或昧焉 茫乎或灼焉. 將畫也不忍焉 將彊也不足焉. 宜其自責而自恧焉. 五十而知非 九十而作抑 斯古之自力也 尙不懈于一息勉之哉勉之哉. 自暴自棄 是何物耶.

答問

問爲文 先生曰"必言必言 必用必用 止矣"問其次 "言遠矣 或補於近 用迂矣或類於正"又問其次 "言不必言 用不必用 不亦僞乎"又問宜何 師曰"師不在人也 不在書也 自得而已矣, 自得也者 堯舜以來未之或改也."旣十餘年矣 問者謝曰"先生前言是矣 請終身行之."童子在傍問其由 錄之曰 答問.

韓國의 名文百選 24

정몽주(鄭夢周)의
김해산성기(金海山城記)

　바랑을 등에 메고 단발령을 넘어가는 마의태자(麻衣太子)의 뒷모습이 신라(新羅) 천년의 종말이라면 낙화암 절벽 끝으로 꽃처럼 떨어졌다는 삼천궁녀의 치맛자락은 백제(百濟) 칠백 년의 최후였다. 그러면 고려(高麗)의 마지막은 어떠하였는가?
　그것은 선죽교 돌다리 위에 선홍의 핏자국으로 남아있는 포은(圃隱)의 넋이다. 돌다리 위에 뿌려진 혈흔이 육백 년이 넘는 세월에 아직도 그 자취를 보이는 까닭은 그 핏자국의 주인공 포은(圃隱) 정몽주(鄭夢周, 1337 충숙왕6~1392 공양왕4)에 대한 연민과 사랑이 시공을 초월하여 우리 민족의 가슴속에 지금도 생생하게 살아 있기 때문이다.

정몽주(鄭夢周)

포은유사(圃隱遺事)에 전하는 핏자국의 사연을 간추리면 다음과 같다.

고려 말에 포은 정문충 공은 참된 선비요 임금을 보좌할 인재로서 벼슬길에 나아가 크게 활약하였다. 성조(聖祖, 이성계)께서 그의 인품을 사랑하여 가까이 어울렸고 위화도 회군 뒤에 두 분이 나란히 재상의 자리에 올랐다. 문충공은 김진양(金震陽) 등 여러 사람과 어울려 신명을 바쳐 고려의 사직을 붙잡으려 애썼다. 그 무렵 성조의 업적과 인기가 하늘을 찌르니 많은 관료들이 마음을 돌이키어 성조를 따랐다. 마침내 정세가 우리 성조를 임금으로 섬기려하니, 그럴 수 없다고 생각한 문충공은 지혜를 모아 성조를 넘어뜨리려 하였다. 태종(太宗, 이방원)이 일찍이 태조께 여쭙기를,

"정몽주가 아무려면 우리 집안을 배반하겠습니까?"하였더니 태조께서 "내가 애매한 참소를 당하면 몽주가 죽기로써 나를 변호해 주었으나 만일에 나라에 관계된 일이라면 그의 마음을 알 수는 없다."

라고 하였다.

점차 문충공의 뜻이 어디에 있는지 알려지자, 태종이 잔치를 베풀어 문충공을 청한 자리에서 술을 권하며 이렇게 노래하였다.

이런들 어떠하며 저런들 어떠하리
성황당 뒷담이야 무너진들 어떠하리
우리는 이렇게 어울려 아니 죽은들 어떠하리

이 노래를 들은 문충공은 역시 술을 권하며 화답하였다.

이 몸이 죽고 죽어 일백 번 고쳐죽어
백골이 진토 되어 넋이야 있건 없건
님 향한 일편단심이야 변할 줄이 있으랴

태종은 문충공이 결코 마음을 바꾸지 않을 것을 알고 드디어 죽일 것을 의논하였다.

고려말의 대내외 정세는 실로 숨 가쁘게 돌아가고 있었다. 중원 대륙은 신흥하는 명(明)나라가 원(元)나라를 북으로 북으로 밀어내고 있었고, 나라 안에서는 친원세력(親元勢力)을 몰아내고 명나라에 사대(事大)하며 신유학(新儒學)을 국가의 새로운 통치이념으로 받아들이자는 개혁파 관료층이 형성되었다. 거기에는 정몽주(鄭夢周)도 이성계(李成桂)도 뜻을 같이 하였다. 그러나 점차 이성계를 따르는 사람들은 새 판을 짜자고 하였고, 정몽주는 옛 판을 그대로 두고 뜯어고치자고 하였다.

그러던 어느 날 이성계가 앓아누웠단 소식을 들은 정몽주는 이성계일파의 움직임을 짐작해 보려 문병차 이성계의 집을 방문하였다. 그리고 집으로 돌아가는 길, 선죽교 위에서 이방원(李芳遠)의 밀사에 의해 맞아 죽으니 그것이 곧 고려의 종말을 뜻하는 것이었다.

조선(朝鮮)이 건국되고 또 아홉 해가 흘러갔다. 포은을 죽였던 이 방원은 조선조의 제3대 임금(태종)으로 등극하였다. 그가 임금이 되자마자 시행한 첫 번째 사업은 무엇이었는가? 그것은 옛날의 정적이었으나, 아버지의 친구, 아버지의 동료였던 포은 정몽주를 영의정으로 추증하고 익양부원군에 추봉하는 일이었다.

포은 정몽주는 이렇듯 실패한 정치가였으나 성공한 충신이 되었다. 조선의 성리학(性理學)은 포은에게서 발흥하였다하여 동방이학의 시조로 추앙되는데 그에 걸맞는 학문적 업적은 발견되지 않는다. 교육제도를 정비하고 법제를 확립하는 등 관료로서의 업적이 오히려 돋보인다. 차분한 학자이기 보다는 의욕적인 행정가요 시·서·화에도 뛰어난 당대의 문사였다.

여기서는 포은의 말년(1388?)에 지은 김해산성기를 읽어보기로 하자.

김해산성기(金海山城記)

전날 선왕[禑王]께서 남녘지방을 순찰하시다가 상주(尙州)에 머무신 적이 있었는데 내가 그 때에 부름을 받고 들어가 한림(翰林)[藝文館, 春秋館 檢閱]이 되었다. 그 무렵 처음으로 여사(旅舍)에서 박위(朴葳) 공과 인사하고 알게 되어 서로 사귀며 즐겁게 지냈다. 그때부터 어깨를 나란히 하여 선왕을 모시기 10여 년에 진실로 박공의 재주에 깊이 탄복한 바 있었다. 이제 금상(今上)[昌王]이 즉위하시고 또 한 해가 지나서 내가 죄를 짓고 남녘에서 귀양살이를 하고 있었는데 그 해 겨울에 왜구가 김해에 침입해오니 사람들이 모두 말하기를 "김해는 왜구의 요충지입니다. 이제 또 침입해 와서 이렇듯 피해가 심하니 훗날에 비록 슬기로운 분이 나온다하여도 아마 다스리기가 지극히 힘들 것입니다."라고 하였다.

그리고 얼마 지나지 않아 박위(朴葳) 공께서 수령으로 나가셨다는 소식이 들리기에 내가 주위 사람들에게 말하기를 "내가 박공을 잘 알거니와 그가 반드시 그의 임무를 잘 처리할 것이다."한 적이 있었다. 과연 박공은 임지에 도착하자마자 낮이나 밤이나 온 정신과 마음을 다 바쳐 계획을 세우고 은혜를 베풀어, 얼고 굶주리는 사람들은 배부르고 따뜻하게 하며, 앓고 신음하는 사람들은 즐기고 노래 부르게 하며, 타버려 없어진 것은 번듯하게 새로 짓고, 깨지고 부서진 것은 든든하게 고쳐 놓으니 몇 달되지 않는 기간에 백 가지 폐해가 깨끗이 없어졌다.

그렇건만 박공은 오히려 겸연쩍어 하며 근심 어린 빛으로 말하기를 "이것을 가지고 어찌 잘 다스린 것이라 하겠습니까? 얼마 전에 침입을 당했을 때에 지아비는 지어미를 잃은 것을 곡하고 자식은 어버이 잃은 것을 슬퍼하여 그 울음소리가 계속되었었습니다. 이제 정신을 차려 계획을 세우고 대책을 마련하지 않으면 또다시 당할 것이 틀림없습니다. 이것을 저는 가슴 아파할 뿐입니다." 이렇게 근심하면서 곧 고을 사람들에게 널리 알리기를 "왜구의 기세가 날로 극성스러워 바다 밖으로 백리나 떨어져 있으나 오히려 해를 입고 있습니다. 그런데 이곳 김해는 바다를 안고 있는 고을이어서 바닷물이 우리 지역을 둘러싸고 있으니 이것은 곧 죽을 곳입니다. 진정으로 요새를 구축하지 않는다면 다른 방도는 없는 줄 압니다." 이렇게 말하고 즉시 명령을 내려 옛날의 산성을 수리하여 크게 넓히고, 돌을 쌓아 단단하게 만들며 산세를 따라 높혔다. 일을 마치고 아래에서 바라보니 성벽은 천길이나 높이 세워져서 비록 한 명의 장정이 문을 지킨다하여도 만 명의 군사가 능히 열지 못할 만 하였다.

(이때에) 이 고을 사람, 통헌대부 배원룡(裵元龍) 공이 급하게 나에게 서신을 보내와 청하기를 "산성을 고쳐 건설한 것은 만세에 이로운 일을 한 것입니다. 그런데 우리 박위 공을 잘 아는 이로는 그대 만한 사람이 없는 줄 압니다. 감히 [산성기(山城記) 한 폭 써 주실 것을] 청하나이다."하였다.

내가 가만히 생각하건대, 요새를 쌓아 나라를 지키는 길, 이것은 예부터 제왕이 된 분이라면 누구나 다스림의 방법으로 삼고자 하지 않는 이가 없었던 것이다. 맹자께서 말씀하신 바, '천시(天時)가 지리(地利)보다 못하고, 지리가 인화(人和)보다 못하다'고 한 것은 대체로 일의 가볍고 무거움과 작고 큼을 말하고자 한 것이지 하나를 취하고 둘을 버리라고 한 것이겠는가! 오호라 조종이래 선왕의 제도가 참으로 철저하구나."(중략)

장차 김해의 백성들은 평소에 어려움이 없을 때에는 산에서 내려와 농사짓고 바다에 나아가 고기잡이하며 봉화불을 보게 되었을 때에는 처자와 노복을 거느리고 성안으로 들어간다면 베개를 높이고 편히 누워 잘 수 있으리라. 누가 요새를 건설하여 스스로 굳세고자 하는 것을 졸책이라 일컬으랴. 나는 장차 옛 가야의 터를 찾아가 새 성벽 위에서 술을 들며 박위 공의 고을 다스림이 성공하였음을 축하하리라.

金海山城記

　昔先王南巡次于尙 余時召入爲翰林 始識朴侯葳於旅舍 相從而悅之 自是比肩事先王十有餘年 固已服其才焉. 及今上卽位之明年 余以罪謫居南方 其冬倭陷金海 人皆言曰"金海倭衝也 今已陷且殘之後雖有智者 殆難以爲治."

　俄而聞朴侯出爲守 顧謂人曰"余知朴侯 其必有以處此矣."侯始至 乃能日夜 疲精竭思 設計推恩 凍餓者使之飽暖 呻吟者使之謳歌 煨爐者使之奐輪 缺毁者使之牢緻 旬月之間 百廢擧矣. 侯猶慊然憂形於色曰"是奚足爲政 近日之陷 夫而哭妻 子而哭父母者 聲相續也 今不圖後當復然 此余之痛心也."乃告於衆曰"倭勢日熾 去海百里 尙受其害 況此海曲之邑 水環其境者 直死地也 苟非設險 無以爲也."於是出令 修古山城 擴而大之 累石爲固 因山爲高 功旣訖 自下望之 壁立千仞 雖使一夫當門 萬夫莫能開也.

　府人通憲大夫 裴公元龍 走書來請曰"山城之修 °萬世利也 知吾侯者 莫如子 敢以爲請."余惟設險守國之道 自古帝王 未有不資是以爲治者 孟子所謂 天時不如地利 地利不如人和 蓋言輕重小大之差耳 非爲取其一 而廢其二也 嗚呼 祖宗之法亦密矣.(中略)

　將使金海之民 平居無事 則下山而田 入海而漁 及見烽燧 收妻孥而入城 則可以高枕而臥矣. 孰謂設險自固爲拙策也 余將訪古伽倻之墟 當擧酒於新城之上 以賀朴侯政績之有成也.

韓國의 名文百選 25

이숭인(李崇仁)의 상죽헌기(霜竹軒記)

　조선왕조에 이르러 억불숭유(抑佛崇儒)가 정책으로 실현되기 전까지 유・불의 관계는 다정스런 공생상조의 모습이었다. 스님은 미지・미래의 세상을 아름답게 맞기 위해 미리미리 청정심으로 이웃을 사랑하며 덕업을 쌓으라 가르쳤고, 유생은 우리가 사는 현세를 올바르게 꾸미기 위해 효제충신(孝悌忠信)의 마음으로 수신제가치국평천하(修身齊家治國平天下)하는 데에 전념하였으니 서로 부딪칠 까닭이 없었기 때문이었다.

　그러나 어느 시대 어느 지역에서나 종교가 정치에 발을 담그는 순간, 그 종교적 순수성은 핏빛으로 물이 든다. 우리나라 역사에서 불교가 타락한 것은 전적으로 고려 공민왕 말년 신돈(辛旽)이란 정치요승(政治妖僧)의 출현에 말미암는다. 명민했던 공민왕의 쇠락과 신돈(辛旽)의 계책이 합동으로 만들어 낸 것이 우왕(禑王)의 등극이었다.(논란의 여지가 없지 않으나) 신돈의 정치적 수완이 얼마나 탁월하였으면 자기소생, 자기비첩에게서 낳은 아이를 왕자로 둔갑시켜 임금의 자리에까지 나아가게 하였을까? 그래서 일부의 사서에는 신우왕(辛禑王)이라 기록한다.(우왕은 공민왕과 신돈의 비첩인 반야 사이에 태어났다고 하나 여기에 역사의 미스테리가 있다. 공민왕은 다섯 명의 부인을 두었으나 소생이 없었기 때문이다.)

그리하여 1375년 우왕치세 이래 고려는 몰락의 길을 걷게 되고, 유생들은 신유학의 이념으로 신생국가를 창건하려는 명분을 쌓게 된다.

이러한 시절에 도은(陶隱) 이숭인(李崇仁, 1349 충정왕 1~1392 태조 1)이 살았다. 성주인(星州人)이요, 성산군 원구(元具)의 아들이다. 공민왕 시절, 문과에 급제하여 숙옹부승, 장흥고사, 진덕박사 등을 역임하였다. 그 무렵 명나라 과거에 응시할 고려문사를 뽑을 때 수석의 영예를 얻었으나 그의 나이 25세에 이르지 않아 명나라 가는 길이 꺾이고 말았다. 그렇지만 그의 출중한 문재가 어디 가랴, 그 후 성균관 학관, 전리총랑, 예문관 제학 등의 벼슬을 하면서 정조사가 되어 2차에 걸쳐 명나라 사행을 다녀왔다. 그 과정에서

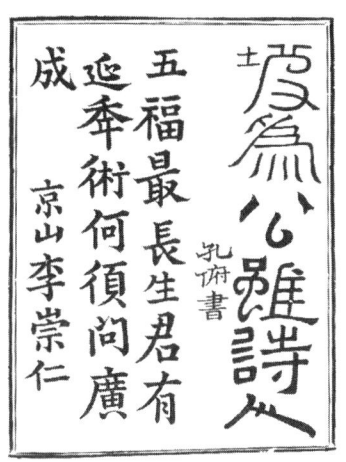

이숭인(李崇仁) 필적

자연스레 숭유친명(崇儒親明)의 정치노선을 취하게 되었으나 혼탁한 여말의 정치풍토에 세 번씩이나 유배를 당하더니 급기야 마지막 배소에서 정도전(鄭道傳)의 수하에 의해 참살되는 비운을 맞았다. 원·명의 틈바구니에서 복잡한 외교문서를 도맡다시피 하였고, 당대의 신유학에도 조예가 깊었건만 급박하게 돌아가는 현실정치에는 민활하지 못한 듯, 그는 끝내 고려의 충직한 유생으로 생애를 마감하였다.

그가 일찍이 교분이 두터웠던 선사(禪師)의 헌기(軒記)를 지었으니 그것이 여기 소개하는 상죽헌기이다.

상죽헌기(霜竹軒記)

지난 날, 조계종의 큰스님 은봉(隱峯)이 보국사(報國寺)에 계실 때에, 각림상인(覺林上人)이라 하는 제자가 한 분 있었는데 그 풍채가 맑고 빼어났으며 그 정신은 거리낌이 없고 명랑하였다. 말을 하면 그 기운이 깨끗하고 시원하여 사람들이 듣기에 싫증을 느끼게 하지 않았다. 참으로 맑고 시원한 분이었다. 내가 은봉(隱峯)을 만나러 가면 상인(上人)이 언제나 그 옆에 앉아 있었으므로 나는 자연스럽게 그와 더불어 사귀었다. (그러나) 한 번 헤어진 뒤로 10년 세월이 흐르고 은봉도 세상을 뜨자 상인도 멀리 여러 곳으로 떠돌아 다녔다. 내가 은봉을 생각한들 만나볼 수 없는 처지가 되었으니 또한 은봉의 제자 각림상인 같은 이와 함께 어울렸으면 하는 생각을 어찌 잠시나마 잊었겠는가.

금년 가을에 상인이 산에서 내려왔다. 내가 그를 보고 반가워서 하루종일 내 집에 머물게 하였다. (그때에) 상인이 나에게 책 한 권을 내어 보이며 이렇게 말하였다. "제가 상죽헌으로 제 서재 마루의 이름을 삼고 육우 김비판(六友金祕判)에게 부탁하여 현판의 글씨를 써 놓았습니다. 이제 고귀하신 분을 모시어 (제 서재를 읊은) 시문(詩文)을 얻고자 하였는데 선생께서 그 글을 써 주시면 저의 행운이겠습니다." 내가 상인과 더불어 사귄 지가 오래되었다. 나는 초목으로 비겨 말한다면, 쓸모없는 가죽나무나 상수리나무에 지나지 않고 창포(菖蒲)나 갯버들에 지나지 않은지라 어찌 감히 상인의 마룻글[軒記]를 쓸 수 있으랴. 그러나 상인이 나의 비루함을 개의치 않으시니 (내가 또) 어찌 들은 바대로 그것을 고백하지 아니하겠는가.

대[竹]라 하는 것은 하나의 식물일 뿐이다. 모든 식물이 서리와 이슬을 맞으면 어느 것이나 그 변화가 극심하다. 꺾이고 부러지고 시들어 떨어져 생기 왕성한 모습을 잃는다. (그러한 때에) 천지간에 우뚝한 것은 오직 대[竹] 뿐이다. 줄기도 잎사귀도 바꾸지 않고 당당하게 우뚝 서서 홀로 빼어난 모습을 보인다. 이런 까닭에 옛날부터 시인 묵객과 절의선비들이 모두 다투어 대[竹]를 사랑하였다. 그래서 드디어 대[竹]를 가리켜 차군(此君)이라 부르게 된 것이다.

아하. 사람이 사물을 대할 때에 눈에는 빛깔을, 코에는 향기를, 귀에는 소리를, 입에는 맛을, 팔다리에는 편안함을 취하나 이것이 사람을 죽이게 되는 까닭이로구나. 양심이라 하는 것이 어찌 다만 식물의 찬 서리 찬이슬에만 해당하랴. 마땅히 사람에게 그러하건만 그것을 아는 이가 드물구나. 상인은 불자이신지라 이른바 빛깔과 소리와 향기와 맛과 감촉의 세상에 일찍이 한번도 마음의 동요를 가져보지 않았다. (그러므로) 이제 그의 서재 마루를 상죽(霜竹)이라 한 것은 오로지 스스로 깨달음이 있어서만이 아니라 그 기상이 서로 통하는 무리를 찾아 얻으려는 것이 아니겠는가. 바람이 불거나 혹은 달빛 밝은 저녁이면 맑은 기운 소슬하고 청초한 그림자 깨끗할 것이니 (그러할 때에) 상인은 마루에 기대앉아 한산(寒山)의 행밀절고(行密節高)한 시구를 읊고 저 도홍(姚紅)이나 위자(魏紫)가 한때의 부귀에 자만하였음을 바라본다면 어떠할 것인가! 이것이야말로 상인의 높은 인격과 운치를 드러내는 일이 될 것이다.

상인이 일찍이 다음 같은 절구를 한 수를 지은 적이 있다.

서리맞은 대나무의 깨끗함을 사랑하며
절개 굳은 마음은 한결같이 태평한데
그윽한 노래 불러 빈 넋을 감싸고
호젓한 걸음으로 세상 밖을 노닌다.

이제 이 시를 보니 그 사람됨이 어떠한지 족히 알만하지 않은가.

유불선(儒佛仙)이 어우러진 현묘지도(玄妙之道)가 신라 화랑의 풍류 바로 그것이었으니 유불의 거리낌없는 소통과 화합의 역사는 그 뿌리가 자못 깊고 오래다 할 것이다. 일찍이 고운 최치원도 진감(眞鑑), 지증(智證), 백명(白明) 등 당대의 대덕과 대가람 숭복사의 탑비명을 지었다. 그것이 오늘날 명문으로 회자되는 사산비문(四山碑文)이다.

그러므로 도은의 상죽헌기는 오히려 연꽃과 사군자의 소박한 조화라고나 할까. 그러나 이처럼 아름다운 동행에 뒤미처 삼봉 정도전의 『불씨잡변(佛氏雜辨)』이 나와 척불(斥佛)의 기세를 높이고 그때부터 유불의 밀월행은 종지부를 찍는다.

霜竹軒記

　昔者 曹溪猊隱峯住錫報國寺 有弟子曰覺林上人 上人形貌淸秀 神精散朗 出辭氣灑然 令人聽之不厭 蓋淸乎淸者也. 予訪隱峯上人未嘗不在左右 予因與之善焉. 一別歷十年 隱峯逝矣 上人遠游諸方矣. 予思隱峯而不可得見 則思與隱峯之徒如上人者游吾 豈暫忘于懷也.

　今年秋 上人自山來 子見之喜留之畢日 上人出示一卷曰"吾以霜竹署吾軒 而請六友金祕判作大字 將以求詠歌薦紳間 子幸記之." 予與上人善者久 予比之草木 樗櫟而已矣 蒲柳而已矣 曷敢記吾上人之軒哉 雖然上人旣不鄙余矣 焉得不以所聞告之也.

　夫竹一植物耳 植物之遭霜露 其爲變烈矣 摧折隕墮 無復生氣盈 兩間之間者 皆是而竹也 不改柯易葉 挺然獨秀焉. 是以古之韻人節士率多愛之 至有以此君目之者焉.

　噫 人之爲物也 色之於目 臭之於鼻 聲音之於耳 滋味之於口 安佚之於四肢 其所以戕賊 夫良心者 何翅植物之霜露哉. 人於是乎 知免者鮮矣 上人 佛者也 其之所謂色聲香味觸法 未嘗有一念之動焉. 今夫霜竹其軒者 不惟有以自見也 蓋其氣類之相求者歟. 至若風或月之夕 淸韻蕭瑟 瘦影扶疏 上人倚軒而坐 誦寒山行密節高之句 視彼姚紅魏紫逞富貴於一時者 爲如何哉. 蓋益有以見上人之標致也 上人嘗題一絶句云

「自憐霜竹淸 守節心常泰 永言保虛靈 逍遙於物外」見其詩亦足以知其人云.

韓國의 名文百選 26

길재(吉再)의 산가서(山家序)

고려 말에 신유학을 공부한 지식인들은 벼슬길로 나아가 입신양명을 꾀할 것인가, 아니면 귀거래사를 부르며 전원으로 돌아갈 것인가를 심각하게 고민하였다. 경륜을 펴기에 세상은 너무 혼탁하였고 초야에 묻히자니 입지와 포부가 은근히 아쉬웠다. 어정쩡한 심정으로 과거에 응시하여 급제를 하였으니 벼슬살이를 아니 할 수는 없었으나 신념을 갖고 직분에 정진할 수가 없었다. 세상 돌아가는 것이 불안하고 한심스러웠다. 그 속에서 뜻을 편다는 것은 연목구어(緣木求魚) 격이었다. 벼슬자리에 앉아 있으면 있을수록 자신을 속이며 성현의 뜻을 거스르고 조상을 욕되게 할 뿐이었다. 결연히 관복을 벗고 고향가는 수레를 손질하였다.

그럴 즈음 이성계 일파에 의한 역성혁명(易姓革命)이 일어났다. 심정적으로는 그들의 거사에 동조하고 있었다는 느낌이 들었다. 혁명의 주도세력들도 이러한 지식층의 고뇌를 충분히 이해하고 있었다. 더구나 새 왕조를 세운 신흥관료들은 사실상 동문수학한 죽마고우들이었다. 그러나 그들과 어울려 새 나라의 일꾼이 된다는 것은 불사이군(不事二君)의 양심을 배반하는 것이었다. 고개를 돌려 귀향의 수레를 다시금 손보아야 하였다.

이러한 고려 말의 유생(儒生)들 속에 두문동(杜門洞)에 숨어 세상을 등진 기십의 은둔거사가 있었고 고향으로 수레를 몰고 떠난 기백의 낙향일사가 있었다. 이 낙향파 가운데 한 분으로 야은(冶隱) 길재(吉再, 1352 공민2~1419 세종1)를 손꼽을 수 있다. 야은은 34세에 문과에 급제하여 청주목 사록에 임명되었으나 부임하지 않았는데 다음해에 성균관 학정, 또 다음해에 성균관 박사가 되자 후학을 가르치는 데 성력을 다하였다. 그러나 그 다음해에 문하주서에 임명되자 노모를 봉양해야 한나는 간곡한 뜻의 사직시를 쓰고 낙향하니 이때 그의 나이 37세였다. 고향 선산에 돌아와서는 오로지 후학양성에만 마음을 붙였다.

다음의 「산가서」는 그 무렵 어느 해에 지은 것이리라. 야은(冶隱)의 심경을 헤아리며 읽어보기로 하자.

시골살이에 부쳐(山家序)

대개 어려서 배우고 장성하여 실천하는 것은 옛사람이 가르친 길이다. 그러므로 옛사람이나 오늘날의 사람이나 배우지 않는 이가 없다. 간혹 높은 걸음으로 멀리 떠돌며 자기 몸만 깨끗이 한다고 하면서 인륜을 저버리는 일이 있으나 그것은 어찌 올바른 선비가 하고자 하는 것이겠는가? 그러나 이 세상에 공자님 같은 인물이 있었으므로 안자(顔子)와 같은 이가 작은 마을에서 스스로 즐길 수 있는 것이요, 시절을 만나지 못했을 때에는 강태공 같은 분이 바닷가에 숨어살기도 하는 것이다. 그러므로 낚시질을 하거나 밭갈이를 하거나 그것을 어찌 비난할 수 있으랴.

　내가 지정(至正, 1341~1367)년간에 여기에 집을 지어 살았는데 어느덧 10여 년이 되었다. 세속 사람은 찾아오지 않고 세상 일은 듣지 않으니 나를 벗하는 이는 산에 사는 스님이요, 나를 알아주는 것은 강가의 물새뿐이다. 세상 명리의 영화로움과 수고로움을 잊어버리고 고을의 태수가 임명되어 왔는지 갔는지 알 바 없이, 피곤하면 낮잠도 자고 흥이 나면 시를 읊으니, 오직 해와 달이 가고 오며 냇물이 흘러 흘러 쉬지 않는 것을 바라볼 뿐이다. 친구가 찾아오면 상위의 먼지를 닦고 맞이하고 아랫사람이 문을 두드리면 상에서 내려가 만나니 과연 점잖은 선비가 평화롭게 살되 세상과 어울리지 않는 기상을 보는 것 아닌가!

　저 많은 멧부리가 숲인 듯 늘어서고 뭇 봉우리는 높이를 자랑하며 기이한 돌과 우람한 바위, 갖가지 산새들과 숲 속 짐승들, 소나무에 부는 바람, 담쟁이에 비친 달빛, 학의 울음소리 원숭이의 지저귐. 산 속의 추위는 가을을 재촉하고 교교한 달빛은 저녁이 깊었음을 알린다. 이러한 때에 냉철한 마음과 삽상한 뜻으로 옛날의 우(禹)왕께서 높은 산에 제사지낸 공로를 회상하여 본다. 강바람은 고요하고 물결도 잠잠하여 넘실넘실 드넓은 물위에 하얀 해오라기 유유히 날고 은빛 물고기 헤엄치는데 장삿배는 서로 보고 소리치며 고기잡이 노래 불러 흥겹게 화답한다. 이러한 때에 고개 들어 시 읊으며 옛날의 우왕께서 홍수를 다스린 공로를 회상하여 본다.

샘물이 흘러 넘치니 목마름을 추길 만 하고, 강물은 넘실거리며 흘러가니 갓끈을 씻을 만한데 때마침 술 익었으면 걸러 마시고 술 없으면 사오라 하여 혼자 따라 혼자 마시며 스스로 노래 불러 저 혼자 춤을 추니 산새는 나의 노래 친구요, 제비는 나의 춤추는 짝이다.

산에 올라 멀리 바라보며 공자님께서 태산에 오르신 높은 기상을 생각하고 시냇가를 거닐며 시를 읊으면서 공자님께서 강가에 이르러 탄식하셨음을 배운다. 회오리바람도 일지 않고 무릎 닿을 단칸방도 편키만 한데 밝은 달은 뜰에 차니 홀로 걷는 걸음 느리기도 하거니, 처마 끝에 빗방울이 낭랑히 떨어지면 베개를 높이 하여 꿈이나 꾸고 산 속에 눈발이 펄펄 날리면 차를 끓여 스스로 따라 마신다.(중략)

어떤 손님이 나를 찾아와 이르기를 "이제 내가 여기에 와보니 참으로 기상이 충만하구료. 그러나 여기에 살며 세상 사정에 거리끼지 않고 또 이제 세상 밖으로 뛰쳐나와 나며들고 일어나고 앉는 것이 마음 내키는 대로 하는구료. 문을 나서면 낚시 드리고 밭을 갈아 부모님을 받들어 모시고 방

길재(吉再)

에 들면 책을 읽으며 진리를 즐기어 옛 성현을 숭상하니 진정코 근심이 없는 분이시구료."하였다. 내가 그 말에 대답하여 "어찌 근심이 없겠습니까? 벼슬살이를 하면 백성을 근심하게 되고 강호에 멀리 숨어살면 임금을 근심하게 되는 것이니 나는 백성도 근심하고 임금도 근심한답니다."라고 하였다. 그리고 나서 스스로 돌이켜 생각하며 혼잣말로 "천명을 알고 즐기거늘 하기야 내가 무슨 근심이 있으랴." 이렇게 중얼거렸더니 손님은 할 말을 잊은 듯 물러가 버렸다.

윗글에서 야은(冶隱)은 지정년간(至正年間)에 낙향하여 모옥을 짓고 살았다 하였으나 지정말년이래야 야은의 나이 15세이니 그 말이 맞지 않는다. 문과에 급제하고도 부임치 않은 34세 어름이거나 선산에 낙향하여 후진훈육에 열을 쏟던 50세 전후라면 수긍되는 바가 없지 않다. 그런데 산가서(山家序)를 읽으며 우리는 무언가 개운치 않은 느낌이 든다. 도연명(陶淵明)의 귀거래사와 글의 분위기가 너무나 흡사하기 때문이다. 도연명이 귀거래사를 지은 때가 405년이요, 야은이 산가서(山家序)를 쓴 때가 (그의 나이 52세 때인) 1405년이라면 꼭 천년 뒤인데, 천년 전의 글이 더 우아하게 느껴지는 까닭은 무엇인가? 야은의 삶이 도잠(陶潛)의 삶보다 고결하고 청절치 않음이 아니거늘 그 글만은 천년이 지나서도 아류의 속취를 벗어나지 않는단 말인가. 좋은 글 쓰기가 어렵다함을 거듭하여 깨닫는 대목이다.

山家序

　夫幼而學之 壯而行之 古之道也. 是以古今之人 莫不有學焉. 若夫 高蹈遠引 潔身亂倫 豈君子之所欲哉. 然世旣有人 則有如顏子 陋巷 自樂者焉. 時有不合 則有如太公 隱處海濱者焉. 然則其釣其耕. 詎 敢譏哉.

　余以至正之中 卜宅于玆 於今十餘年矣. 俗客不至 塵事未聽 伴我 者山僧也 識我者江鳥也. 忘名利之榮勞 任太守之存亡 慵則晝眠 樂 則吟哦 但見日月之往來 川流之不息. 有朋訪我 則掃塵榻以待之 庸 流扣門 則有下床而接之 可以見君子和而不流之氣象也.

　觀夫衆岫森列 群峯嵯峨 怪石奇巖 幽鳥異獸 松風蘿月 鶴唳猿啼 山寒欲秋 月淡將夕 於斯時也 寒心爽志 想其神禹 奠高山之功也. 江 風不起 波濤不興 蕩蕩洋洋 浩浩湯湯 白鷗錦鱗 悠然而逝 商帆相望 漁歌互答 於斯時也 棹頭浪吟 想其神禹 治洪水之功也.

　泉水淵淵 可以療渴 河水浼浼 可以濯纓 若夫有酒酳我 無酒酤我 獨酌獨飮 自唱自舞 山鳥是我歌朋也. 簷燕是我舞雙也. 登高望遠 則 想吾夫子 登泰山之氣象 臨流賦詩 則學吾夫子 在川上之詠歎 飄風 不起 容膝易安 明月臨庭 獨步徐行 簷雨浪浪 或高枕而成夢 山雪飄 飄. 或烹茶而自酌.(中略)

　有客來告於余曰"今余到此 氣象千萬 子於此而闊於事情者也. 今 又一循乎外 而出入起居 惟意所適. 出則釣于江耕于歷 以承順父母. 入則講其書樂其道 以尙于古(疑作尙友千古) 然則眞無憂者也."

　余應之曰"何以無憂乎 居廟堂之上. 則憂其民. 處江湖之遠. 則憂 其君. 我則憂其民憂其君." 尋自反之曰"樂天知命 我何憂乎." 客忘 言而退.

조선전기—상

韓國의 名文百選 27

정도전(鄭道傳)의
조선경국전(朝鮮經國典)

　벼슬길에 나아간다는 것이 어찌 반드시 영욕이 교차하는 인생유전의 파노라마일 것인가? 태평성대에 어진 임금 밑에 재상노릇하는 행운을 누린다면 그 또한 마다할 선비가 어디 있으랴. 그러나 대체로 전제왕정하의 벼슬길은 어제의 영화가 오늘의 치욕이 되고 오늘의 수모가 내일의 영예로 탈바꿈하였다.
　이처럼 덧없는 벼슬길에서 뜻을 펴지 못하고 불행한 최후를 마친 조선조 최초의 인물은 누구인가? 아이러니컬하게도 조선조의 개국공신이요, 문신 학자로 이름높은 삼봉(三峰) 정도전(鄭道傳, 1342~1398)이다. 그는 형부상서를 지낸 운경(云敬)의 아들이요, 지략을 겸비한 문사(文士)로서 21살에 문과에 급제한 이래, 순탄한 환로

정도전(鄭道傳)

를 걸을 듯하였다. 그러나 국제정세는 신흥 명(明)나라의 출현으로 친명(親明)이냐, 친원(親元)이냐를 두고 숨바꼭질하고 있었고, 사회사상도 성리학의 발흥으로 염불(念佛)을 계속하느냐, 척불숭유(斥佛崇儒)로 새 판을 짜느냐하는 문제로 소용돌이치고 있었다. 더 나아가 고려왕실은 소생이 불가능한 노인이었다. 이러한 국내외 정세는 정도전으로 하여금 역성혁명의 꿈을 지니게 하였고 급기야 이성계(李成桂)를 찾아가 그의 심복이 되었다. 그러는 동안 10년 가까운 세월 유배생활로 쪼들리기도 하였으나, 이성계를 만난 지 9년째 되던 해, 드디어 조선이 건국되었고 정도전은 명망을 한몸에 모으게 되었다. 이태조(李太祖)는 기회있을 때마다 "내가 이 자리에 있게 된 것은 그대의 힘이다."라는 말로 정도전의 기를 살렸다. 그러나 그가 추진하던 재상중심체제(宰相中心體制)와 세자책봉(世子册封)에 불만을 품은 이방원(李芳遠)일파에 의해 잡혀 죽으니 그 해가 태조 7년, 그의 나이 쉰일곱이었다. 그가 생전에 닦아놓은 왕조의 청사진 조선경국전이 무색할 뿐이었다. 몇 줄 읽어 보자.

주역(周易)에 이르기를 "성인(聖人)의 큰 보배는 지위(地位)요, 천지의 큰 덕(德)은 삶이니 무엇으로 그 지위를 지킬 것인가? 그것은 인

(仁)이다."하였다.(중략)

임금의 지위는 높고 높으며 또 귀하고 귀하다. 그러나 천하는 지극히 넓고 백성은 지극히 많으니 한 번 그들의 마음을 얻지 못하면 크게 염려스러울 뿐이다. 백성은 지극히 약하나 힘으로 겁탈할 수 없고, 또 지극히 어리석으나 꾀로 속일 수 없다. 그들의 마음을 얻으면 따르고, 마음을 잃으면 배반하는 것이니 배반하고 따름의 간격은 터럭 끝도 용납을 못한다.

그러나 이른바 그들의 마음을 얻는다는 것은 사사로운 마음으로 구차하게 얻어지는 것이 아니며 도를 어기고 명예를 구하는 것으로 얻어지는 것도 아니니 이 또한 인에 있을 뿐이다.

임금은 천지가 만물을 낳는 그 마음을 삼아 백성에게 차마 못할 것은 하지 않는 정치를 행하여 천하의 모든 곳의 백성들로 하여금 모두 기뻐하여 우러러 보기를 자기들의 부모처럼 한다면 편안하고 부유하고 영광스러운 즐거움을 길이 누릴 것이며 위태로워 망하며 무너질 근심이 없을 것이니 그 지위를 인(仁)으로 지키는 것이 미땅

경국대전

하지 않겠는가!(중략)

해동(海東)의 나라는 역대로 국호가 일정하지 않았다.(중략) 자유로 국호를 세워 침략과 약탈을 하였으니 비록 칭호는 있으나 어찌 취하랴. 오직 기자(箕子)는 주(周)나라 무왕(武王)의 명을 받아 조선후(朝鮮候)에 봉해졌었다.

이제 천자가 명하되, 오직 조선이라는 이름이 아름답고 또 그 유래가 깊으니 그 이름을 그대로 사용하고 하늘을 체득하여 백성을 다스리면 후사가 길이 창성할 수 있다고 하였으니 대개 무왕이 기자에게 명하였던 것으로 전하에게 명하니 이름이 이미 바르고 말이 이미 순조롭다.(중략)

이제 이미 조선이란 아름다운 이름을 그대로 따르려니와 기자의 선정도 마땅히 강구할 것이다. 아아! 천자의 덕이 주무왕(周武王)에게 부끄러움이 없을 것이니 전하의 덕이 또 어찌 기자에게 부끄러우랴. 홍범(洪範)의 학술과 팔조(八條)의 교리가 다시 오늘날에 실행됨을 장차 볼 것이다. 공자는 이르되 '나는 그 동주(東周)를 할진저' 하였으니 어찌 우리를 속이랴.

비록 불행한 최후를 마치기는 했으나 정도전이 기획하고 구상한 새왕조의 모습은 그가 지은 조선경국전(朝鮮經國典) 속에 고스란히 살아 있다. 심지어 경복궁의 전각이며 문루의 이름까지도 그의 손을 거치지 않은 것이 없고, 조선이란 국호에서조차 역사적 전통과 문화적 우월성을 강조하며 새나라의 번영을 장담하고 있다. 그리하여 정도전은 그 저술을 통해 자신의 슬픈 최후를 보상받은 셈이 되었다.

朝鮮經國典

正寶位 : 易曰 聖人之大寶 曰位 天地之大德 曰生 何以守位 曰仁.(中略)

人君之位 尊則尊矣 貴則貴矣. 然天下至廣也 萬民之衆也 一有不得其心 則蓋有大可慮者存焉 下民至弱也 不可以力劫之也 至愚也 不可以智欺也 得其心則服之 不得其心則去之 去就之間 不容毫髮焉.

然所謂得其心者 非以私意苟且而爲之也 非以違道 干譽而致之也 亦曰仁而已矣.

人君以天地生物之心爲心 行不忍人之政 使天下四境之人 皆悅而仰之若父母 則長享安富尊榮之樂 而無危亡覆墜之患矣. 守位以仁 不亦宜乎.(下略)

國號 : 海東之國 不一其號(中略) 自立名號 互相侵奪 雖有所稱 何足取哉. 惟箕子 受周武王之命 封朝鮮候. 今天子命曰 惟朝鮮之稱美且其來遠矣. 可以本其名 而祖之 體天牧民 永昌後嗣 蓋以武王之命箕子者 命殿下 名旣正矣 言旣順矣.(中略)

今旣襲朝鮮之美號 則箕子之善政 亦在所當講焉. 嗚呼 天子之德 無愧於周武 殿下之德 亦豈有愧於箕子哉. 將見洪範之學 八條之敎 復行於今日也. 孔子曰 吾其爲東周乎 豈欺我哉.

韓國의 名文百選 28

권근(權近)의 동국사략론(東國史略論)

　여말선초(麗末鮮初)의 격변기에 두 왕조를 섬긴 일군의 선비들은 변절이라는 허물을 감내하면서도 그들 나름의 명분과 대의가 있었다. 그것은 썩은 나무 등걸을 붙잡고 애석해 하느니, 차라리 새 묘목을 잘 가꾸는 것이 바른 길을 걷는 선비가 아니냐는 반문이었다. 그리고 대학장구(大學章句)의 첫머리를 힘주어 낭송하였다.
　"큰 공부를 하는 목적은 누가 보아도 옳다고 여기는 사람다움의 품성을 밝히려는 것이고, 백성과 한 몸되어 그들을 새롭게 변화시키는 것이며, 더 이상 도달할 수 없는 착하고 아름다운 마음의 경지에 이르려는 것이다."(大學之道 在明明德 在親民 在止於至善)
　따라서 그들은 수신제가 치국평천하(修身齊家 治國平天下)의 길이 보장되는 여건이라면 백성의 교화를 위하여 기꺼이 신명을 바쳐야 한다고 생각하였다.

이러한 일군의 선비가운데 양촌(楊村) 권근(權近, 1352 공민1~1409 태종9)이라는 학자, 문신이 있었다. 양촌은 이미 고려조에서 예문관응교, 성균관대사성, 좌대언, 첨서밀직 등 교육과 비서분야의 요직을 거쳤고, 조선조에 들어와서도 성균관대사성, 사헌부대사헌에 이어 태종 때에는 좌명공신, 길창군에 봉해지기까지 하였다.

그러나 양촌(楊村)의 진면목은 유학제조로서 유생교육 전반에 이르는 체제정비에서 찾을 수 있다. 과거제도, 문신고과, 학식 등 권학사목(勸學事目)을 수정 개혁하자고 주장하며 경학일변도의 당대 학풍에 실용문학의 중요성을 강조하여 균형잡힌 문교시책을 펴기도 했고, 경서(經書)의 구결(口訣)을 저정(저술하여 정리함)하여 경서학습의 기초를 든든히 하기도 하였다. 무엇보다도 창의적 저술이라고는 할 수 없는 경서구결의 저정은 40권에 이르는 방대한 그의 문집 전부에 비견할만한 교육적 업적이라고 할 수 있다. 경서에 구결을 어떻게 붙여서 읽느냐 하는 것은 경서의 내용을 어떤 관점에서 우리말로 이해하고 해석하느냐 하는 문제를 통째로 밝히는 열쇠이기 때문이다.

양촌의 저술은 교육용 유학 해설서인 『입학도설(入學圖說)』과 경서주해(經書註解)에 해당하는 『예기천견록(禮記淺見錄)』, 『오경천견록(五經淺見錄)』과 우리나라 역사를 탐구한 『동국사략(東國史略)』과 그 외의 시문,

권근 필적

표책(表策) 등으로 나눌 수 있다.

여기서는 동국사략론에서 한 구절을 읽어보기로 하자. 양촌은 양조(兩朝)를 섬기는 자신의 행보에 정당성을 부여하려고 부단히 노력하고 번민하였을 것이다. 그 고뇌의 일단이 다음의 인물평 속에 녹아 있는 듯하다.

우리나라 역사를 간추려 논함(계백과 품일)

태종 무열왕 6년 경신(660 A.D.)에 당나라 군사들이 백제의 의자왕(義慈王)을 포로로 잡아가고 백제는 망하였다.

생각해보자. 계백(階伯)이 명을 받아 장수가 되어 군대를 거느리고 출병하려할 즈음에 먼저 자기 아내와 자식을 죽였으니 도리에 어긋남이 참으로 심하였다. 비록 나라가 위태로워 반드시 죽게 되었다는 마음이 있을지라도 힘써 싸워 적을 이기겠다는 계략이 없었으니, 이것은 싸우기도 전에 군대의 사기를 떨어뜨린 것이며 패망을 자초하는 일이었다. 장수된 사람이 진정으로 장수다웠다면 적은 수로 많은 적을 격퇴하고 약한 군대로 강한 군대를 제압하는 것은 병가에 흔히 있는 일이기 때문이다.

옛날 중국 오나라의 장수 주유(朱瑜)는 5만의 군병으로 능히 위나라 조조의 군사 60만을 무찔렀으며, 진나라 장수 사현(謝玄)도 역시 5만의 병력으로 부진(符秦)의 80만 대군을 쳐부수었는데, 백제의 군병이 어찌 5만이 아니 되겠으며 나당의 연합군이 아무려면 60만이 넘었겠는가! 그러나 주유를 사령관으로 임명하고 믿은 이는 손권(孫權)이었으며, 사현을 발탁하고 의심치 않은 이는 사안(謝安)이었으니 이것은 오나라와 진나라의 임금과 재상이 출중한 인물이요, 또 장수를 임명할 때에도 사람을 제대로 고른 까닭이다.

이제 백제의 경우에, 임금은 임금의 자리에서 혼미하였고, 신하는 신하의 자리에서 아첨이나 하였으므로, 어진 이는 쫓겨나가고 못난이들만 자리를 차지하고 있었다. 그런 형편에 어찌 장수다운 장수를 얻을 수 있었겠는가! 계백의 미친 듯 포악하고 잔인함이 이와 같았으니 이것은 싸우지 않고 스스로 굴복한 것이나 다름이 없었다. 다만 관창(官昌)을 사로잡아 죽이지 않고 돌려보낸 것이며, 전투에서 완전히 패하였으나 항복하지 않고 죽은 것은 옛날 이름난 장수들의 유풍(遺風)이 있었다 할 것이다.

또 생각해보자, 품일(品日)이 아들 관창에게 명하여 홀로 적진을 뚫고 들어가게 하였으니 이것도 죽음이 있을 뿐임을 모르지 않았을 것이다. 그러나 감히 그렇게 하는 데 머뭇거리지 않은 것은 신라의 법에 전쟁에 나가 죽은 사람은 모두 후하게 장사지내주고 벼슬을 상으로 내렸으며 온 집안에 영광이 되었으므로 나라 사람들이 그것을 소중히 여기고 사모하고 본받아 죽음을 영광스럽게 생각하였기 때문이다. (이 또한) 옛날 전국시대의 풍습이 있었다고 하겠다. 그러나 관창이 한번 적진에 뛰어들었다가 다행히 살아서 돌아왔으니, 진중에 머물게 하였다가 다른 군사들과 함께 출격하게 하였다면 비록 전쟁터에 나아가 맹렬히 싸우며 스스로 죽음에 이르러 이름을 남기고자 하여도 반드시 죽는다는 보장이 없었을 것이다. 그래서 아직 어린 나이의 소년 동자로 하여금 홀로 말을 몰아 두 번씩이나 적진에 달려가게 하였으니 이것은 그 아들이 뻔히 죽을 것을 알고도 그것을 견뎌내고자 한 일이다. 결코 후세 사람에게 좋은 가르침이 될 수 없는 것이다.

참으로 진부한 논의이거니와 민족사의 서술목적은 그 민족의 영원한 발전과 번영을 기원하는 것이다. 그렇다면 민족사의 건재는 민족자체의 건재에 달려 있다. 민족의 건재란 무엇인가. 소박하게 말하여 어떠한 역경에서도 살아남는다는 것을 뜻한다. 그렇다, 살아남는 일이었다. 이 문제에 초점을 맞추며 양촌(楊村)은 동국사(東國史)를 서술하려고 한 듯하다. 따라서 백성 한 사람 한 사람이 어떻게 목숨을 부지하며 영광의 미래를 설계할 것인가에 주목하려니 계백(階伯)과 품일(品日)의 행위를 생명존중의 관점에서 비판할 수 있었던 것이다.

東國史略論

太宗武烈王六年庚申. 唐兵虜百濟王義慈國亡.

按階伯受命爲將 董軍將發 先殺其妻子 其不道甚矣. 雖有必死國難之心 而無力戰克敵之計 是先喪其士氣 而取敗之事也. 將苟得人 則以小擊衆 以弱制强者 兵家之常也.

吳將周瑜 能以五萬 擊曹魏之六十萬 晉將謝玄 亦以五萬 破符秦之八十萬, 百濟之兵 豈下於五萬 而唐羅之衆 豈過於六十萬哉. 然任瑜以誠者孫權也. 擧玄不疑者謝安也. 是吳晉之君相有人 而任將得人也.

今百濟 則主昏於上 臣佞於下 賢者見逐 而不肖者在位矣. 其能將得其人乎 階伯之狂悖殘忍如此 是不戰而自屈者矣. 但其獲官昌 不殺而還之 及其兵敗 不降而死之 有古名將之遺風矣.

又按品日命子官昌 獨入敵陣 亦非不知徒死而已 敢爲之不辭者 新羅之法 戰死之人 皆厚葬而爵賞之 賚及一族 國人稱重而慕效 以死爲榮 有古戰國之風矣. 然官昌一入敵陣 幸而生還 留與衆兵俱進 則雖出入擊刺 而欲殺身成名 亦不必至於死矣. 乃使未冠之童 單騎再往 是欲其子之必死而忍之也. 不可以訓後世矣.

韓國의 名文百選 29

기화(己和) 스님의 현정론(顯正論)

　여말선초(麗末鮮初)의 격변기는 불교의 쇠퇴와 유교의 발흥이라는 사상적 변화로 압축할 수 있다. 조선왕조의 신흥관료들은 신유가철학(新儒家哲學)을 앞세워 고려 말에 이르러 나라 재정을 고갈시키고 민폐를 자행한 불교의 잘못을 지적하며 척불(斥佛)의 기세를 높이고 있었다. 이러한 시절에 의연히 불교옹호론을 들고 나온 이가 있었으니, 그가 곧 함허화상(涵虛和尙) 득통(得通) 기화(己和) 스님(1376~1433)이다. 고려 말에 태어나기는 했으나 그의 나이 열일곱에 나라는 조선왕조로 바뀌었고 21살에 관악산 의상암에서 중이 되어 58세로 입적하였으니, 기화스님은 조선 초의 인물이라 함이 옳을 것이다.

일찍이 성균관에 입학하여 주역에도 통달하고 스님들에게 논어를 가르치기도 하였는데 하루는 한 스님으로부터 의외의 질문을 받는다.

"맹자님은 항상 천하만물을 두루 인자하게 대하라고 가르치시면서 어찌하여 소와 닭을 죽여 노부모를 봉양하라고 하는 것이오? 소와 닭은 천하만물이 아니오?"

대답에 궁한 기화(己和)가 유교경전의 어디를 뒤져보아도 살생에 대한 시원한 해답을 얻지 못하다가 20살 되던 해에 삼각산 승가사에 등산하여 하룻밤을 묵던 중, 한 노승으로부터 불가에 불살생계(不殺生戒)가 있음을 듣고 깨달은 바 있어 출가를 결심하였다고 한다. 그리고 그는 드디어 유교보다 불교가 한층 높은 고차원의 사회윤리를 제공한다고 주장하는 현정론(顯正論)을 발표하기에 이른다. 이 글은 사회정의를 실현하기 위한 가르침으로 유불(儒佛)이 모두 필요한 것임을 전제로 하고 12가지 조목을 들어 불교의 우수성을 강조하는데 그 중의 백미(白眉)는 천당·지옥설이다. 몇 구절을 옮겨 보자.

천당·지옥설

"儒는 오상(五常)으로 도리(道理)의 근본을 삼고 佛은 오계(五戒)로서 하니 이것이 곧 儒의 오상(五常)이다. 불살생(不殺生)은 仁이요, 부도(不盜)는 義이며, 불음(不婬)은 禮요, 불음주(不飮酒)는 智이며, 불망어(不妄語)는 信이다. 또 유교가 사람을 가르치는 것은 덕행(德行)으로 한다 하면서도 실제로는 정형(政刑)으로 한다. 그러나 불교는 사람을 인도함에 德으로써 하고 禮로써 한다. 정형(政刑)으로 다스리면 자연히 상벌(賞罰)이 따르고 덕과 예로써 하면 고요한 가운데 일이 이루어지고 말 없는 가운데 믿음이 따르게 된다. 더구나 불교는 인과(因果)로써 가르치니 만일에 상벌로써 한다면 면종(面從)함에 지나지 않으나 인과로써 하면 심복(心服)하게 된다. 그러나 돌이켜 보면 세상에는 여러 종류의 사람이 있는지라 상벌로 가르칠 사람도 있는 것이요, 인과로 심복시킬 사람도 있을 것이니 유와 불은 다 같이 폐할 수는 없을 것이다. …(중략) 천당과 지옥의 문제도 사실상 존재하지 않는다 할지라도 사람의 업감(業感)이 있는지라 자연히 천당·지옥을 생각하게 되는 것이다. 공자가 일찍이 말씀하시되 '내가 꿈에 주공(周公)을 뵈옵지 못한 지가 오래구나' 하셨으니 대개 꿈은 사람의 정신에 만유(漫遊)한 것이지 형체의 시킴은 아니다. 공자가 꿈에 주공을 뵈온 것은 평소에 주공의 道를 마음 속에 두고 行한 까닭에 그 정신이 저절로 상감(相感)하여 꿈에 나타난 것이 아니겠는가! 사람도 이와 같아서 각기 선악에 전력하거니와, 선자(善者)는 꿈에 영광을 보고 악자(惡者)는 꿈에 욕됨을 보는 것이다.(중략)

천당·지옥이 설사 없다고 해도 사람들은 그런 말을 듣고, 천당을 생각하며 선을 따르고 지옥을 두려워하여 악을 멀리하게 되는 것이니 이 천당·지옥설이 백성을 교화함에 유익

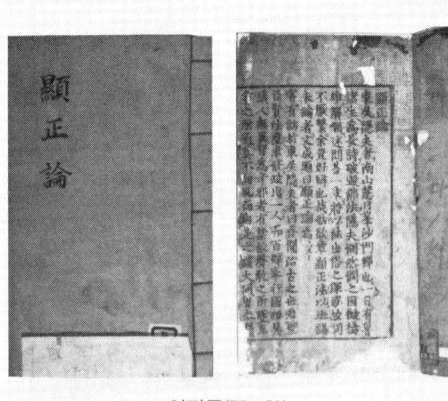

현정론(顯正論)

함이 있을 뿐이다. 만일에 과연 천당·지옥이 존재하면 선한 이는 반드시 천당에 오르게 되고 악한 이는 반드시 지옥에 떨어질 것이다. 이런 까닭에 선한 이는 더욱 착한 일에 힘써서 천당의 즐거움을 누리려 할 것이요, 악한 이는 스스로 조심하여 악행을 그치고 지옥을 면하려 할 것이 아닌가! 그런데도 구태여 천당·지옥설을 배척하며 망녕되다 하겠는가?(이하 생략)

프랑스 사람 파스칼(Pascal 1623~1662)은 그의 책 『팡세(pensees)』에서 천당·지옥을 논하면서 "믿어서 손해 볼 것 없다" "밑져야 본전이다"라는 식의 이른바 도박사의 논리(Wager's argument)를 폈다. 그리고 그것은 파스칼이 처음으로 개발한 논리인 것으로 알려져 있다. 그러나 기화스님은 파스칼보다 230년이나 앞서서 그러한 논리를 폈으니 파스칼은 언제 어디서 기화 스님의 현정론을 훔쳐보았던 것일까?

顯正論

(前略) 儒以五常而爲道樞 佛之所謂正戒 卽儒之所謂五常也 不殺生仁也 不盜義也 不婬禮也 不飮酒智也 不妄語信也 但儒之所以敎人者 不以德行 卽以政刑也 導之以政 齊之以刑 則未免有賞罰 故云賞罰 則國之大柄也 夫黙而成之 不信以信 固吾佛之化也 而兼以因果示之 若示之以賞罰 則或不過面從而已 示之以因果 則服乃心服也 今於世上目覩其然也 雖然安得使人人皆可以心服也 其未能心服者 則故以賞罰而導之 使駸駸然心悅而誠服也 故示之因果之外 亦有賞罰之訓存焉 所以儒與釋皆不可廢也(中略)

至於天堂地獄 則非是實 然固有乃人之業感 自然如是也 孔子嘗曰 吾不復夢見周公久矣 蓋夢者 人之神游 非形之使然也 夫子之所以夢與周公見者 蓋平日心存周公之道 專而行之 故其精神自然相感而然也 人亦如是 日於善惡 爲之旣專 則善者夢見其榮 惡者夢見其辱(中略)

天堂地獄 設使無者 人之聞者 慕天堂 而趣善厭地獄而沮惡 則天獄之說之於化民 利莫大焉 果其有者 善者必昇天堂 惡者必陷地獄 故使之聞之 則善者自勉而當享天堂 惡者自止而免入地獄 何必斥於天獄之說 而以爲妄耶(下略)

韓國의 名文百選 30

정인지(鄭麟趾)의 훈민정음서(訓民正音序)

　누구나 세상에 태어나 오복(五福)을 누리며 살기를 원하지만 그것은 아무에게나 쉽게 찾아오는 행운이 아니다. 누대의 적덕(積德)과 하늘의 가호가 있어야 하고 본인 스스로도 천품이 고결·호매하고 심신이 강건·명석하지 않다면, 그리고 또 끊임없이 정진하는 겸손의 노고가 쌓이지 않는다면 어찌 오복이 절로 굴러오겠는가?
　그런데 조선조 초에 그 오복의 영광을 누린 주인공이 있으니 그는 "역경(易經)을 공부하는 서재(書齋)"라는 뜻의 호를 갖고 있는 학역재(學易齋) 정인지(鄭麟趾, 1396. 태조 5년~1478. 성종 9년)라는 분이다. 일찍이 그 아버지 홍인(興仁)이 내직별감이 되어 소격전에 재를 올리게 되었을 때 '집안을 일으킬 아들 하나를 점지해 주소서'라고 기도한 적이 있었는데, 그 후로 아내 진씨(陳氏)가 길몽을 꾸고 정인지를 낳았다 한다. 과연 인지는 총명하여 다섯 살에 글을 읽기 시작하더니 한번 보면 외웠고 글짓기 또한 출중하여 인근 마을에 천재로 소문이 자자하였다. 그는 평생에 걸쳐 일곱 임금을 섬기며 주부 벼슬에서 영의정·원상이 되어 83세로 세상을 뜨기까지 4번의 공신 칭호를 들으며 임금의 예우를 받은 것은 수부귀가 모두 따른 관작의 호사요, 칠정산내편(七政算內篇), 사륜요집(絲綸要集), 치평요람(治平要覽), 자치통감훈의(資治通鑑訓義), 역대병요(歷代兵要), 고려사(高麗史), 국조보감(國朝寶鑑) 등을 지으며 천문·지리·정치·역사·군사 등 다방면에 걸쳐 편찬·저술한 것은 학술의 치적이다.

그러면 이처럼 빛나는 문화사적 업적가운데 후세사람들에게 두고두고 영향을 끼친 글을 한 편만 뽑으라면 그것은 무엇일까?

이 때에 우리는 훈민정음해례본(訓民正音解例本)의 말미를 장식한 훈민정음서(訓民正音序)를 손꼽지 않을 수 없다. 그것은 당대 언어학의 정수요, 훈민정음 해설의 극치이다. 지금까지 이 글만큼 훈민정음에 때해 정확하게 설명한 작품이 또 어디 있으랴. 다만 그 뜻을 바로 알지 못하는 것이 한(恨)일 뿐이다. 다시 한번 음미해 보자.

천지자연에 소리가 있으면 반드시 글도 있게 마련이다. 그러므로 옛사람이 소리에 따라 글자를 만들어서 만물의 뜻을 통하였으며 하늘과 땅과 사람의 이치를 적어 밝혔으니 후세사람이 능히 바꿀 수 없는 것이다. 그러나 여러 지방의 풍토가 구별되듯이 그에 따라 말소리도 다르다. 대개 중국 이외의 나라는 말소리는 있으되 그것을 적는 문자가 없어서 중국의 문자를 빌어다가 통용하였다. 이것은 마치 네모난 막대기를 둥근 구멍에 맞추어 넣으려는 것처럼 어긋나는 일이니 어찌 제대로 뜻을 통하여 아무 장애가 없을 것인가! 요컨대 모두가 제각기 처한 바를 따라 편리하게 하였고 억지로 똑같이 할 수는 없었다.

동방의 우리나라는 예악과 문장이 중국과 거의 비슷한데 단지 우리말이 같지 아니하여 글 배우는 사람들은 그 뜻을 이해하는 데 어려움을 근심하였고, 형옥(刑獄)을 다스리는 사람들은 자세한 사정을 밝히는 데 어려움을 느껴왔다. 예전에 설총은 처음으로 이두(吏讀)를 만들어서 관청이나 민간에서는 오늘날까지도 그것을 쓰고 있다. 그러나 모두 한자(漢字)를 빌어쓰는 것이라 혹은 껄끄럽고 혹은 빡빡하여 상스럽고 황당할 뿐만 아니라 일상의 말을 적음에 이르러서는 만 분의 일도 제대로 통달하지 못하는 것이다.

계해년(1443 A.D.) 겨울에 우리 임금님께서 정음 28자를 창제하시고 예의를 간략하게 정리하여 보이시며 그것을 훈민정음(訓民正音)이라 이름하셨으니, 이 훈민정음은 형상을 본떴는데 그 글자모양은 옛날의 전자(篆字)와 비슷하였다. 사람의 말소리에 근거하였으되 글자의 음은 칠조(七調)에 어울리고 천지인(天地人)의 뜻과

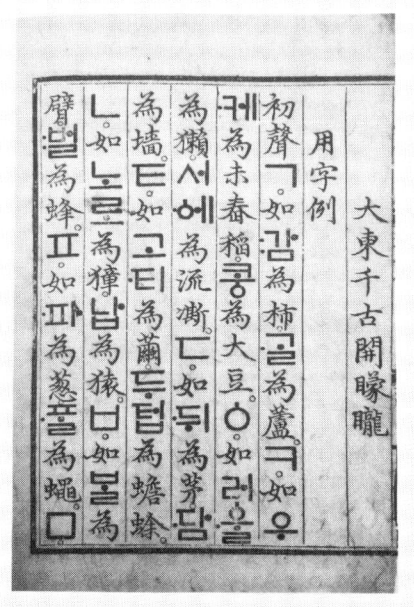

훈민정음해례본(訓民正音解例本)

음양의 오묘함이 포함되어 있지 않은 것이 없다. 스물여덟 글자를 가지고도 돌리고 바꾸어 씀이 무궁한데 그러면서도 간결하고 요령이 있으며 정교하고도 능통하다. 그러므로 슬기로운 사람은 아침 한나절이 끝나지 않아 깨치고, 어리석은 사람이라도 열흘이면 충분히 배울 수 있다. 이제 이 훈민정음으로 한문을 풀이하면 그 뜻을 알 수 있고, 이 훈민정음으로 소송사건을 처리하면 정상을 바로 파악할 수 있을 것이다. 자운(字韻)에서는 청탁(淸濁)을 능히 구분할 수 있고, 음악·노래에서는 율려(律呂)를 모두 고르게 나타내게 되니 그 쓰이는 바에 갖추지 않은 것이 없고 활용되는 데마다 통달하지 않음이 없으니 비록 바람소리, 학의 울음, 닭의 울음, 개짓는 소리라도 모두 다 제대로 적을 수 있다.(중략)

  공손히 생각하건대, 우리 임금님은 하늘이 내신 성인이시어서 제도를 마련하시고 베풀어 행하심이 백왕보다 나으시고 정음을 지으심에 있어서는 조술(祖述)된 바가 없이 자연스럽게 이루어진 것이니 지극한 이치의 적용되지 않은 바가 없다고 하여 어찌 사람이 만든 사사로운 것이 아니라 하겠는가! 대저 동녘 땅에 나라가 있으니 오래지 않음이 아니나 사람이 알지 못하는 바를 개발하여 사람이 하고저 하는 바를 모두 이루게 하는 큰 지혜가 오늘이 오기를 기다렸음인저.

  신 정인지는 손을 모두잡고 머리를 조아려 절하오며 삼가 적습니다.

訓民正音序

　有天地自然之聲 則必有天地自然之文. 所以古人因聲制字 以通萬物之情 以載三才之道 而後世不能易也. 然四方風土區別 聲氣亦隨而異焉. 盖外國之語 有其聲而 無其字 假中國之字 以通其用 是猶枘鑿之鉏鋙也 豈能達而無礙乎. 要皆各隨所處而安 不可强之使同也.
　吾東方禮樂文章 侔擬華夏. 但方言之語 不與之同. 學書者患其旨趣之難曉 獄者疾其曲折之難通. 昔新羅薛聰 始作吏讀 官府民間至今行之. 然皆假字而用 或澁或窒. 非但鄙 無稽而已 至於言語之間 則不能達其萬一焉.
　癸亥冬. 我殿下創制正音二十八字 略揭例義以示之 名曰訓民正音. 象形而字倣古篆 因聲而音協七調. 三極之義 二氣之妙 莫不該括 以二十八字而轉換無窮 簡而要 精而通. 故智者不終朝而會 愚者可浹旬而學 以是解書 可以知其義. 以是聽訟 可以得其情. 字韻則清濁之能辨 樂歌則律呂之克諧. 無所用而不備 無所往而不達. 雖風聲鶴唳 雞鳴狗吠 皆可得而書矣. (중략)

　恭惟我殿下 天縱之聖 制度施爲 超越百王. 正音之作 無所祖述 而成於自然. 豈以其至理之無所不在 而非人爲之私也. 夫東方有國 不爲不久 而開物成務之大智 盖有待於今日也歟.
　臣 鄭麟趾 拜手稽首 謹書.

韓國의 名文百選 31

양성지(梁誠之)의 논군도(論君道)

　만일에 우리나라 역사에서 서양의 르네상스와 같은 때를 손꼽으라면 그때는 언제가 될 것인가? 18세기 영·정 시대를 말하는 분이 많이 있으나 아마도 우리는 조선왕조 초기 15세기에도 눈길을 줄 수 있을 것이다. 그러면 그 15세기는 어떤 시대였는가?
　전반기는 태종 18년과 세종 32년으로 이루어진 50년이요, 후반기는 세조 12년과 성종 25년이 중심이 된 50년이다. 그 전반기 태종·세종대에 새 나라의 모든 기반이 확립되었다. 정치적 안정, 국방력의 강화, 과학·기술의 진흥, 문화·예술의 발흥, 미풍양속의 구축 등 나라의 제반분야가 골고루 새 판짜기를 깨끗하게 마무리 지은 때였다. 그 시절에는 무엇보다도 온 백성이 새로운 마음과 신선한 기풍으로 새 나라를 일구어 나아가겠다는 열정과 패기가 나라 땅 방방곡곡에 충만하였을 것이다. 문자 그대로 '새로 태어난다'는 뜻의 르네상스 분위기를 만끽하던 시대였다. 그리고 그 후반기에 단종폐위를 둘러싸고 정치적 분쟁이 잠시 있었으나 세조와 성종이 이룩한 사회제도 정비는 비로소 조선왕조가 탄력을 지니고 발전할 수 있게 하였었다.

다시 말하여 15세기는 한국사의 첫 번째 르네상스 시대였다. 이처럼 싱그러운 성장기를 마음껏 누린 행운의 조선 선비에 어떤 분이 있을까? 집현전에서 활동한 대부분의 문신·학자가 여기에 포함될 것이지만 정치적 소용돌이에 휘말리지 않고 조용히 학술적 업무와 정책입안에 헌신한 분을 찾는다면 우리는 눌재(訥齋) 양성지(梁誠之, 1415 태종 15~1482 성종 13)와 만나게 된다.

그는 남원사람으로 증우찬성 구주(九疇)의 아들이다. 부친의 이름이 계시한 듯, 그의 학문은 홍범구주를 줄기로 하고 경세치용을 잎사귀로 삼는 주자경학(朱子經學)이었다. 비록 스승 없이 공부하고 제자를 두지 않아 이름 있는 학풍을 이루지는 못했으나 눌재는 시문, 경사, 지리, 형정, 법병, 의농 등 그 어느 분야이건 능통하지 않은 곳이 없었으니, 한마디로 그의 학문은 넓이와 깊이의 신묘한 어울림이었다.

때에 맞추어 지어 올린 무수한 주소의책(奏疏誼策)이며 논변청사(論辨

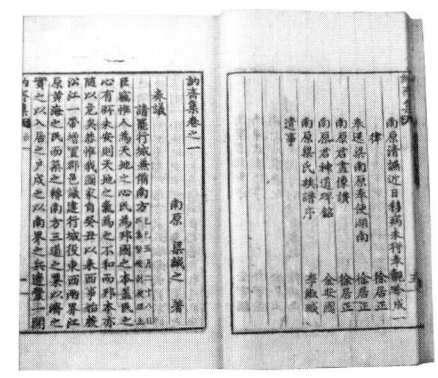

눌재집(訥齋集)

請事)는 눌재의 사람됨이 얼마나 성실근면하며 국록을 먹는 관원의 자세가 어떻게 충직해야 하는가를 보여준다. 그의 재세기간에 소용돌이치는 정변이 없지 않았건만 그의 관로는 순풍의 돛배같은 모습이었다.

『용비어천가(龍飛御天歌)』의 정음번역 곧 한글 가사의 창작도 그의 손을 거친 것이요,『팔도지리지(八道地理志)』,『고려사지리지(高麗史地理志)』,『경성도(京城圖)』등, 당대의 지리서가 모두 그의 손에서 나왔다. 물론 이 모든 학술적 업적은 생원 진사 양시에 합격한 27세 이래 경창부승, 성균주부를 거쳐 집현전에 들어가 부수찬, 교리를 거치는 16년 동안에 온축되고, 집현전 직제학, 홍문관 제학, 지중추부사, 지춘추관사 등을 겸직하면서 결실을 맺었다.

여기서는 눌재의 허다한 주의(奏議) 가운데에서 단종원년(1453)에 임금께 올린「논군도(論君道)」를 읽어 보기로 한다.

임금의 길을 논합니다.

계유년(1453년) 정월 초이레, 직집현전(直集賢殿)이 올립니다.

신(臣)이 가만히 생각하고 아룁니다. 전하께서는 어리신 나이에 힘들고 큰 일을 이어받으셨으니 조종의 부탁하심이 중하지 않을 수 없고, 백성들의 의지하고 바라는 것이 깊지 않을 수 없사옵니다. 더구나 천명은 참으로 믿기 어렵사오며 인심도 무상하기 이를 데 없사옵니다. 그러므로 한 가지 생각이라도 공경스러움이 없다면 만 가지 일이 어그러지고, 한 가지 일이라도 조심스럽지 아니하면 끝없는 근심거리를 낳을 것입니다.『경서(書經)』에 이른바 "한없는 아름다움"이니 "한없는 근심거리"니 하는 것이 바로 이것을 가리키는 것입니다. 신이 듣자옵기로 임금님의 마음가짐에 세 가지 중요로운 것이 있다고 하였습니다. 그것은 인(仁)이요, 명(明)이요, 강(剛)이옵니다. 인이라는 것은 백성을 사랑하여 기르는 것을 말하옵고, 명이라는 것은 선과 악을 분별하는 것을 말하오며, 강이라는 것은 소인을 멀리하여 물리치는 것을 말하옵니다. 나라를 다스리는 핵심 사항도 또한 세 가지이옵니다. 그것은 신하에게 맡기는 일, 충간의 말을 잘 따르는 일, 상벌을 주는 일입니다. 신하에게 맡기면 나라 일이 순조롭고 충간을 따르면 좋은 일이 모여들고 상과 벌을 공정히 행하면 착한 것을 권장하고 악한 것을 징계하게 되오니 온 세상이 발전하는 기운으로 넘칠 것이옵니다.

아하, 하늘이 이 백성을 내셨으나 스스로 다스릴 수 없으므로 임금에게 부탁한 것이옵고 임금이 이 백성을 사랑하시나 홀로 다스릴 수 없으므로 신하에게 맡기시는 것이옵니다. 이제 안으로는 의정부에서 모든 관리를 총괄하고 육조는 일반 행정을 담당하는데 당연히 그 책임이 위로는 성스러운 임금님의 덕을 도와 완전케 하고 아래로는 백성들의 삶을 부지런히 돌보는 것이옵니다. 사람을 뽑을 때에는 반드시 훌륭한 인재를 골라야 하옵고, 세금을 매길 때에는 반드시 공정해야 하오며 예절교육은 반드시 밝게 닦이어야 하옵고, 군역의 다스림은 반드시 의기를 진작시켜야 하옵고, 형벌은 반드시 너그러우면서도 공평해야 하옵고, 건축과 수리는 반드시 삼가고 아껴서 무릇 백 가지 직책과 사무가 한결같이 삼가고 한결같이 경계해야 할 것입니다. 또 밖으로는 감사가 각기 한 방면을 맡아 통솔하고, 수령은 군읍을 맡으며 백성의 어려운 애로사항을 감사가 감찰하고 수령이 사욕을 부려 백성을 학대하면 감사가 그것을 바로잡는 것입니다. 또 농사를 권장하여 생활이 넉넉하게 하고 학문을 일으켜 풍속을 바르게 하며 부역은 꼭 필요할 때만 동원하고 벌주고 옥에 가두는 일은 반드시 밝고 바르게 하여 유익한 것은 북돋우고 해로운 것은 없애주어 뭇 백성을 보호하고 감싸주는 것을 (수령·감사의) 직분으로 삼는 것이옵니다.(중략)

전하께서도 또한 마땅히 바른 학문을 닦아 뛰어난 정치의 근원을 맑게 하시고 바른 사람을 가까이 하시어 훈도의 유익한 자료로 삼으시옵소서. 또 대신들에게 맡기시어 언로를 널리 여시옵고 날마다 삼가기를 한결같이 하여 처음부터 끝까지 조심하여 상하가 서로 서로 한마음이 되고 안팎이 협력하여 조종의 태평한 다스림이 무궁히 이어지게 하여 나라를 영구히 보존하옵소서. 그러하옵고 여러 신하 중에 만일 아첨하여 예쁘게 보이려 하거나 튀는 행동으로 용서함을 얻으려 하거나 탐욕스레 거두어 들여 공공의 이익을 저버리고 사욕을 채우려 하는 자가 있으면 나라에 엄정한 형법이 있사오니 반드시 벌하여 용서하지 마옵소서.

조조(晁錯)가 말하기를 "사람의 마음은 누구나 오래 살려고 하지 않는 바가 없으므로 삼왕이 사람을 살려주고 상하게 하지 않았으며, 사람의 마음은 누구나 부자가 되려고 하지 않는 바가 없으므로 삼왕이 너그럽게 베풀어 피곤케 하지 않았으며, 사람의 마음은 누구나 편안하려고 하지 않는 바가 없으므로 삼왕이 그 힘을 아껴 쓰며 힘이 모자라지 않게 하였다"하였습니다. 원컨대 전하께오서도 특별히 이 세 가지를 생각하시오면 나라가 심히 행복할 것이오며 백성들이 심히 행복할 것이옵니다.

'르네상스'는 활력이 넘치는 변화의 시대이기는 하지만 풍요와 평화를 느긋하게 즐기는, 풀어진 시대가 아니다. 르네상스는 인생으로 치면 미래설계로 의욕이 넘치는 신혼시절이다. 따라서 15세기가 우리나라의 '르네상스'라면 그 시대를 관류하는 시대정신은 긴장의 고삐를 늦추지 않고 주변을 살피며 몸가짐을 곧게 하는 것이었을 것이다. 그러한 자세론이 눌재의 윗글 「논군도」에 자구마다 들어 있지 않은가? 그토록 지극한 충정이 조선왕조를 518년이나 이끌어 온 것이라 생각할 수는 없는지….

論君道

　臣竊惟 殿下以幼沖之資　承艱大之業 祖宗之付托 不爲不重 臣民之倚望 不爲不深 而天命難諶 人心無常 一念不敬 則或以致萬事之差 一事不謹 則或以貽無窮之患 書所謂無疆惟休 亦無疆惟恤 正謂此也. 臣聞人君處心之要有三 曰仁 曰明 曰剛 仁者愛養斯民之謂也 明者分別善惡之謂也 剛者斥遠小人之謂也. 治國之要亦有三 曰任人 曰從諫 曰賞罰 任人則國事理 從諫則萬善聚 信賞必罰 則善勸惡懲 而鼓舞一世矣.

　嗚呼, 天生斯民 而不能以自治 故付之於君 君撫斯民 而不能以獨治 故任之以臣 今內而議政府摠百官 六曹掌庶務 當責其上以輔養聖德 下以勤恤民生. 銓選必擇人 賦稅必有常 禮敎必修明 兵政必振擧 刑罰必平恕 營繕必愼節 凡百職事 必謹必戒. 外而監司統方面 守令典郡邑 生民疾苦 監司察之 守令貪虐 監司劾之. 勸農以厚 其生興學 以正其俗 賦役務要 平均決獄 期於明允 興利除害 以存恤庶民爲職.(中略)

　殿下亦當勤正學 以澄出治之源 近正人 以資薰陶之益. 委任大臣 廓開言路 日愼一日謹終于始 相與上下同心 中外協力 以永保祖宗太平之治於無窮. 而群臣如有阿諛取媚 浮沈取容 貪饕掊克 背公營私者 則邦有常刑 必罰無赦.

　晁錯曰 人情莫不欲壽 三王生之而不傷 人情莫不欲富 三王厚之而不困 人情莫不欲逸 三王節其力而不盡 願殿下特留三思 國家幸甚 生民幸甚.

韓國의 名文百選 32

신숙주(申叔舟)의
해동제국기(海東諸國記)

　명분과 의리를 지켜 목숨을 버릴 것인가? 사세와 실질을 좇아 업적을 쌓을 것인가? 이 두 갈래, 갈림길에서 조선조의 선비들은 반드시 하나의 길을 택해야만 하였다. 적장자(嫡長子) 승계원칙의 임금 자리를 둘러싸고 끊임없이 정변이 발생하였기 때문이었다. 그런데 의리를 존중하였다 하여 반드시 죽는 것도 아니었고, 사세를 따랐다 하여 반드시 영달이 보장되는 것도 아니었지만 조선의 선비들은 대체로 명리(名利)를 버리고 치명(致命)의 길을 즐겨 선택하였다.
　이러한 시대에 날카롭게 현실을 꿰뚫어 보며 보신(保身)과 성명(聲名)을 함께 얻은 문신 학자가 있다. 따라서 그는 평생에 여섯 임금을 섬기며 자신의 뛰어난 학식과 문재를 마음껏 발휘할 수 있었다.

보한재(保閑齋) 신숙주(申叔舟, 1417~1475)가 그 주인공이다. 세종 20년(1438) 21세에 생원 진사시에 합격하여 벼슬길에 나아가 젊어서는 집현전에서 일하며 공부했고, 세종 25년, 26세에 일본통신사 변효문(卞孝文)의 서장관(書狀官)으로 일본에 가서 문명을 떨친 이래로 성종 6년(1475) 58세를 일기로 세상을 떠나기까지 영의정을 두 번씩이나 지내며 학문과 외교의 두 분야에서 놀라운 업적을 남겼다.

세종의 명으로 성삼문(成三問)과 함께 요동에 귀양 와 있던 명(明)나라 한림학사 황찬(黃瓚)을 열세 번이나 찾아가 음운(音韻)에 관한 지식을 얻어와 세종대왕의 훈민정음(訓民正音) 창제에 기여한 것은 학문분야의 업적이라면, 여러 차례 명나라와 일본을 드나들며 나라의 권위를 높인 것은 외교분야의 치적이라 하겠는데, 말년에 이르러 일본을 중심으로 구주(九州)·일기(一崎)·유구(琉球) 등 바다 동쪽 여러 나라의 사정을 소상하게 밝혀 쓴 해동제국기(海東諸國記)는 어린 임금 성종의 명을 받아 지어올린 책으로 그의 학문과 외교적 성과가 아울러 꽃핀 작품이다. 여기에 그 서문을 읽어보자.

무릇 이웃나라와 사귀고 사절(使節)을 통하며 풍속이 다른 이웃나라 사람들을 무마하고 접대하는 데에는 반드시 그들의 정세를 안 연후에야 예절을 다할 수 있고, 예절을 다한 연후에야 마음을 다할 수 있는 것입니다. (중략)

가만히 살펴보건대, 동해 중에 자리잡은 나라가 하나만이 아닌데, 그 중 일본이 가장 오래고 또 크옵니다. 그 지역이 흑룡강 북쪽에서 비롯하여 우리나라 제주 남쪽까지 이르고, 유구(琉球)와 더불어 서로 맞대어 그 지세는 매우 긴 편입니다. 처음에는 곳곳에 집단으로 모여 각기 나라를 세웠는데 주평왕(周平王) 48년(B. C. 772)에 시조(始祖) 협야(狹野)가 군사를 일으켜 모조리 쓸어버리고 비로소 주군(州郡)을 설치하고 대신들이 각각 나누어 점거하여 다스리게 하니 중국의 봉건제도와 비슷하여서 크게 간섭하거나 통솔하지 않았습니다. 그들은 습성이 강하고 사나우며 칼을 쓰기에 능하고 배 타기에 익숙한데다가 우리와는 바다 하나를 격하여 서로 바라보는 터이라, 잘 무마하면 예절을 갖추어 수호하겠지만, 잘못하면 문득 노략질을 자행할 것입니다. 고려 말엽에 국정이 문란하여 그들을 제대로 달래지 못하였으므로 드디어 변방에 근심거리가 되어 연해 수천 리의 땅이 폐허가 되었던 것입니다. 이에 우리 태조〔이성계〕께서 분연히 일어서시어 지리산 동정(東亭) 인월(引月) 토동(兎洞)에서 수십 차례 싸운 뒤에는 적이 감히 방자하지 못하였습니다.

개국한 이래로 여러 임금께서 서로 잇달아 정치를 맑게 하고 일을 바로 잡아서 안으로 융성하고 밖으로 외방 족속들이 복종하여 질서가 잡히니, 변방 백성들도 편안하게 되었습니다. 세조께서 중흥하시자 때마침 여러 대에 걸쳐 태평한 시절이 계속된지라 안일(安逸)이 독약보다 더 하다는 것을 염려하여 하늘의 뜻을 받들어 백성들을 부지런케 하며 인재를 뽑아서 모든 정사에 참여케 하여 퇴폐풍조를 떨쳐버리고 건전한 기강을 가다듬어

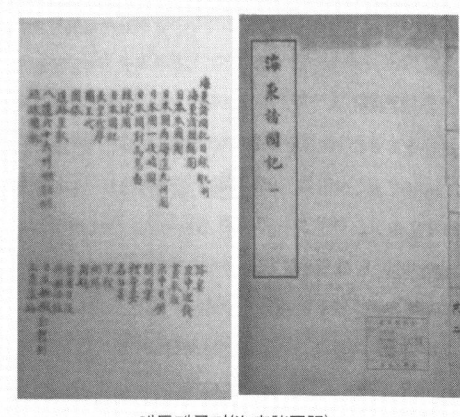

해동제국기(海東諸國記)

밝혔으며 새벽부터 저물녘까지 정신을 가다듬어 다스림을 도모하니 정치의 교화가 이미 흡족하고 명성과 가르침이 멀리 미쳐서 만 리밖 어느 곳에서나 사닥다리와 배를 이용하여 멀다고 찾아오지 않는 자가 없었습니다. 신이 일찍이 듣자오니 "오랑캐를 대우하는 도리는 밖으로 물리치는 데에 있지 않고 안으로 가다듬는 데에 있으며 변방의 방어에 있지 않고 조정을 정비하는 데 있으며 무력에 있지 않고 기강에 있다."하였는데 그 말이 여기에 중험이 될 듯하옵니다.(하략)

기강잡힌 내치(內治)가 의외의 외환(外患)을 이겨내는 길임을 노재상 신숙주는 성력을 다해 주장하고 있다. 이 주장은 늙은 신하가 어린 임금 성종(成宗)에게〔당시 15세였음〕머리를 조아려 아뢰는 충간이 아니었던가! 그런데 일본을 잘 알고 왜구를 잘 다스리자는 이 깨우침은 16세기말 임진왜란을 겪을 때까지 서고안에서 잠을 자고 있었던 듯하다.

海東諸國記序

　夫交隣聘間 撫接殊俗 必知其情 然後可以盡其禮 盡其禮 然後可以盡其心矣(中略)

　竊觀國於東海之中者非一 而日本最久且大 其地始於黑龍江之北 至于我濟州之南 與琉球相接 其勢甚長. 厥初處處保聚 各自爲國 周平王四十八年 其始祖狹野 起兵誅討 始置州郡 大臣各占分治 猶中國之封建 不甚統屬. 習性强悍 精於劒槊 慣於舟楫 與我隔海相望 撫之得其道 則朝聘以禮 失其道 則輒肆剽竊. 前朝之季 國亂政紊 撫之失道 遂爲邊患 沿海數千里之地 廢爲榛莽. 我太祖奮起 如地異東亭 引月兔洞 力戰數十 然後賊不得肆.

　開國以來 列聖相承 政淸事理 內治旣隆 外服卽序 邊氓按堵 世祖中興 値數世之昇平 慮宴安之鴆毒 敬天勤民 甄拔人才 與共庶政 振擧廢墜 修明紀綱 宵衣旰食 勤精圖理 治化旣洽 聲敎遠暢 萬里梯航 無遠不至.

　臣甞聞待夷狄之道 不在乎外攘 而在乎內修. 不在乎遠禦 而在乎朝庭 不在乎兵革 而在乎紀綱 其於是乎驗矣.(下略)

韓國의 名文百選 33

박팽년(朴彭年)의 쌍청당기(雙淸堂記)

　1456년(세조 2년)에 일어난 단종복위사건은 '사육신(死六臣)'이란 낱말을 만들면서 종식되었다. 그리고 비참한 죽음으로 생애를 마감한 사육신은 세월이 흐를수록 후손들의 가슴속에 재생·부활함으로써 선고통 후영광이라는 승리의 화신이 되었다.
　그 당시의 정치현실을 어떤 관점에서 어떻게 해석하건 사육신의 거취는 불행하기는 했으나 자랑스런 것이었다. 그리고 그들이 취한 길이 유교적 국가관과 선비정신의 소산임을 믿으며 우리도 또한 그들의 행보에 존경과 애모의 마음을 갖는다. 그러나 그것뿐인가? 그분들이 죽음을 선택한 행위에는 그분들이 믿는 불사이군(不事二君)의 충정만이 지고지순의 이념으로 작용했는가? 거기에 플러스

알파(+α)가 있지는 않을까? 여기에 초점을 맞추어 생각해 보면 거기에는 선왕 세종과의 뜨거운 인간관계가 바탕에 녹아 있음을 발견하게 된다. 어떠한 이념과 사상도 돈후한 인정이 녹아 있어야 제 빛을 내는 것이기 때문이다.

사육신 가운데 한 분인 박팽년(朴彭年, 1417 태종17~1456 세조2)은 순천인으로 판서 중림(仲林)의 아들이다. 자는 인수(仁叟)요, 호는 취금헌(醉琴軒)이라 하였다. 18세인 세종 16년(1434)에 알성문과에 급제하여 성삼문 등과 더불어 집현전 학사가 되었다. 그때부터 세종의 각별한 총애를 받았다. 22세 때에는 사가독서(賜暇讀書)하였고, 31세 때에는 문과중시에 급제하였다. 38세 되던 해에 세조가 즉위하자 충청도 관찰사로 나갔다가 그 이듬해에 형조참판이 되어 성삼문 등과 단종복위를 도모했으나 실패하여 사형되었다.

취금헌의 일화 한 토막 : 세조의 친국을 받던 때의 일이다. 세조는 취금헌의 재주와 인품이 아까워 어떻게든 회유해 보려 애썼다. 세조가 물었다. "너는 나에게 신하가 되어 섬기다가 이제와서 나으리라 하느냐?" 취금헌이 대답하였다. "내가 언제 나으리의 신하가 되었소." 하였다. 그 후에 그가 충청도 관찰사로 나가 있을 때에 조정에 올린 장계를 살펴보니 "신 아무개"라고 써야 할 자리에 '신(臣)'은 모두 '거(巨)'자로 쓰여져 있었다.

쌍청당기(雙淸堂記)

천지간에 바람과 달이 가장 맑은 것인데 사람마음의 오묘한 맑음도 바람이나 달과 다르지 않다. 형체와 기운에 얽매이고 물욕에 더

박팽년의 묘

럽혀진 사람이라면 그 몸을 온전히 지키기는 어려울 것이다. 연기와 구름이 사방에서 모여들어 천지가 캄캄하게 어두워지다가도 맑은 바람이 불어오고 밝은 달이 휘영청 떠오르면 위아래가 두루 통하고 밝아져서 터럭끝 만큼의 흠집도 없어지니, 그 기상이 진실로 형용하기 쉽지 않다. 오직 사람가운데 그 마음이 온전하여 더렵혀진 바가 없는 사람만이 족히 그것을 받아들여 즐길 수 있는 것이다. 그러므로 황노직(黃魯直: 송나라 시인, 산곡 황정견(山谷 黃庭堅))이 일찍이 이것을 용릉(春陵 : 嚴子陵)에 견주었고, 소강절도 청야지음(淸野之吟)을 읊은 바 있지만 그 맑은 맛을 아는 이가 적음을 한탄하였다. 그러니 오늘날인들 그 즐거움을 아는 이가 얼마나 있을 것인가!

시택(市澤) 송유(宋愉)는 원래 벼슬살이 한 지가 오래된 분이나 공명을 달갑게 여기지 아니하여 시골들판에 돌아가 묻혀 지낸 지 어느새 삼십여 년이 되었다. 그 고을은 충청도 회덕(懷德)이요, 마을이름은 백달(白達)이다. 사는 집 동쪽에 사당을 지어 조상들을 받들고 몇 이랑의 밭을 갈아 제사에 쓰는 물품을 마련하였다. 또 사당의 동쪽에 일곱 칸짜리 별당을 세웠다. 그 한가운데는 온돌을 놓아 겨울철에 사용하고 오른쪽 세 칸은 마루를 꾸며 여름철에 쓰도록 했고, 왼쪽 세 칸은 부엌과 목욕탕과 제사그릇 보관하는 장소로 정하였다. 단청을 입히고 담을 둘러쳤는데 화려하기는 하나 사치스런 모습은 아니었다.

매양 시제를 지낼 때나 제삿날이 되면 공은 반드시 심의(深衣)를 입고 그 당에 들어가 재계(齋戒)하였다. 그 공경함과 정성스러움이 지극하여 무릇 제사에 임하는 모든 절차가 모두 예경의 법도에 맞는 것이었다. 또 명절이 되면 반드시 술을 준비하고 손님을 모셔 놓고 때로는 시도 짓고 노래도 읊조리며 시골선비들의 기쁨을 흡족하게 하였다. 늘그막에는 선학(禪學)을 좋아하여 그 마음을 담박하게 지니고 사물에 휘둘리지 않으니 (이처럼 그는) 성품은 높고 청명하였으며 명예와 이익을 멀리한 분이었다.

중추(中樞) 박연(朴堧)이 그 당을 쌍청(雙淸)이라는 이름으로 편액을 써 주고 시를 지었고 안평대군(安平大君)이 거기에 화답하였다. 나도 그 이야기를 듣고 옷깃을 여미며 한마디를 덧붙인다.

"아, 참 좋구나. 쌍청이라 한 이 이야기여. 백이(伯夷)는 성인 가운데 맑은 분인데 송공도 백이의 맑은 바람이야기를 듣고 그 뜻을 따른 분인가? 대개 바람은 귀로 받아들이고 달빛은 눈으로 받아들이는 것인데, 세상 사람들도 모두 그 바람과 달의 맑음은 알면서도 우리에게 있는 마음이 그것을 부러워하지 않는다는 것은 알지 못한다. 그러하니 어찌 그것을 아는 사람과 알지 못하는 사람을 비교할 수도 없다는 것을 알 수 있겠는가. 이제 공이 조상을 받드는 정성과 손님을 즐겁게 대접하는 흥취를 보니 스스로 즐기는 취미가 어느 경지인지 짐작하겠도다. 그러나 호상(濠上)에서 물고기를 보고 즐기는 즐거움을 장자(莊子)도 몰랐고 혜자(惠子)도 몰랐으니 내 어찌 감히 그 가장자리인들 엿볼 수 있겠는가. 공의 맏아들 주부 계사(繼祀)는 내가 (글 짓는 이들의) 끝자락에 있음을 빌미로 글재주 없음을 개의치 않고 나에게 글을 청하니 그간의 이야기를 듣고 이 글을 쓰노라."

이 글에는 전원생활을 그리워하는 조선조 선비들의 인생관이 보인다. 벼슬살이보다는 봉제사 접빈객에 충실하며 조용히 자연을 벗하며 사는 것으로 만족하였다. 아마도 이 글을 쓴 취금헌도 단종복위라는 정변에 휘말리지만 않았다면 그 자신도 쌍청당의 주인공 송유처럼 또 하나의 쌍청당을 지어 놓고 노후를 유유자적했을 것이다.

다행스럽게도 우리는 취금헌의 체취와 유향을 추적할 수 있는 비경을 갖고 있다. 창덕궁 돈화문에서 남향으로 뻗은 돈화문로를 따라가면 종로3가 을지로3가를 지나 퇴계로3가에 이른다. 여기에서 곧바로 남산방면으로 올라가면 남산골 한옥마을이고 열한 시 방향의 왼쪽골목으로 꺾으면 고풍한 멋을 간직한 한옥 요정이 나온다. '한국의 집'이다. 바로 이 집이 취금헌 박팽년의 고택자리이다. 옛날 유택이야 몇 번을 헐리고 다시 지어졌겠지만 600년을 바라보는 오늘날에도 우리는 이 집에서 취금헌의 쌍청 취미를 지금도 느낄 수 있다.

雙淸堂記

　天地間風月最淸 人心之妙亦與之無異焉 拘於形氣 累於物欲 於是焉能全其體者鮮矣. 蓋煙雲四合 天地陰翳而淸風掃之 明月當空 上下洞徹 無纖毫點綴 其氣象固未易形容 惟人之能全其心而無累者 足以當之而自樂之. 故黃魯直 嘗以此擬諸舂陵 而邵康節亦有淸夜之吟 歎知味者之少也 蓋今世亦有知此樂者乎.

　市津宋公愉 本簪履之舊而不喜功名 退居村野 今三十有餘年矣. 其縣曰忠淸之懷德 里曰白達, 構祠堂於居第之東 以奉先世, 置田數頃 以供祭祀之需 乃於祠東 別立堂凡七間 堗其中以宜冬 而右闢之者三 豁其軒以宜夏 而左闢之者三 庖廚溫浴藏祭器各有所 丹碧繚垣 華而不侈.

　每時祀與忌日 公必衣深衣 入其堂以齋 克敬克誠 凡所致享 皆遵禮經. 且值佳節 必置酒邀客 或詩或歌 以洽鄕黨之歡. 晚好禪學 淡漠其心 不以事物攖之 蓋其性高明而外乎聲利者也.

　中樞朴公堧 扁其堂曰雙淸而詩之 安平大君又從而和之. 予聞而斂衽曰"有是乎雙淸之說也 伯夷聖之淸者也 公其聞伯夷之風而興起者乎. 蓋風而耳得之 月而目寓之 人皆知二物之淸 而不知於吾一心 有不羨乎彼者存焉 然則 安知其知之者之不與不知者比也. 今觀公奉先之敬娛賓之興 其自樂之趣可知已. 然濠上觀魚之樂 莊子不知 莊子不知魚之樂 惠子亦不知 予何敢窺其涯涘哉. 公之令胤主簿繼祀 以予在末屬 不鄙辭拙俾記之 聞其說而記之."

韓國의 名文百選 34

성삼문(成三問)의
송최주부귀양시서(送崔注簿歸養詩序)

조선왕조 5백년의 정치사를 바라보면 그것은 왕권과 신권의 시이소 게임(seesaw game)이라는 느낌이 들 때가 있다. 그리고 영명한 군주가 안정된 왕권을 누릴 때에만 태평성대라 할 평화와 번영이 있었다는 것도 흥미롭다. 그러므로 조선조 5백년은 안정된 왕권과 그 왕권을 행사할 수 있는 영명한 군주를 찾아가는 고달픈 여정일 수밖에 없었다.

이 고달픈 여정에서 명분과 의리를 지키며 유충한 임금의 허약한 왕권을 비호하려던 이상형의 충신들이 있었다. 그 대표격의 인물이 단종(端宗)의 복위를 꾀하려다가 실패함으로써 차열(車裂)이라는 극형으로 생애를 마감한 근보(謹甫) 성삼문(成三問, 1418 태종3~1456 세조2), 바로 그분이다. 그는 21세에 과거에 급제하고 다시 30세에 중시(重試)에서 장원급제하면서 세종의 총애를 받는 집현전(集賢殿)의 핵심인사로 활약하였다.

그의 업적은 주로 훈민정음 창제와 깊은 관련이 있는 것이니,『예기대문언독(禮記大文諺讀)』을 편찬한다든가, 음운문제를 해결하기 위하여 요동에 유배 중이던 명(明)나라 한림학사 황찬(黃瓚)을 13차나 방문하였고『홍무정운역훈(洪武正韻譯訓)』에 깊이 참여하는 등, 세종·문종대의 어문관계 사업에 큰 족적을 남겼다.

그러나 12세의 어린 나이로 단종이 즉위하면서 정치판도에는 회오리바람이 일었고, 임금의 숙부 수양대군(세조)은 세력을 키우며 어린 조카 단종(端宗)을 3년에 걸친 쿠데타 공작으로 몰아내기에 이르렀다. 이때에 성삼문은 의연히 어린 임금을 두둔하는 반세조파의 중심에 자리잡는다. 세조(世祖)를 향한 그의 처신은 매사에 당당하고도 떳떳하였다. 어린 단종이 삼촌의 위협에 눌려 양위의 절차를 거치며 임금자리를 물러날 때에 성삼문은 예방승지로 옥새를 인도하는 일을 맡게 되었는데, 차마 옥새를 붙잡고 넘겨주지 못하며 통곡하였다고 한다. 이 통곡은 그 다음 해에 단종복위공작의 실패로 말미암아 사형으로 종결된다.

그 때에 그렇게 비참한 최후로 멸문의 화를 입었건

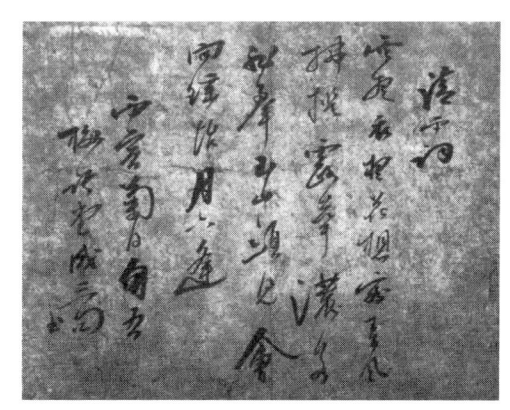

성삼문 필적

만, 역대의 임금은 그의 충절을 외면할 수가 없었다. 왕권의 강화는 성삼문같은 인물이 존재해야만 가능한 것이기 때문이었다. 그리하여 그의 사후 200여 년이 지난 숙종대부터 그를 추모하는 서원과 사당이 세워지더니 급기야 1758년(영조 34)에는 이조판서에 추증되고 충문공(忠文公)이란 시호를 얻게 된다.

이것은 역사의 바른 길인가? 아이러니인가?

고향으로 돌아가는 최주부를 환송하며

내 친구 최지보(崔智甫)는 겸손하고도 성실한 사람이다. 내가 그와 더불어 서로 알고 사귄 것은 계축년(1433) 봄부터였다. 그 무렵 최공의 아버지는 서울 집에 계셨는데 최공은 아침저녁으로 문안드리기를 지극히 정성껏 하면서도 받들어 모시는 일이 항상 만족치 못함을 걱정하였다.

내가 오며가며 눈 여겨 지켜보니 나로서는 결코 최공에 미칠 수 없음을 깨닫고, 그 후로 더욱 깊이 사귀었다. 지금 그 아버지께서 양지(陽智)의 별장에 내려가 계신다하기에 내가 최공에게 말하기를 "어째서 본집에 모셔다 봉양하지 않는 것이오?"하였더니 최공이 슬픈 낯빛으로 대답하기를,

"아버지께서 그곳에 계시는 것이 마음 편하다 하시니 내가 감히 그 뜻을 어길 수가 없다오."

이렇게 말하였다. 그리고 즉시 임금님께 사뢰어 벼슬을 사퇴하고 아내와 자식들을 거느려 남쪽으로 나려가게 되었다.

이에 전예문관 직제학 최선생이 먼저 사운 시(四韻詩)를 지어 그의

귀향을 노래하였다. 내가 (그 뒤를 이어) 머리 숙여 두 번 절하고 삼가 이 글을 쓴다.

가만히 생각해 보니, 우리나라는 여러 성군께서 대를 이어 효도로 나라를 다스려 왔다. 그리하여 벼슬하는 선비 가운데 그 어버이가 멀리 떨어져 있을 경우에, 그 선비가 이미 나이 늙었으면 고향에 돌아가 부모 봉양할 것을 허락하니 어버이된 사람은 봉양을 받고 자식된 사람은 마음을 다하여 효도할 수 있었다.

(이것은) 임금님께서 늙은이를 늙은이로 모실 수 있게 하여 효도를 일으키신 것이니 임금님의 은혜가 지극히 두터울 따름이다. 그러나 돌이켜보면 덕(德)과 의(義)를 높이 받들며 마음 속의 깊은 정성과 공경을 드러내어 기쁘게 고향으로 돌아가 (부모를) 봉양하느냐 아니하느냐 하는 것은 오직 그 자식된 사람에게 달려있을 뿐이다.

내가 살펴보건대 사대부가 관을 높이 쓰고 홀(笏)을 바로 잡고 느린 걸음으로 의젓하게 걸으며 얼굴에는 아무런 근심도 없는 듯이 자신만만하다가 어느 날 아침에 갑자기 망극한 변을 당하면 발을 굴러 애통해하며 비로소 고향에 돌아가 봉양하지 않은 것을 후회하는 이가 옛날이나 이제나 끊이지 않는다.

아, 슬프다. 어버이가 살아 계실 때에 돌아가 봉양할 수 있는데, 누가 금하여 못하였으며, 누가 말려 가지 않다가 이제 비록 후회한들 무슨 소용이 있겠는가! 어느 누구인들 돌아가 봉양하는 것이 좋은 일이요, 돌아가 봉양치 못하는 것이 나쁜 일인 줄을 모르겠는가! 그러나 금하지 않았건만 행하지 않았고, 말리지 않았건만 가지 않은 것은 반드시 그 마음 속에 사모하는 것(곧 벼슬자리)이 있었기 때문이다. (그러므로) 자식으로서 벼슬을 사모하지 않는다면 효도한다 말할 수 있고, 또한 어질다 말할 수 있겠다. 그렇지 않다면 어느 누가 최공이 고향으로 돌아가는 것을 보고 따를 수 없다고 말할 것이며, 그렇지 않다면 최공의 돌아감이 어찌 이렇게 나를 감동시켜 이처럼 공경하는 마음을 일으키게 하겠는가!

충과 효는 애초부터 따로 떨어질 수 없는 쌍둥이이니 충절의 사람, 성삼문이 효행을 기리는 글을 아니 쓸 수 없었을 것이다. 오늘날의 세상은 서울과 시골이 그렇게 먼 곳도 아니요, 고향이니 봉양이니 하는 말도 그 개념이 현대화하여 이 글에서 칭송하여 마지않는 귀양(歸養)의 양속(良俗)이 많이 퇴색하였고 윤기를 잃은 것도 사실이다. 그러나 한 아파트의 위층, 아래층에 나뉘어 살면서도 귀양의 근본정신만은 아직도 우리들 부자와 모녀 사이에 훈풍을 일으키는 육친의 정으로 살아 있다고 아니할 것인가!

送崔注簿歸養詩序

　　吾友崔侯智甫謹愨人也. 與余相知 自癸丑之春. 于時崔侯之尊府在京邸 崔侯晨昏定省惟謹 奉甘旨常若不充也. 余時往來而目擊焉. 以爲崔侯不可及已 自此交益篤. 今尊府歸老于陽智之別墅. 余謂崔侯曰 "何不奉迎于家而致養焉." 崔侯愀然曰 "吾親之在彼也. 其心安焉 吾不敢違也." 卽告于朝而去其位 率妻子南歸.

　　前藝文直提學崔先生 首爲四韻詩 以歌其行 余再拜稽首而敬序曰

　　惟我國家 列聖相承 以孝致治 凡大夫士之親在遠方者 年旣老則聽其歸養焉. 使爲人親者得其養 而爲人子者盡其心 上之所以老老而興孝者 恩至渥也. 顧其爲子者 欽承德義以起吾心之誠敬 而能歸養與否何如耳. 吾見士大夫峨其冠而正其笏 緩步徐趨 觀其色若無憂而自得也. 一朝聞不諱之變 擗踊痛恨 始以不歸養爲悔者 前後相接也.

　　嗚呼 方其親之在堂也 可以歸養矣. 而孰禁之而不爲 孰留之而不去也. 今雖後悔何益焉. 人孰不知夫歸養之爲美 與不歸養之爲不美也. 然而不禁而不爲 不留而不去者 必其中之所慕者在此耳. 使爲人子而無慕乎此 則可謂孝矣 可謂賢矣. 不然 人孰以崔侯之去 而爲不可及哉 不然 崔侯之去 安能使余心而能起敬如是哉.

韓國의 名文百選 35

서거정(徐居正)의 필원잡기(筆苑雜記)

　난세에 영웅 호걸이요, 성대에 현사 문장이란 말이 있거니와 세종대에서 성종대에 이르는 15세기 한 중간을 살다간 조선초 선비들 가운데 사가(四佳) 또는 사가정(四佳亭)이란 아호로 불리던 서거정(徐居正, 1420 세종 2~1488 성종 19)만큼 문재(文才)와 관운(官運)을 아울러 누린 현사 문장도 없을 것이다.
　그는 글 잘하는 집안의 핏줄을 받고, 사람 키울 줄 아는 임금들의 눈에 들어 자신의 역량을 마음껏 펼칠 수 있었던 행운의 문사였다. 양촌(陽村) 권근(權近)을 외조부로 하고 안주목사를 지낸 서미성(徐彌性)을 아버지로 두었으니 글재주는 타고난 것이었는데, 때마침 시절이 좋아 32세 때에는 사가독서(賜暇讀書)의 특은을 입고 그 다음

해에는 문신정시(文臣庭試)에 장원급제하면서 그의 관복과 문운은 대붕(大鵬)이 하늘을 나는 듯하였다. 조선조에서 양관(兩館, 홍문관·예문관)의 대제학을 다 지내고 육조판서에 대사간, 대사헌까지 두루 거친 사람은 서거정이 처음이었다고 한다.

이처럼 벼슬자리를 섭렵할 수 있었던 것은 세월도 좋았거니와 그의 탁월한 문재가 세상에 드러날 기회가 많이 있었던 때문이기도 하였다. 즉 당대 동양세계의 중심이었던 중국과의 교류에서 사가정은 때로는 사은사로, 때로는 원접사로 명나라에 가거나 명나라에서 오는 사신을 맞아 접빈할 때에 붓을 휘두르기를 물 흐르듯이 하여 그의 문명이 나라 안에서보다 중원에서 더 쟁쟁하였다.

당연히 나라 안에서 편찬된『경국대전(經國大典)』,『동국통감(東國通鑑)』,『삼국사절요(三國史節要)』,『신찬동국여지승람(新撰東國輿地勝覽)』같은 책은 모두 그의 손길을 거치게 되었고, 스스로는『동문선(東文選)』,『동인시화(東人詩話)』,『태평한화골계전(太平閑話滑稽傳)』,『필원잡기(筆苑雜記)』같은 책을 엮었는데 그 중에서도 시화(詩話), 한화(閑話), 잡기(雜記) 등은 도학(道學)의 울타리를 과감하게 헤쳐버리고 인생을 폭넓게 관조하며 세태풍정을 있는 그대로 묘파하여 우리나라 설화문학과 수필문학의 만화경을 연출하는 거봉이 되었.

다음 글은『필원잡기(筆苑雜記)』에서 뽑은 것이다.

필원잡기

◎ 오(吳)씨 성을 가진 벼슬아치가 뇌물을 받은 죄를 지어 죽게 되었는데, 심문하는 관청에서 세 번씩이나 임금님께 복계(覆啓)하여

심사를 거쳤으나 사형판결이 확정되어 다음 날로 처형을 받게 되었다. (일이 이 지경에 이르자) 그의 아내 허(許)씨가 은밀한 계획을 마련하였다. 즉 한 사내 종에게 명하여 부인의 옷을 입히고 모자로 머리를 감싸서 (변장을 시켜 가지고) 옥리(獄吏)에게 가서 "죄인 오 아무개의 아내, 허 아무개입니다. 저의 지아비가 내일이면 형장에 나아가 죽게 되었다는 소식을 듣고 왔사오니 원컨대 한 번 만나 영이별을 나누게 하여 주십시오." 이렇게 말하였다. 옥리가 (이 말을 듣고) 불쌍한 생각이 들어 (면회를) 허락하였다. 그러자 (그 종과 죄인은) 한 쪽 으슥한 구석으로 가서 흐느껴 울면서 부부가 영이별하는 장면을 연출하였다. (그러면서) 그 종은 미리 준비해간 칼과 톱으로 손에 잡히는 대로 수갑과 족쇄를 끊어 자기 몸에 두르고 재빨리 여자의 옷을 주인에게 입혔다. (그 주인은) 옥문을 밀치며 나와 아뢰기를 "허씨는 면회를 마치고 떠납니다." 이렇게 인사를 하고 물러 나와 바깥에 별도로 준비해 두었던 준마(駿馬)를 타고 곧바로 도망하였다. 얼마 후에 옥졸이 들어와 보니(옥에 들어있는 사람은) 죄인이 아니라 그 종이었다. 뒤 미쳐 따라가 잡으려 하였으나 잡을 수 없었다. (이 사건의 전말을 들은) 세종대왕은 그 종의 행동을 의롭게 여겨 죄를 사면하였다.

◎ 사간원은 간쟁 업무만을 전담하고, 다른 소송 사건이나 형옥(刑獄)관련 업무는 맡

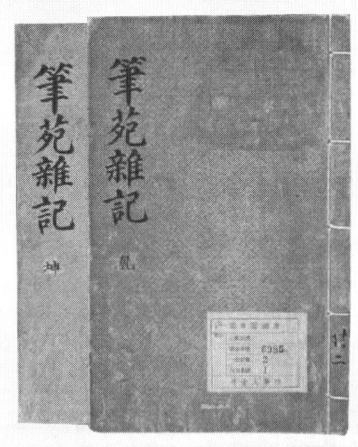

필원잡기(筆苑雜記)

지 않았으므로 매일같이 술 마시는 것을 업으로 하였다. 조석간(趙碩磵)의 시에 "한 잔, 한 잔, 또 한 잔, 대사간은 봄바람 앞에 취해 쓰러졌구나."라고 한 것은 바로 이러한 사간원의 풍경을 묘사한 것이다.

사간원(司諫院)의 옛날 일이다. 입직한 관원이 잠자리에서 일어나기도 전에 사간원의 서리(胥吏)가 창밖에 와서 큰 소리로 "연리(椽吏)가 배알합니다." 이렇게 외치면 그제야 잠자리에서 일어나 관대를 갖추어 자리에 앉는다. 그러면 서리들이 유밀과(油密果) 상을 바쳤는데 상에 차린 음식이 지극히 풍성하고 정결하였다. 거위 알 크기만 한 큰잔으로 서너 잔을 마시고 나서야 그쳤다. 전원이 참석하는 날에도 역시 과일상을 차리고 종일토록 즐겨 마셨고 이러한 일은 매우 자주 있었다.

내가 대사간에 임명되었을 때에는 과일상을 차려 내오는 일은 이미 없앤 뒤인데 연리들이 배알하는 일은 옛날과 같았다. 또 미원계음회(薇垣禊飮會)라는 것이 있어서 선비들이 모두 이것을 부러워하였다.

사헌부(司憲府)는 모든 관원들의 잘 잘못을 감찰하는 일을 하였으므로 그 업무가 몹시 번거롭고 복잡하였다. 또한 모든 사무는 한결같이 엄정하고 조심스럽고 투명하였다. 그런데 사헌부 안의 예절 법도는 매우 특이하여 다른 관청과는 같지 않았는데, 가령 다시(茶時)와 제좌(齊坐)의 예절 법도가 아주 특이하였다. 집의(執義)가 출입할 때에는 사헌부의 서리가 옆에서 부축하고 다녔는데 이것은 고려 때부터 늙은 집의에게 베풀던 옛날 관행을 그대로 이어 받은 것이다. 내가 두 번째 대사헌이 되었을 때, 예절과 법도 가운데 사소한 절차는 모두 생략하였다. 그러나 지금까지 없애지 않은 것은 사헌부 관헌이 퇴근하려고 하면 서리 한 사람이 허리를 굽혀 엎드리어 "신시(申時)요."라고 크게 세 번 외치고, 조금 있다가 "도청봉궤(都廳封櫃) 대장가출(臺長可出)[사무실의 모든 서류함을 봉하였으니 사헌부 관원은 퇴근하셔도 좋습니다.]" 이렇게 또 외치면 그 때부터 대사헌 이하 관원이 차례로 퇴근하는 것이다.

혹 금주령이 내렸을 때에는 사헌부의 관원들은 술을 마시지 못하지만 사간원의 관원들은 전과 다름없이 즐겨 마셨다. 사간원의 관원은 붉은 옷을 입고 행렬을 지어 나아갔고, 사헌부의 관원은 검은 옷을 입고 행렬을 지어 나아갔다. 언젠가 금주령이 내렸을 때에 붉은 옷을 입은 사간원의 관원이 크게 취하여 검은 옷을 입은 사헌부 관원을 놀리며 "우리들은 허구한 날 크게 취하여 낯이 붉으므로 옷도 붉은 옷을 입었고, 자네들 같은 사헌부 관원들은 스산하고 쓸쓸하여 술을 마시지 않으니 낯빛이 검으스레한지라 자네들 옷도 그렇게 검은가보이." 이렇게 말하였다. 듣는 사람들이 모두 웃었다.

이처럼 국초(國初) 군왕의 덕행과 유명인사들의 언행 등 여항(閭巷)에 떠도는 이야기를 꾸밈없이 서술한 책이 『필원잡기』인데 흥미는 있으나 전거가 확실치 않아 사실여부를 논증할 수는 없다. 그러나 거짓으로 꾸민 이야기가 아닌 것만은 분명하니 오늘날의 관점에서 보면 수필문학의 특이계보로 삼을 수도 있고 풍속지의 일종으로 삼을 수도 있겠다. 또한 명문이란 근엄하고 심각한 내용만 다루는 것이 아님을 보여주는 사례로 보아도 좋을 것이다.

[참고] 사가독서(賜暇讀書)란 무엇인가?

조선시대에 재능있는 문신 학자들에게 휴가를 주어 학문에 전념하게 하였던 제도로서 세종 2년(1420)에 집현전(集賢殿) 학사들 가운데 재능이 특출한 이에게 특별과제를 주어 집중연구하게 한 것에서 비롯하였다. 그 후 사육신 사건으로 세조 때에 집현전이 폐지되면서 없어졌다가 성종24년(1493)에 부활되어 홍문관(弘文館)의 학자들 가운데 재주있는 인물을 가려 뽑아 독서하게 하였다. 정조 때 규장각(奎章閣)이 설립되면서 완전 폐지되었다. 독서기간은 대개 1개월에서 3개월이었으나 장기간의 혜택을 받는 경우도 있었고, 이러한 특은을 받은 학자를 사가문신(賜暇文臣)이라 하여 예우하였다.

筆苑雜記

　朝官姓吳者坐贓當死, 讞部三覆啓已判 明日當刑. 妻許氏出祕計 命一奴服婦人服 以帽裹頭 詣獄吏告,"罪人吳某之妻許某 聞良人明當就戮 願一相訣."獄吏哀而許之. 就一隙地 哭泣爲夫婦永訣之狀. 奴預携刀鉅 隨手截去鎖杻 轉加身上 尋以室人服加主人 擠出獄門曰 "許氏告別"辭去. 別置駿馬於外旋卽騎走. 有頃獄卒入視 非罪人乃奴也, 追捕不及. 世宗義其奴免之.

　諫院職諫諍 無他聽訟折獄之事 日以飮酒爲事, 趙碩磵詩曰 "一杯一杯復一杯 大諫醉倒春風前"正謂此也. 院中故事 入直官未起寢 院吏隔窓 呼曰 "椽吏拜謁"已起寢具冠帶而坐 吏輩擧油蜜果案進呈 饌品亦極豐潔 以鵝卵大杯 行數巡而止. 齊坐日亦設果案 歡飮終日 如此等事甚多. 予拜諫大夫 果案等事已廢 椽吏拜謁如舊 又有薇垣禊飮會 儒士皆慕之.

　憲府糾察百官公務繁劇 凡事務皆嚴正愼肅然. 臺中禮度頗有殊異 與他司不同 曰茶時 曰齊坐 禮度各異. 執義出入 臺吏挾腋而行 襲前朝老執義故事也. 予再爲大司憲 禮度小小節次 頗裁抑之, 然至今未罷者 臺長將罷仕 臺吏一人 俯伏大叫曰 '申時'者三 小頃又呼曰 "都廳封櫃臺長可出"然後臺長以次出. 若値禁酒, 臺官不飮 諫官歡飮自若.

　諫官以朱衣爲前驅 臺官以烏衣爲前駈 嘗於禁酒時 朱衣大醉詆烏衣曰 "我則日月沈醉面朱 故衣亦朱 汝則如汝臺官 酸冷不飮酒 面長有黑色 故衣亦烏"聞者皆笑.

韓國의 名文百選 36

강희맹(姜希孟)의 도자설(盜子說)

　사숙재(私淑齋) 강희맹(姜希孟, 1424 세종6~1483 성종14)은 15세기 중반, 세조·성종 치세기간에 활동한 문신이다. 자는 경순(景醇)이요, 진주인으로 지돈령부사 석덕(碩德)의 아들이다. 그의 형 희안(希顔)과 더불어 문재를 드날렸다. 성품이 총명하고 슬기로우며 박람강기(博覽强記)의 독서꾼이었다고 전한다. 24세 때(세종 29년) 별시문과에 급제하여 종부사 주부(종6품)로 벼슬살이를 시작하여 이조좌랑, 집현전직제학, 병조정랑, 이예조참의, 예조참판 등을 거쳐 예조판서에 올랐다.
　일찍이 세조가 여러 신하들의 특징을 지적하여 말하기를 "내게 제일가는 신하 세 사람이 있는데 한계희(韓繼禧)는 미묘함이 제일이고, 노사신(盧思愼)은 활달함이 제일이고, 강희맹(姜希孟)은 강직함과 명석함이 제일이다."라고 말한 적이 있다. 이러한 인물평을 받은 것으로 보아 사숙재는 글재주로도 우아함과 정밀함이 당대의 제일이요, 관로(官路)의 처세와 충군(忠君)의 보신(保身)에도 따를 자가 없었던 듯하다. 그가 30세 되던 해(단종1년) 수양대군은 왕권확립의 첫 단계로 계유정란을 일으켜 김종서(金宗瑞), 황보인(皇甫仁) 등을 자살(刺殺)하고 안평대군(安平大君) 부자를 강화도에 유배시키는 대정변이 있었다. 그러나 사숙재는 이러한 소용돌이에서는 멀리 피해 있었고 수양이 임금의 자리에 나아가자 성심을 다하여 보필하였다.

세조가 병환에 걸리자 사숙재는 입시하여 밤낮을 떠나지 않았다. 임금이 환후쾌차한 뒤에 그 정성에 감복하여 총애하는 마음으로 여러 번 하사품을 보냈는데 서대(犀帶)를 내린 적도 있었다. 그 후 얼마 안 되어 형조판서에 제수되었다.

이러한 행적으로 보아 한쪽에서는 그를 꺼리는 이들도 있었던 듯하다. 성종대에 이르러 임금의 신임이 더욱 더하여 여러 차례 판돈령을 거쳐 좌찬성에 이르렀다.

붓을 잡기가 무섭게 일편의 문장이 이루어졌다 하는데 다음 글을 읽으면 과연 그랬겠다는 느낌을 갖게 한다.

어느 도둑의 아들

백성 중에 도둑질을 생업으로 하는 자가 있었는데 그가 제 아들에게 자기의 도둑질하는 기술을 몽땅 전수하였습니다. 그러자 그 아들이 또한 자기 재주를 믿고 스스로 자기가 아버지보다 훨씬 재주가 낫다고 생각하였습니다. 언제나 도둑질을 나가면 아들 도둑놈은 반드시 먼저 들어가고 나중에 나왔고 가벼운 것은 버리고 무거운 것만 들고 나왔으며 귀의 청력은 먼 데 소리도 들을 수 있고 눈의 시력은 어두운 곳도 잘 살필 수 있었기 때문에 뭇 도둑들이 부러워하는 바가 되었습니다.

어느 날 그 아들놈은 제 아비에게 자랑하며 말했습니다. "제가 아버지의 기술보다 못할 것이 없습니다. 오히려 힘세고 용감하기가 더 낫습니다. 그러니 앞으로는 무엇을 못할까 두려워하겠습니까?"

아비 도둑이 그 말에 대답하였습니다.

"아니다. 슬기라는 것은 배움만으로 성취할 수 있는 게 아니니라. 스스로 터득할 때라야 넉넉하게 되는 법이다. 너는 아직 멀었느니."

아들 도둑이 응수했습니다.

"도둑이 나아가는 길은 재물을 얻는 것을 최우선으로 합니다. 그런데 저는 아버지보다 항상 재물을 갑절이나 얻어냅니다. 게다가 저는 아직 나이도 어리니 아버지의 나이가 된다면 분명 더 큰 재주를 지니게 될 것입니다."

다시 아비도둑이 대답했습니다.

"아니다. 내가 기술을 발휘하면 겹겹으로 닫친 성벽도 들어갈 수 있고 은밀하게 숨겨둔 물건도 찾아낼 수 있다.

강희맹의 묘

그러나 한번 어긋나는 일이 생기면 재앙과 낭패가 따르는 게야. 가령 흔적도 남기지 않고 물건을 훔쳐낸다거나 위급한 처지에서 기지를 발휘하여 거리낌없이 행동하는 것은 스스로 터득해낸 것이 없다면 할 수 없는 게야. 너는 아직 멀었다."

그렇지만 아들도둑은 그 말을 들은 척도 하지 않았습니다.

그러자 아비도둑은 그 다음날 밤에 아들과 함께 어느 부잣집을 털기로 하고 그 집에 당도하였습니다. 그리고 보물을 갈무리한 곳으로 아들을 들어가게 하니 아들도둑은 신나게 보물을 거두고 있었습니다. (그 때에) 아비도둑은 슬그머니 창고문의 자물쇠를 잠그고 소리를 내어 주인이 듣게 하였습니다. 그 집 주인이 도둑을 쫓으려 달려와 보니 자물쇠가 그대로 잠겨 있는 지라 주인은 그냥 안으로 들어갔습니다. 아들도둑은 (꼼짝없이) 창고 속에 갇혀 도무지 빠져나올 방도가 없는지라 손톱으로 벽을 긁어 늙은 쥐가 무엇인가를 갉아먹는 소리를 내었습니다. 그러자 주인은 "쥐새끼가 창고 속에 있어 재물을 헐뜯고 있으니 내쫓지 않을 수 없구나."하고는 등불을 밝혀 자물쇠를 연 다음 자세히 살피려 하였습니다. 그때에 아들도둑이 튀어나와 도망을 치기 시작했습니다. 주인집 사람들이 그 뒤를 쫓아오니 이 아들도둑은 잡힐 수밖에 없겠다는 생각이 들자 연못을 빙빙 돌면서 달아나다가 물속에 돌을 던졌습니다. 뒤쫓던 사람들은 "도둑놈이 물속으로 들어갔다."하면서 (연못을) 에워싸고 막고 뒤지며 잡으려 하였습니다.

그 틈을 타 아들도둑은 도망쳐 돌아와서는 그 아비를 원망하며 말했습니다. "천하에 새 짐승도 제 자식은 감쌀 줄을 안다 하는데 (제가) 무슨 잘못을 하였기에 이처럼 서로 엇나가기를 하십니까?"

아비도둑이 말했습니다.

"(얘야)이제 오늘이후로는 네가 천하를 홀로 휘젓겠구나. 무릇 사람의 재주라는 것은 다른 사람에게 배운다면 그 한계가 있는 법이지만 스스로 마음에 깨달아 얻는다면 그것은 응용이 무궁한 법이니라. 하물며 곤궁하고 답답하기 그지 없는 상황은 능히 사람의 의지를 굳게 하고 또 사람의 심성을 성숙하게 하지 않겠느냐. 내가 너를 곤궁한 처지로 몰아넣은 까닭은 너를 편안하게 하려는 것이요, 내가 너를 위험에 빠뜨린 까닭은 너를 건져내려 한 것이니라. 창고 안에 들어가서 쫓기는 환란을 겪지 않았다면 네가 어떻게 쥐 갉아먹는 소리를 내고 돌을 던지는 기발한 착상을 할 수 있었겠느냐. 네가 곤궁함으로 말미암아 꾀를 낼 수 있었고 위급한 상황에서 놀라운 생각을 하였으니 마음 바탕이 한번 열리면 다시는 어리석음에 빠지지 않을 터인즉 너는 이제 마땅히 천하를 홀로 휘저을 것이니라."

과연 그 후로 천하에 그 아들도둑을 맞상대할 자가 없었다고 합니다.

◎ 굳이 말한다면 도둑질은 못된 재주라 할 것입니다. 그렇기는 하지만 그런 재주도 반드시 스스로 그 재간을 터득한 뒤에야 천하에 상대할 자가 없게 되는 법입니다. 그런데 하물며 도덕과 공명을 쌓는 선비, 군자의 일이겠습니까? 집안 대대로 높은 벼슬을 한 집의 자손들은 인의의 아름다움과 학문의 유익함을 알지 못하고, 제 몸이 높은 지위에 올라 영화를 누리면 망령되이 앞선 시대의 위인 열사에 맞서서 지난날의 업적을 깎아뭉개는 수가 있습니다. 이것이야말로 저 아들도둑이 아비도둑에게 뽐내며 으스대던 때와 같다 할 것입니다.

◎ 만약에 높은 자리를 사양하고 낮은 자리에 있으며, 거드럭대며 잘난 체하기를 삼가고 맑고 담박한 것을 사랑하며, 몸을 굽혀 배움에 뜻을 두고 성리에 깊이 몰두하며 세상 유행에 휩쓸리지 않는다면 아마도 세상 사람들과 나란히 맞설 수 있고 공명도 뒤따를 것입니다. 나라에서 부르면 나아가고 안 부르면 조용히 숨어살며 행동함에 자연스러움만 있다면 이것이야말로 저 아들도둑이 곤궁함으로 말미암아 꾀를 냄으로써 마침내 천하를 홀로 휘젓는 것과 같다 할 것입니다.

여러분도 이와 비슷하지 않겠습니까? 창고에 갇혀 쫓기는 어려움을 두려워하지 마십시오. 생각하고 생각하여 마음속 깊이 깨닫는 바가 있어야 할 것입니다.

가볍게 생각하지 마십시오.

옛날 문장론에 의하면 '설(說)'이란 논(論)의 하위범주로 의(議)·설(說)·전(傳)·주(注)·찬(贊)·평(評)·서(序)·인(引) 가운데 한 부류에 속한다. 그러므로 한편으로는 성인(聖人)의 가르침인 경(經)을 조술하는 자세를 갖추고 다른 한편으로는 세상 사람들에게 자미와 희열을 선사하는 문식을 찾는다. 다시 말해서 열(悅)이요, 설(說)이다. 그 열에 자(資)하는 방편으로 직서를 피하여 우화를 비유로 원용하기도 한다.

윗글 사숙재의 도자설(盜子說)이 바로 그러하다. 자고로 도둑의 일이란 만천하에 기휘하는 일이건만 그 재조를 풍자하여 군자의 나아갈 길을 설파하고 있으니 진정으로 옛글의 묘미가 새삼스럽게 신선하다. 우리는 무엇으로 천하를 독보할 것인가!

民有業盜者 教其子盡其術, 盜子亦負其才 自以爲勝父遠甚. 每行盜 盜子必先入而後出 舍輕而取重 耳能聽遠 目能察暗 爲群盜譽. 誇於父曰 "吾無爽於老子之術 而強壯過之 以此而往 何憂不濟." 盜曰 "未也 智窮於學成 而裕於自得 汝猶未也" 盜子曰 "盜之道 以得財爲功 吾於老子功常倍之 且吾年尙少 得及老子之年 當有別樣手段矣." 盜曰 "未也 行吾術 重城可入 祕藏可探也 然一有蹉跌 禍敗隨之 若夫無形跡之可尋 應變機而不括 則非有所自得者 不能也 汝猶未也." 盜子猶未之念聞.

盜後夜與其子 至一富家. 令子入寶藏中 盜子耽取寶物 盜闔戶下鑰 攪使主聞 主家逐盜返視 鎖鑰猶故也 主還內. 盜子在藏中 無計得出 以爪搔爬 作老鼠嚙囓之聲. 主云 "鼠在藏中損物 不可不去." 張燈解鑰 將視之, 盜子脫走 主家共逐 盜子窘遽不能免 繞池而走 投石於水. 逐者云 "盜入水中矣." 遮躝尋捕.

盜子由是得脫歸 怨其父曰 "禽獸猶知庇子息 何所負 相軋乃爾." 盜曰 "而後乃今 汝當獨步天下矣, 凡人之技 學於人者 其分有限 得於心者 其應無窮 而況困窮怫鬱 能堅人之志而熟人之仁者乎. 吾所以窘汝者 乃所以安汝也. 吾所以陷汝者 乃所以拯汝也. 不有入藏迫逐之患 汝安能出鼠嚙投石之奇乎. 汝因困而成智 臨變而出奇 心源一開 不復更迷 汝當獨步天下矣." 後果爲天下難當賊.

◎ 夫盜賊惡之術也. 猶必自得 然後乃能無敵於天下 而況士君子之於道德功名者乎 簪纓世祿之裔 不知仁義之美 學問之益 身已顯榮 妄謂能抗前烈而軼舊業 此正盜子誇父之時也.

◎ 若能辭尊居卑 謝豪縱 愛淡薄 折節志學 潛心性理 不爲習俗所搖奪 則可以齊於人 可以取功名. 用舍行藏 無適不然 此正盜子因困成智 終能獨步天下者也. 汝亦近乎是也 毋憚在藏迫逐之患 思有以自得於心可也. 毋忽.

韓國의 名文百選 37

김종직(金宗直)의
답남추강서(答南秋江書)

　의리와 충효가 이념이요 생명이던 시절, 정통성을 잃은 왕권이 한번 득세하면, 그 이념적 충효는 가치전도를 일으키고, 충신과 역적이 뒤바뀌며 피비린내 풍기는 보복과 살육이 한바탕 지나가곤 하였다. 어쩌다 한 생애를 평화롭게 영달하고 고종명(考終命)을 마쳤다 하더라도 몇 해가 흐르고 상황이 바뀌면 부관참시(剖棺斬屍)의 비운이 기다리는 수도 있었다. 조선왕조에서 그러한 영화와 비극을 아울러 맞은 첫 번째 선비가 누구이던가? 점필재(佔畢齋) 김종직(金宗直, 1431 세종13~1492 성종 23)이 바로 그분이다.
　점필재(佔畢齋)는 조선왕조의 순정한 양심세력이며 정통사림의 핵심인물이라고 스스로 자처하는 선비였다. 그의 아버지 숙자(叔

滋)는 고려말의 은사 야은(冶隱) 길재(吉再)가 선산에 낙향하였을 때, 야은의 훈도를 받은 제자였는데 그가 아들 점필재 종직을 가르쳤기 때문이었다. 점필재는 조선전기의 도학이 포은(圃隱) 정몽주(鄭夢周)에서 야은 길재에게로, 그것이 다시 선친 숙자를 거쳐 자기자신에게 내려왔다 하여 스스로 영남사림(嶺南士林)의 중심임을 자부하였다. 역성혁명에 동조하지 않았으니 순정한 양심세력이며 초야에 묻혀 누대에 걸쳐 학문에만 전념하였으니 정통 사림의 핵심이라고 자부할 만하였다.

이러한 김종직(金宗直)이 세조 5년, 29세 때에 식년문과(式年文科)에 급제하고 그 이듬해 사가독서(賜暇讀書)의 특은(特恩)을 입으며 벼슬살이에 나아갔다. 학문과 문장이 뛰어나 성종대왕의 특별한 총애를 받았고, 도승지·이조참판·동지경연사·한성부윤·형조판서·지중추부사에 이르는 관작을 누리며 자타가 공인하는 영남학파의 종조(宗祖)노릇을 하였다. 따라서 그의 문하에 김굉필(金宏弼)·김일손(金馹孫)·정여창(鄭如昌)·남효온(南孝溫) 같은 이들을 기르고, 또 그들을 환로에 진출시킬 수 있었다. 물론 벼슬살이하는 동안 기득권 세력인 훈구파 관료들과는 어쩔 수 없는 반목과 대립을 겪어야만 하였으나, 그래도 62세로 천수를 누리며 일단 세상을 곱게 마쳤다.

그러나 그의 사후(死後) 7년째 되던 무오년(戊午年, 1498, 연산군 4)에 그가 소

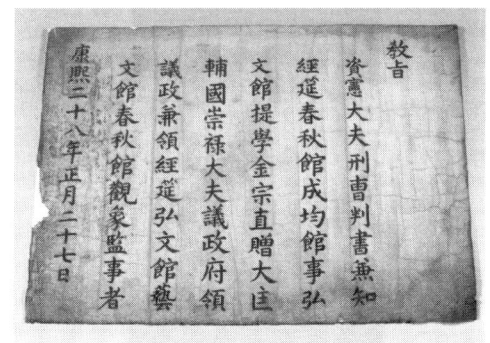

김종직 영의정추증교지

시적에 지은 「조의제문(弔義帝文)」이 세상에 알려지면서 그는 연산군의 학정에 희생되어 부관참시(剖棺斬屍)의 욕을 당하고 문집(文集)은 소각되었으며 그의 문인들도 갖가지 참화를 입었다. 이것을 역사에서 무오사화(戊午士禍)라 이른다. 그리고 다시 세월이 흘러 점필재(佔畢齋)는 영남사림의 으뜸 스승으로 추앙받으며 밀양·선산·함양 등 각지의 서원(書院)에 제향(祭享)되고 문충(文忠)이란 시호로 추모되고 있다.

다음은 이러한 비운의 주인공 점필재가 그의 제자 추강(秋江) 남효온(南孝溫)에게 보낸 안부서찰이다. 사제간의 간절한 애정이 500여 년을 뛰어넘은 오늘날에도 자구(字句)마다 점점이 묻어 나온다.

南 秋江에게 回答한 글

추강 족하여. 내가 호남에서 [전라도 관찰사를 지내고] 서울로 돌아온 지 어느덧 반년이 되었는데 우리 추강의 문안 소식이 한번도 오지 않으니 이상하게 생각하였소. 내 스스로 짐작하기를 추강이 지난 해에 호남과 영남지역을 두루 유람하며 진한과 변한의 유적을 남김없이 답사하였으니 이제는 그 사람이 틀림없이 철령 이북이거나 혹은 패강 서쪽에 있으리라. 그리하여 두만강을 거슬러 오르며 물길 읍루의 옛터를 바라보고, 마자수[압록강]에 배를 대놓고 국내성과 환도성 지역을 탐방하면서 이리저리 돌아다니며 머무느라 돌아오지 못하는 것 아니겠는가? 어쩌면 이토록 그림자도 없이 소식이 끊기다니 이것은 너무 심하지 않은가?(이렇게 생각하였소.)

오늘 새벽에 문득 문을 두드리는 소리가 나더니 정갈한 편지 한

통을 받았는데, 그 단정하고 반듯함이 재상 집안에 바치는 것 같았다오. 뜯어보니 그것은 우리 추강의 편지가 아니었겠소? 아하 추강은 어찌 나를 대하는 것이 이처럼 박절하단 말이오. 나의 늙고 쇠약함이 날로 심하여 이제 체면치레 따위는 따지지 않은지 오래 되었는데 어찌 군자로서 허욕을 부리는 행동을 하겠소. 그대가 자술만가(自述挽歌, 자기 죽음을 스스로 조상하는 만장) 네 편을 지어서 편지의 왼쪽에 적어 놓은 것을 두 번 세 번 읽고 나서야 우리 추강이 멀리 유람한 것이 아니라 병을 앓았음을 알게 되었구료.

한탄스러운 것은 가을·겨울에 접어들면서 나도 병을 얻어 열흘에 아흐레는 누워 있으니 그대를 찾아가 이야기를 나누지 못하게 되었다오. 그대의 만사를 그윽이 감상해 보니 도연명(陶淵明)과 진소유(秦少游)의 뒷자리를 충분히 이을 만하구료. 그러나 이것으로 인하여 우리 추강이 더욱 오래 살리란 것을 넉넉히 알게 되었소. 저 두분 연명과 소유의 만가(挽歌)는 모두 임종을 앞두고 지은 것이라 도연명의 것은 활달하고 진소유의 것은 애절함에 그칠 뿐, 다시 은근한 여운을 남기는 감칠맛이 없는데, 우리 추강은 이 세상을 살면서 여섯 번의 큰 액운을 깊이 상심한 듯 드디어는 "서른여섯 해 동안 줄곧 세상 물정의 시샘을 받았노라."하였으니 이것은 그대가 스스로를 칭송함이 지나친 것 아니오? 또 이 세상을 간절히 잊지 못하는 생각이 있으니 이것이 어찌 아침이슬처럼 갑자기 먼저 죽어버릴 사람이겠소? 추강과 같은 사람은 질병이 비록 그 몸을 괴롭힌다고 하여도 그것이 어찌 수명을 좌우할 수 있겠소이까? 다만 그 "운명이 조석에 달렸다."고 한 말은 점치는 사람들의 헛소리에 지나지 않으니 추강이 마땅히 말할 바가 아닌 듯하구료.

내가 일찍이 들은 바로는, 옛날 사람들은 미리 자기가 들어갈 묘

자리를 만들어 두는 일이 많았다 하오. 또 어떤 시골 노인들 가운데에는 스스로 관곽을 만들고 심지어는 염하는 데 쓰일 옷과 이불 등 일체의 물건 중에 갖추지 않은 것은 하나도 없게 준비해 놓고 늘 몸소 그 속에 누워 죽음을 기다리는 것을 본 적도 있소. 이것은 다만 미리 준비해둔다는 뜻만이 아니라 혹여 은근히 그가 오래 살기를 기원하는 방술(方術)을 쓰는 것이라고 조롱하는 이도 있는 것을 보았는데 이제 추강이 짐짓 만가를 지은 것도 이와 같은 것 아니오? 허허, 이 말은 농담이오.

봄철이라 따뜻한 기운이 화창하고 만물이 소생하는 때에 자당(慈堂) 어른을 위해서라도 삼가 몸 조섭(調攝)을 잘 하시기 바라오. 이만 뒷말을 줄이오.

문체의 정중함은 23년 년하의 제자에게 분에 넘치는 예우를 하는 듯하다. 더구나 일신상의 안부가 궁금하였다고 하면서 그 제자가 고구려 옛터의 실지회복을 꿈꾸는 답사여행을 한 것이 아니냐고 추측한 것은 우리 조상들이 틈만 있으면 북녘 잃은 땅에 대한 간절한 뜻이 가슴속에 응어리지어 있음을 드러내는 것 아니던가?

500년이 지난 오늘날에도 우리는 여전히 잠시 소식이 끊긴 친지가 길림, 요녕, 백산을 여행하였다는 전갈을 받는다. 점필재의 상상이 지금껏 계속되고 있는 것이다.

🌸 [참고] 조의제문(弔義帝文)은 어떤 글인가?

조의제문은 점필재가 벼슬길에 나아가기 전인 27세 때(1457 세조3)에 여행도중 객사에서 지은 글인데 그 첫머리는 다음과 같다.

정축년(丁丑年, 1456) 4월 어느 날 내가 밀양(密陽)에서 경산(京山)으로 가다가 답계역(踏溪驛)에 이르러 하룻밤을 묵었는데, 꿈에 한 신인(神人)이 칠장복(七章服)을 입고 늠름하게 나타나 "나는 초(楚)나라 회왕(懷王) 손심(孫心)이요, 초패왕(楚覇王) 항적(項籍, 항우(項羽)의 본명)에게 살해되어 침강(郴江)에 던져졌다오." 이렇게 말하고는 문득 사라져 보이지 않았다. 내가 놀라 깨어나 "회왕(懷王)은 남초(南楚)의 사람이고 나는 동이(東夷)의 사람인지라 지역의 서로 떨어짐이 만여 리가 넘고 시간의 선후로 보아도 또한 천여 년의 차이가 있는데, 꿈속에 나타나 감응하다니 이것은 무슨 조짐이란 말인가? 또 역사책을 상고해 보아도 강에 시신을 던졌다는 기록이 없는데 어찌 항우가 다른 사람을 시켜 몰래 죽인 후, 그 시신을 강물에 던졌다고 하는가?" 이렇게 생각하였다. 이것은 참으로 알 수 없는 일이다. 그리하여 나는 마침내 글을 지어 그를 조상(弔喪)한다.

이렇게 시작된 조의제문은 누가 보아도 항우를 빙자하여 단종의 왕위를 찬탈한 세조를 은근히 비난하는 풍자의 글이었기 때문에, 그 글이 사초에서 발견되어 만천하에 공개되고 나서는 이미 죽은 지 7년이 지난 김종직으로서도 대역부도의 죄명을 벗을 길이 없었다.

答南秋江書

　秋江足下, 僕自湖南還都下 幾及半載 而竊怪吾秋江之問一不至. 意以爲秋江 往歲遍遊湖嶺之外 辰弁二韓之遺蹟 搜討無餘, 今則其人 必在鐵嶺以北 或浿江以西, 溯豆漫而望勿吉挹婁之墟 轢馬訾而訪國內丸都之域, 彷徉底滯而不返爾, 不然 何其絶無影響至此極耶.

　今晨剝啄 忽得淨箚端楷如授公孤之門者. 拆而觀之乃吾秋江之書也. 噫 秋江何待僕之薄耶. 僕衰朽日甚 不修邊幅久矣. 何以當君子虛辱之儀耶. 自述挽歌四章 載其左方 讀之再三 然後始信秋江非遠遊也 乃病也.

　所恨者 秋冬來, 僕亦病 一旬九臥 不得造求而晤語也. 姑翫其詞 足以嗣淵明少游之遺響矣. 然因是, 又足以知吾秋江年齡之不窮也. 彼二人之歌 皆臨絶之作 故陶則曠達 秦則哀楚而止耳, 更無紆餘不盡之味. 吾秋江則似傷其在世六厄而, 竟云三十六年間 長被物情猜. 其自讚也深矣. 且有拳拳不忘斯世之慮焉 是豈溢先朝露之人哉. 如秋江者 二豎雖能困苦其身焉 能操縱其壽夭乎. 但其大數朝夕之說 近於談祿命, 恐非秋江之所宜道也.

　僕嘗聞 古之人 多有豫作壽藏之兆者 又嘗見鄕中老人 自治棺槨 至其衣衾斂襲之物 無一不備 常常自臥其中 以迄沒齒. 此蓋非徒爲緩急之用, 或有哂其暗行祈禳之術者焉. 今秋江之擬挽 無乃類是耶. 斯言戲爾. 三之日 陽氣和煦 品彙昭蘇 所冀爲慈闈 愼自調攝. 不宣.

韓國의 名文百選 38

김시습(金時習)의 고금군자은현론
(古今君子隱顯論)

평생토록 벼슬살이 한번 아니하고 초야에 묻혀 살면서 현달한 정승·판서들에게 욕이나 해대던 초라한 선비. 그 사람이 삶의 행적이 올곧았다 하여 죽은 지 290년이 지나 이조판서에 추증되었으니 그가 곧 매월당(梅月堂) 김시습(金時習, 1435~1493)이다. 그는 3살 때에 이미 시를 지었고 5살에 중용·대학에 능통하여 신동이라 일컬음을 들었다. 그러나 그가 21살 되던 해에 삼각산 중흥사에서 공부하던 중 수양대군이 조카 단종을 몰아내고 임금의 자리에 나아갔다는 소식에 접하자 읽던 책을 불사르고 결연히 머리를 깎고 중이 되었다. 그후로 조선팔도를 두루 유람하며 글을 짓기도 하고, 경주 금오산에 매월당이라 이름붙인 초막을 짓고 들어앉아 우리나라 최초의 소설 금오신화(金鰲新話)를 쓰기도 하였다. 한 때 환속하여 농사를 지은 적도 있으나, 그것도 잠시일 뿐, 세상에 나와 벼슬아치들을 만나면 욕설이나 퍼부으며 미친 척을 하면서 운수(雲水)노릇을 하였다. 그는 항상 "삭발을 하는 것은 세상을 피하자는 것이요, 수염을 남겨둔 것은 대장부임을 나타낸 것!(削髮避當世, 留鬚表丈夫)"이라고 스스로 말하였다 하는데, 이 말처럼 그의 사상도 유교와 불교가 사이좋게 공존하는 모습을 보인다.

그럼에도 불구하고 매월당이 궁극적으로 이 세상에서 추구한 것은 치국평천하(治國平天下)의 경륜을 펴는 선비, 그것이었다. 절간을 노닐며 미친 행세를 하고, 속된 인간을 만나면 조롱하기를 서슴지 않았으나 가슴 깊이 경세제민(經世濟民)의 꿈은 버리지 않았다. 고금제왕국가흥망론(古今帝王國家興亡論), 고금군자은현론(古今君子隱顯論), 고금충신의사총론(古今忠臣義士總論), 위치필법삼대론(爲治必法三代論) 등은 모두 나라 경영의 이상을 논하고 있다. 다음에 고금군자은현론을 읽어보자.

군자는 어떻게 처세하는가

군자는 처신하기가 매우 어렵다. 이롭다하여 조급하게 나갈 수도 없고, 위태하다하여 빨리 물러설 수도 없다. 공자께서 물에 일던 쌀을 건져가지고 가신 것은 구태여 빨리 가려던 것이 아니었고, "더디고 더디다, 나의 걸음이여"라고 말씀하신 것은 구태여 천천히 가고자 하신 것이 아니었다.

성현의 나가고 물러가는 것은 오직 의리가 온당한가 온당하지 아니한가와, 시대가 옳은가 옳지 않은가에 달려 있을 뿐이다. 이윤(伊尹)은 신야에서 농사짓던 한낱 늙은 이로서 논두렁 속에 살면서 요순의 도를 즐겨 스스로 만족하였는데, 제을(帝乙)의 세 번 초빙을 받고, 그 옳은 것을 보고 나아가 보형(保衡)이 되었다.

부열(傅說)은 부암들의 한낱 죄수로서 성을 쌓는 공

김시습(金時習)

사장에서 모서리에 세우는 나무 기둥을 붙잡는 것으로 평생을 즐기려 하였는데, 무정(武丁)의 꿈에 보여 널리 구함으로 때를 타서 나아가 총재(冢宰)가 되었다.

태공(太公)은 위수 가의 고기 잡는 일개 늙은이였다. 바야흐로 낚시를 맑은 위수에 던지고 있을 때는 잔디 위에 앉아 고기 낚는 것으로 장차 몸을 마칠 듯하였는데, 사냥 나온 서백(西伯)을 만나 생각이 합치고 뜻이 같아서 상보(尙父)가 되었으니 이 세 사람의 은퇴(隱退)함은 어찌 몸만 깨끗이 하고 윤리기강을 어지럽히려고 한 것이었으며, 그 현달(顯達)함은 이름을 팔아 이익을 얻으려고 한 것이겠는가! 쓸모있는 때를 기다려 서로 합하려고 하였을 뿐이다.(중략)

그러므로 선비의 가고 나아가고 숨고 벼슬하는 것은 반드시 그 의리가 마땅한가 마땅치 않은가와, 도를 행할 수 있는가 행할 수 없는가에 달려 있을 뿐이고, 반드시 버리고 간다하여 어질고, 나아간다 하여 아첨이 되고, 은퇴한다 하여 고상하고, 벼슬을 한다하여 구차스러운 것은 아니다. 그러므로 마땅히 버리고 가야 하는데 버리고 갔기 때문에 미자(微子)가 상주(商紂)를 버리고 갔으나 상나라를 배반하였다 말하지 않고, 마땅히 나아가야 하는데 나아갔기 때문에 이윤과 부열이 은나라에 나아갔으나 뜻을 빼앗겼다 말하지 않고, 마땅히 숨어야 하는데, 숨었기 때문에 백이(伯夷) 숙제(叔齊)가 서산에 숨었으나 고상하다 말하지 않는다(이하략)

아마도 매월당은 죽는 날까지 세상에 나아갈 수 있는 명분을 찾고자 하였을 것이다. 그러나 매월당은 동시에 죽는 날까지 자신이 세상에 나아갈 기회와 계기는 찾아오지 않으리란 것도 알고 있었을 것이다. 아무리 깊은 산 속에 숨어산다 한들 어찌 세상을 잊을 수 있을 것인가! 이것이 조선시대에 올바른 비판의식을 지닌 선비들의 이율배반의 심정이었다.

古今君子隱顯論

　君子之處身 難矣哉 不可以利躁進 不可以危勇退 按浙而行 非强速也 遲遲吾行 非强緩也 聖賢之進退 惟在義之當否 時之可不可如何耳.
　伊尹莘野一耕叟也 其處畎畝之中 樂堯舜之道 以爲自得焉 及其帝乙之三聘也 見可而進爲保衡
　傅說傅岩之野一胥靡也 處版築操楨幹 樂以平生焉 及其武丁之夢 得而旁求也 乘時而出 而作冢宰
　太公渭濱一釣叟也 方其投竿 清渭坐茅以漁 若將終身焉 及其逢西伯之獵也 計合志同以爲尙父
　是三人者其隱也 豈欲潔身亂倫而已 其顯也 其欲市名沽利而爲之哉 特待其有爲之時 忽然相合故也(中略)
　是故 士之去就隱顯 必先量其義之適與不適 道之可行與不行而已 不必去而賢就而諂 隱而高尙 顯而苟且也 故當去而去 微子去紂 不可言背商 當就而就 伊傅就殷 不可言奪志 當隱而隱 夷齊西山 不可言高(以下略)

韓國의 名文百選 39

성현(成俔)의 용재총화(慵齋叢話)

　세상에 이름을 남기는 일이 어찌 영웅호걸의 길에만 있다할 것인가. 조용히 서재에 들어앉아 세태풍정을 있는 그대로 적어 놓는 일, 그래서 후세 사람들이 잊혀져가는 옛날을 돌이켜 볼 수 있게 한다면 그 또한 역사를 살고 만들며 역사의 증인이 되는 보람의 인생이 아닐 것인가.
　조선조 초기의 선비 가운데 그러한 분이 있으니 그가 곧 용재(慵齋) 성현(成俔, 1439~1504)이다. 문과에 급제하여 벼슬살이를 하면서 직제학, 대사간, 감사, 판서, 대제학 등을 거쳤다는 것은 그에게 별로 중요한 일이 아니다. 정말로 중요한 것은, 그가 지은 악학궤범(樂學軌範)을 말하지 아니하고는 우리나라의 음악사를 논의할 수 없다는 것이고, 그리고 무엇보다도 한필잡저(閑筆雜著)에 속하는 '용재총화'를 언급하지 아니하고는 당대의 인정세태를 눈앞의 그림처럼 살펴볼 수 없다는 사실이다.

일찍이 그가 대제학이던 시절에, 그가 관리 감독한 과거에서 급제한 황필(黃㻽)은 용재총화에 대하여 다음과 같이 적고 있다.

"무릇 우리나라의 문장으로 세대에 따라 높고 낮은 것이며, 풍속의 변천이며, 음악, 글씨, 그림 등의 모든 예술이며, 조정이나 민간에서 기뻐할 만한 것, 즐기며 들을 수 있는 이야기, 슬픈 이야기, 또 웃음거리가 될 만하여 심신을 유쾌하게 할 수 있는 것으로서 국사에 실리지 않은 것이 모두 여기에 기록되었다."

다음에 소개하는 짧은 이야기는 역사적 인물이 백성들의 마음속에서 어떻게 신비스런 전설속의 인물로 승화하는가를 보여주고 있다.

강감찬 이야기

『고려 시중 강감찬이 한양의 판관이 되었을 때에 마침 한양부 경내에 호랑이가 들끓어 관리와 백성들이 많이 물리니 부윤(府尹)이 걱정하였다. 이에 강감찬이 부윤에게 말하기를 "이것은 아주 쉬운 일입니다. 사나흘 말미를 주시면 내가 없애버리겠습니다." 하였다. 그리고는 종이에 글을 써서 첩(帖)을 만들어 아전에게 주면서 "내일 새벽에 북동(北洞)에 가면 늙은 중이 바위 위에 앉아 있을 것이니 네가 불러서 데리고 오너라."라고 일렀다. 아전이 그 말대로 가 보니 과연 늙은 스님 한 분이 남루한 옷에 흰 베 두건을 두른 모습으로 새벽 서리를 무릅쓰고 바위 위에 앉아 있었다. 그 중은 부첩(府帖)을 보더니 순순히 아전을 따라와 판관에게 절하여 뵙고는 머리를 조아릴 뿐이었다.

강감찬이 그 중을 보고 꾸짖으며 말하기를 "너는 비록 금수이지만 또한 영물인데 어찌 사람을 해하는 것이 이와 같으냐. 내 너에게 닷새 말미를 줄 터이니 그 추한 무리를 거느리고 다른 곳으로 옮겨라. 그렇지 않으면 굳센 화살을 쏘아 모두 죽여버리겠다."라고 하였다.

그 중은 머리를 조아려 사죄하는데 부윤이 그것을 보고 크게 웃으며 말하기를 "판관은 참으로 딱하시오. 저 중이 어찌 호랑이란 말이오."하였다. 그러자 강감찬은 중에게 "너는 본래의 형체로 바꾸어라."라고 명하니 그 중은 큰 소리로 포효하고는 한 마리 큰 호랑이로 변하여 난간과 기둥으로 뛰어 오르니 그 소리가 몇 리 밖까지 울려 퍼졌다.

부윤은 혼절하여 땅바닥에 엎드렸다. 강감찬이 다시 이르기를 "그만 멈추어라" 하니 호랑이는 문득 그전모습으로 돌아와 공손히 절하고는 물러갔다.

성현 필적

그 다음날, 부윤이 아전에게 동쪽 교외로 나가 살펴보라고 명하여, 나아가 살펴보니, 과연 늙은 호랑이가 앞서 가고 수십 마리의 작은 호랑이가 그 뒤를 따라 강을 건너갔다. 이때부터 한성부에는 호랑이 근심이 없어졌다.

　강감찬의 처음 이름은 은천(殷川)이요, 복시(覆試)에 장원 급제하여 벼슬이 수상에까지 이르렀다. 그러나 사람됨은 몸집이 작고 귀도 작았다. 한번은 매우 가난한 사람이 용모는 위엄이 있어 보였는데 그 사람에게 관대를 단정하게 하여 앞줄에 세우고 강감찬은 후줄근한 옷을 입혀 그 가난한 이의 아래에 서 있게 하였다. 송나라 사신이 가난한 이를 보고 "용모는 비록 품위가 있어 보이나 귀에 성곽이 없으니 필시 가난한 사람이구료"라고 말하고, 강감찬을 보고는 팔을 벌려 엎드려 절하면서 "염정성(簾貞星, 28수(宿)의 하나로 귀인을 표상(表象)함)이 오랫동안 중국에는 나타나지 않더니 이제보니 동방에 계셨군요."라고 감탄하였다.

　고려 현종 년간 두 해에 걸쳐(1018-1019) 고려는 거란의 침공으로 크게 위태로웠었다. 그 첫해에 강감찬 장군은 거란의 군대를 거느린 소배압(蕭排押)을 홍화진에서 크게 쳐부수었고, 그 다음해 거란군이 제 나라로 회군할 때에는 귀주(龜州)에서 다시 격파하여 큰 승리를 거두었다. 그리하여 강감찬 장군은 추충협모안국공신의 칭호를 받으며 온나라 백성들 사이에서 존경의 대상이 되었다.

　이러한 백성들의 마음은 세월이 흐르면서 귀주대첩으로부터 400년이 흐른 시점, 즉 성현이 용재총화를 쓸 무렵에는 강감찬 장군이 한양의 호랑이 무리까지 마음대로 지휘하는 신령님으로 바뀌고 있다. 그 천진스런 이야기속에 백성들의 진솔한 마음이 보인다.

高麗侍中 姜邯贊爲漢陽判官 時府境多虎 吏民多爲所噬府尹患之. 邯贊謂尹曰"此甚易耳 待三四日 吾可除之."書紙爲帖屬吏云"明晨 汝往北洞 當有老僧蹲踞石上 汝可招來."吏如言而去 果有一老僧 衣襤褸白布巾 犯霜曉在石上 見府帖 隨吏而至 拜謁判官 叩頭而已. 邯贊刺僧曰"汝雖禽獸 亦是有靈之物 何害人至此 與汝約五日 其率醜類 徙于他境 不然彊弩勁矢盡殺乃已."僧叩頭辭罪. 尹大噱曰"判官誤耶 僧豈虎乎."邯贊曰"汝可化形"僧咆哮一聲 化一大虎 仰攀欄楹 聲振數里 尹魄喪仆地 邯贊曰"可止"虎飜然復其形 頂禮而去.

明日尹命吏往伺東郊 有老虎前行 小虎數十 隨後渡江 而自是 府無虎患.

邯贊初名殷川 登覆試壯元 官至首相 爲人體矮耳小. 有一貧人 容貌豐偉 貧人整冠在前列 邯贊衣破衣居下. 宋使見貧人曰"容貌雖偉耳無城郭 必貧人也"見邯贊膜手拜曰"簾貞星久不觀於中國 今在東方矣."

韓國의 名文百選 40

남효온(南孝溫)의 귀신론(鬼神論)

　수기치인(修己治人)을 지상과제로 삼던 조선조 유학의 선비들은 그들 나름으로 수기(修己)에는 어느 정도 자신감을 가졌으나 치인(治人)에 이르는 길은 그렇게 순탄치 않음을 느끼며 회의하고 좌절하였다. 치인의 길은 크게 두 가지가 있었다. 하나는 치국평천하(治國平天下)의 공도(公道)로 나아가 평화롭고 번영하는 세상을 만들며 입신양명하는 것이요, 또 다른 하나는 득천하영재(得天下英才)하여 훈육에 매진하는 사도(師道)로 나아가 공자(孔孟)을 따르며 정주(程朱)를 뛰어넘는 일세(一世)의 사표(師表)가 되는 것이었다. 그러나 이 두 가지 치인(治人)의 길이 모두 여의치 않을 때, 세상을 등지고 허허로이 유랑의 길을 택하는 신선(神仙)같은 선비도 있게 마련이었다. 사육신(死六臣)이 나오게 된 세조 년간에 죽지 못해 살아간다고 하는 생육신(生六臣) 등이 바로 그러한 분들이었다.

　추강(秋江) 남효온(南孝溫, 1454 단종 2~1492 성종 23)도 그 가운데 한 분이었다. 추강은 영남 사림의 태두(泰斗)인 김종직(金宗直)의 문인으로 일찍이 단종의 모후인 현덕왕후(顯德王后)의 능(陵)이 세조 때에 천장격하(遷葬格下)된 것을 애석하게 여기고 그 소능(昭陵)의 복위를 상소하였으나 뜻이 상달되지 않자 세상에 흥미를 잃고 방랑으로 말년을 보내다가 39세라는 한창 나이에 세상을 하직한 분이다. 그러나 추강의 비운은 죽음으로 끝난 것이 아니었다. 그의 사후 12년째인 연산군 10년 갑자사화(甲子士禍)가 일어나자, 그는 김종직의 문인이었다는 이유로, 부관참시(剖棺斬屍)의 치욕을 당하였다. 존유숭문(尊儒崇文)의 나라에서 절의를 사랑했던 선비가 죽은 지 12년이 지났건만 무덤조차 편안치 못했던 연산조 때의 일이었다.

　추강(秋江)은 『추강집(秋江集)』 5권 5책과 『추강냉화(秋江冷話)』, 『사우명행록(師友名行錄)』 등을 저서로 남겼는데 그 중에 귀신론(鬼神論)이 가장 특이한 글로 돋보인다. 다음은 그 첫머리 부분이다.

귀신을 논함

　어떤 사람이 나(효온)에게 물었다. "귀신이 천지 사이에 있어 아득하고 황홀하여 있는 듯하면서 없고, 실(實)한 듯하면서 허(虛)하고, 앞에 있는 듯하면 문득 뒤에 있으며, 여기라고 가리키면 저기에 있으니 그대는 시험삼아 나를 위해 그 귀신을 해명할 수 있겠는가?" 내가 이렇게 대답하였다. "귀신의 이치가 참으로 깊다.(중략) 오는 것을 알려고 하면 지나간 것을 알아야 하고 사는 것을 알려고 하면 죽는 것을 알아야 한다. 마음 깊은 곳에서 고요히 생각하여 구하고, 세상 사물에 근거하여 깊이 탐구한다면 그 이치를 근거 있게 해명할 수 있을 것이다.

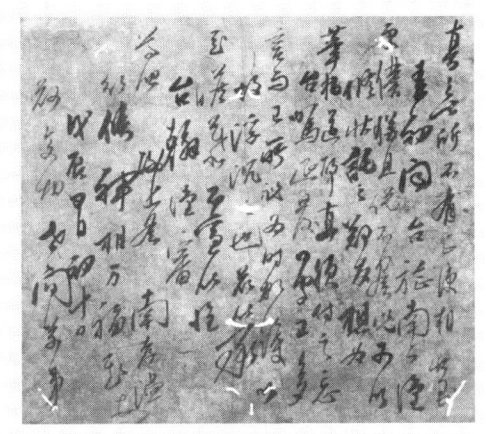
남효온 필적

　내가 일찍이 들은 바로는 '귀(鬼)란 돌아가는[歸]이요, 신(神)이란 나타나 펴는 것[伸]이다.' 하였으니 그렇다면 천지사이에 나와서 펴는 것은 모두 신(神)이요, 흩어져 돌아가는 것은 모두 귀(鬼)라 하겠나. 크게는 양의(兩儀), 칠요(七曜), 이십팔수(二十八宿), 십이진(十二辰)으로부터 사람과 짐승, 풀과 나무, 비와 바람, 서리와 이슬, 우레와 번개, 뇌성벽력에 이르기까지 그 어떤 것이나 귀신(鬼神)의 체(體) 아닌 것이 없으니, 기울지도 않고 바뀌지도 않아 중(中)이라 이르는 것이 귀신의 체(體)이다. 한 번 음(陰)이 되고 한 번 양(陽)이 되어 바뀌는 것은 귀신의 용(用)이요, 그 본질[體]을 말하면 이(理)일 뿐이다.

　이(理)는 마음도 아니요, 물건도 아니니, 시경(詩經)에 이른 바 '소리도 없고 냄새도 없다는 것', 예기(禮記)에 이른 바 '보지도 못하고 듣지도 않는다는 것'. 노자(老子)에 이른바 '보아도 보이지 않으며[夷] 들어도 들리지 않고[希] 잡으려 해도 잡히지 않는다[微]는 것'을 말한다.(중략) 그 변화[用]를 말하면 크게는 일원(一元)의 시종(始終)과 작게는 하루의 아침·저녁과 건곤감리(乾坤坎離)의 방위를 정한 것과 사람과 짐승, 풀과 나무의 죽고 삶에서 아득하고 어둡고 컴컴하며 괴이하여 해명하기 어려운 일에 이르기까지 귀신의 범위에 들지 않는 것이 없으니 비록 머리가 세도록 논쟁하고 사람을 바꾸어 가며 논한다해도 쉽게 결판이 나지 않을 것이다.

대강 큰 것만 예를 들어 말해 보기로 하자. (이 세상에) 밝고 밝은 것이 많이 있거니와 일월성신(日月星辰)이 (하늘에) 걸려 있고 춘하추동(春夏秋冬)이 질서 있게 변화되는 것은 이른바 천신(天神)이요, 흙이 모이고 모여 많아져서 오악(五嶽)과 사독(四瀆)이 생기고 하늘을 날고 물에 잠기는 동물과 식물을 기르는 것은 이른바 지신(地神)이요, 하늘과 땅이 조화롭게 어울리는 은혜를 얻어 어김없이 해와 달과 더불어 기울기도 하며 가득 차기도 하고, 네 계절과 더불어 길하기도 하고 흉하기도 한 일을 함께 하는 것은 이른바 인신(人神)이요, 의젓하게 자리잡아 움직이지 않으며 초목을 자라게 하고 만 가지 물건을 갖추어 지녀서 인간 세상에 재화를 주는 것을 일컬어 산신(山神)이라 하고, 끊임없이 흐르고 움직이며 가득히 차서 새우와 게를 자라게 하고 어룡(魚龍)의 알을 낳아 감싸고 품고 지키어 온 세상에 흐르며 사는 것을 일컬어 수신(水神)이라 하고, 오행(五行)이 서로 이어 받아 서로 경쟁함으로써 오곡(五穀)을 풍성하게 자라게 하여 백성들의 목숨을 이어가게 하는 것을 일컬어 곡신(穀神)이라 하며, 번성하여 잘 자라게 하는 것을 초목(草木)의 신이라 하고, 주인과 한 집안을 이루는 것을 오사(五祀)의 신이라 하니 그것들이 드러나는 것을 기(氣)라 하고 그것들이 잠잠하고 고요한 것을 이(理)라 한다. 이것을 통틀어 말하면 곧 귀신(鬼神)이라 하는 것이다.(下略)

사라지는 것은 귀(鬼)요 나타나는 것은 신(神)이라 하면서 귀(歸)와 신(伸)의 동음성(同音性)을 이용한 설명은 자못 말장난을 하는 것 같은 흥미를 유발하거니와 전편에 흐르는 극단의 이성주의는 합리적 사고 이외에 어떠한 감성도 비집고 들어갈 틈이 없는 듯하다. 그렇다고 하여 치성(致誠)과 경건(敬虔)이 없는가? 그렇지 않다. 여기에서 말하는 '이(理)'는 결국 우주·자연의 존재·원인으로서의 '이(理)'이니 이것이 종교적 사유로 발전하면 곧 만상의 조화옹 '하늘님'이 되는 것 아닌가?

鬼神論

或有問於孝溫曰 "鬼神於兩間 杳茫恍惚 有而若無 實而若虛 瞻前而忽後 指此而在彼 吾子試爲我明之." 余應之曰 "鬼神之理深矣.(中略) 欲知至 不可以不知歸, 欲知生 不可以不知死. 求之方寸之中 而考之事物之上 可以準明斯理矣."

"余嘗聞 鬼者歸也 神者伸也. 然則天地之間 至而伸者皆神也, 散而歸者皆鬼也. 夫自兩儀七曜二十八宿十二辰 以及人禽艸木風雲霜露雷電霹靂 無往而非鬼神之體也. 不偏不易之謂中者 鬼神之體也. 一陰一陽之謂易者 鬼神之用也, 語其體則理而已.

理無心也 理無物也, 詩所謂無聲無臭 記所謂不見不聞 老子所謂夷希微 (中略) 語其用則 大而一元之始終 小而一日之朝暮 乾坤坎離之定位 人禽艸木之死生 以至杳杳冥冥怪怪難明之事 無不在鬼神之內, 雖辨之皓首言之 更僕未易盡也.

姑擧其大者言之, 有昭昭之多而 日月星辰繫焉 春夏秋冬化焉者 所謂天神也. 有撮土之多而 五岳四瀆載焉 飛潛動植育焉者 所謂地神也. 得天地中和之德 昭然 與日月同其虧盈 與四時同其吉凶者 所謂人神也. 鎭置不動而 生艸木藏萬物 興財貨於人間者 曰山神. 流動充滿而 生蝦蟹卵魚龍 使寶藏流行於世者 曰水神. 使五行相生相克 滋養五穀而 維持民命者 曰穀神. 所以敷榮發育 曰草木之神. 所以主人一家 曰五祀之神. 其著者氣也 其微者理也, 總而言之 曰鬼神.(下略)

韓國의 名文百選 41

이언적(李彦迪)의 관서문답(關西問答)

    퇴계와 율곡에 이르러 극치를 이룬 조선조 성리학은 앞선 시대 앞선 분들의 연찬이 쌓이고 쌓인 결과였다. 한 시대를 이끌어간 학문상의 태산준령은 그 산맥을 떠받치고 앞뒤에서 호위하는 고원지대의 연봉들이 즐비하지 않고서는 결코 존재할 수가 없는 것이기 때문이다. 그러면 퇴·율의 선봉장에는 어떤 분들이 있었는가? 이때에 우리는 가장 먼저 회재(晦齋) 이언적(李彦迪, 1491 성종 22~ 1553 명종 8)을 기억하여야 할 것이다.

    회재 이언적은 조선조 성리학(性理學)의 만개성관(滿開盛觀)을 앞장서서 펼쳐 보인 분이다. 1514년(중종9) 24세에 별시문과에 급제한 이래, 벼슬살이보다는 성리학 연구에 더 정성을 쏟은 듯하다. 1539

년(중종 34) 49세 장년에 전주부윤을 지낼 때에는 선정의 덕화가 부민의 마음을 움직여 송덕비를 세우게 하였고, 그 무렵 나라의 재변을 벗어나기 위해 임금께 올린 대책문(對策文)은 조야의 심금을 울려 병조참판으로 승진하는 계기가 되었다. 벼슬은 승승장구하여 이조·예조·형조판서를 거쳐 한성부판윤이 되고, 또 얼마 후에 좌찬성에 이르렀다.

그러나 회재는 벼슬을 살다가 파직이 되어 낙향하였을 때, 그 불운속에서 오히려 그의 학문은 알찬 꽃을 피웠다. 1547년(명종 2) 57세 때에는 그 당시 소윤일당(小尹一黨)이 조작한 양재역(良才驛) 벽서사건(壁書事件)에 연루되어 강계에 유배 되었는데, 그 배소에서『대학장구보유(大學章句補遺)』,『속혹문(續或問)』,『구인록(求人錄)』등을 저술하며 학문의 마지막 불꽃을 살리고, 그곳에서 생애를 마감하였다. 여기에 실린 관서문답(關西問答)은 적소에 따라가 시종하던 아들 전인(全仁)이 아버지와의 학문적 대화를 정리한 글이다. 엄격하게 말하면 전인(全仁)의 소작(所作)이다.

관서(關西)에서 묻고 답함

아버지께서 정미년(丁未年, 1547 명종 2) 가을에 서쪽 변방에 귀양가 계셨다. 그 다음해 유월 열여드렛날에 할머니께서 별세하셨는데 아버지께서 수천 리밖에서 그 소식을 들으시고 귀양 갈 때 지니고 떠나셨던 할머니의 옷을 모셔놓고 신위(神位)를 차리신 다음, 아침저녁과 초하루 보름에 제사[奠]를 드리셨다. 그 정성과 공경이 더할 수 없이 지극하시어 3년상이 넘도록 피눈물을 흘리며 슬퍼하셨다. 그리하여 몸을 여위심이 날로 심하였다. (불초한 아들) 전인(全仁)이 비록 옆에서 모시고 있었으나 자식의 도리를 다하여 위로를 드리고 기쁜 마음을 지니시게 하지 못하니 오직 민망하여 울고 싶을 뿐이다.

하루는 제가 아버지께 논어를 배우면서 음양의 이치에 대하여 여쭈었다.

"그렇다면 남녀가 각기 음양(의 법칙)을 갖추고 있습니까?"

아버지께서 말씀하셨다.

"물은 음(陰)이지만 그 뿌리는 양(陽)이므로 속은 밝고 겉은 어두운 것이요, 불은 양(陽)이지만 그 뿌리는 음(陰)이므로 바깥은 밝으나 안쪽은 어두운 것이니라. 남자는 양이 등에 있고 음이 배에 있어서 물에 빠져 죽은 남자는 배가 밑으로 가고 등이 위로 가는 것이요, 여자는 음이 등에 있고 양이 배에 있어서 (물에 빠져 죽은 여자는) 등이 아래로 가고 배가 위로 하여 뜨는 것이니라." (그때에) 제가 비로소 그 이치를 깨달았다. (중략)

제가 여쭈었다.

"옛사람이 말하기를 오직 성인(聖人)이라야 능히 권도(權度, 위급한 상황에서 목적달성을 위해 임기응변의 편법을 쓰는 일)를 쓸 수 있다고 하였습니다. 그런데 만약 문왕이나 공자님 같은 분이 아니면서 권도를 쓴다면 무언가 잘못됨이 있을 것 같습니다. 그렇다면 오직 성인이 된 뒤에라야만 권도를 쓸 수 있지 않겠습니까?"

(아버지께서) 대답하셨다.

"중대한 일에는 성인 아니면 능히 권도를 쓸 수 없느니라. 허나 만일에 형수가 물에 빠졌을 때 손으로 붙잡아 끌어올리는 것 역시 권도이니라. 그런데 꼭 성인이 된 다음에야 권도를 쓸 수 있다면 형

수가 물에 빠진 것을 보았을 때, '나는 아직 성인의 지위에 이르지 아니하였으니 권도를 쓸 수 없소이다.' 이렇게 말하며 서서 바라보기만 하겠느냐? (또 한편으로) 대개 요즈음 사람들은 잘못된 일을 많이 저지르면서 핑계대어 말하기를 '이것은 권도였소이다.'하는데 이런 것도 심히 잘못된 것이니라. 옛 사람의 말에 이르기를 '능히 올바른 도를 세우지 못한 채 권도쓰기를 좋아한다면 이런 류의 폐단이 생기는 것을 면하지 못할 것이다.' 하였느니라."(중략)

언젠가 제가 여쭈었었다.

"충신(忠信)치 않고도 군자가 될 수 있습니까."

아버지께서 말씀하셨다.

"어찌 군자라고 하면서 충신치 않은 사람이 있겠느냐?"

또 여쭈었다.

"경(敬)과 성(誠) 중에서 어느 것이 더 중요합니까? 제 생각에는 성실(誠實)이란 것은 배우기가 쉬울 듯하오나, 지경(持敬)에 이른다고 하는 것은 그 실천이 쌓이고 모여야 될 듯하오니 공부하는 사람들이 갑자기 도달하기는 어려울 것 같습니다."

(아버지께서) 대답하셨다.

"성(誠)이란 것은 순수하고도 한결같아서 결코 쉬지 않는 것을 일컫는 것이니라. 그러므로 성이란 이름이 붙으면 참으로 큰 것인데 어찌 성(誠)하면서 경(敬)하지 않은 사람이 있겠느냐? 지경(持敬)의 공부가 익숙하게 되어 세월이 흐르면 誠이 되는 것이니라."

또 여쭈었다.

관서문답(關西問答)

"지경(持敬)치 아니하고 군자가 된 사람이 있습니까?"

대답하셨다.

"비록 경(敬)을 지니지 못했다 하여도 타고난 성품이 순수하고 아름다운 사람이라면 자연히 나쁜 일을 저지르지는 않을 것이니라."

제가 여쭈었다.

"그러하오면 그 사람을 군자라고 할 수 있겠사온데, 그렇다면 지경(持敬)에 이르는 공부를 하지 않고서는 결코 성인의 도(道)에 들어갈 수 없다는 말은 어찌되는 것이옵니까?"

아버지께서 말씀하셨다.

"그러하니라. 전날에 김안국(金安國) 공이 나와 함께 종묘(宗廟)에 들어간 일이 있었는데 처음 반열(班列)을 맞추어 들어설 때에는 지극히 공순하고 엄숙하였으나 얼마지나자 문득 좌우를 돌아보며 옆 사람과 무슨 글에 대해 이야기 나누는 것을 보았다. 이것은 경(敬)을 지키지 못한 것이다. 이것을 미루어 보면 김공은 학문은 넓으나 마음을 지키고 성품을 기르는 존심양성(存心養性)의 공부는 부족한 것이 아닌가 싶었느니라."(하략)

이 대화를 읽으면서 우리는 두 가지 공부성과를 한꺼번에 얻는다. 그 하나는 음양(陰陽)·권도(權度)·충신(忠信)·성경(誠敬)과 같은 성리학(性理學)의 핵심논제에 평이하게 접근할 수 있는 것이요, 또 하나는 부자간(父子間)의 정리(情理)가 이처럼 진지하고 돈독할 수 있구나 하는 감동으로 그 대화에 동참할 수 있는 것이다. 옛사람들의 부자관계가 이러하였으니 그분들은 일상으로 군사부일체(君師父一體)란 말을 쉽게 언급하였던 것이다.

關西問答

　大人丁未秋竄居西徼. 翌年六月十八日大夫人下世. 大人聞訃於數千里外 用遺衣服設位 行朝夕朔望奠 極其誠敬 泣血踰期 柴毀日深 全仁雖侍側 猶不得供職慰悅 只切悶泣而已.

　一日仁受論語于大人 因問陰陽之理 "且男女各具陰陽乎?" 大人曰 "水陰根陽 故內明而外暗 火陽根陰 故外明而內暗, 男陽在背而陰在腹 故浮水死者 腹下而背上 女陰在背而陽在腹 故背下而腹上云." 仁始解其理. (中略)

　仁問曰 "古人言 惟聖人能用權 若非文王孔子而用之 則未免有差 然則惟聖人而後能用權乎?" 曰 "大事則非聖人不能也. 若嫂溺援之以手者亦權也. 若必聖人而後 盡用權道 則人見嫂溺而, 曰我未至聖人之位 不可用權而立視乎? 大凡今之人 多行非道而稱之曰 此權道也甚非也. 古人之言乃謂 不能立於道 而好爲用權 則未免有此弊也." (中略)

　仁問曰 "不忠信而爲君子者有諸?" 大人曰 "豈有君子而不忠信者乎?" 又問曰 "敬與誠孰重 意以爲誠實者似乎易學 至於持敬 則積累之 多學者難以驟至也." 曰 "誠者純一不息之謂也. 誠之爲名至大 豈有誠而不敬者乎? 持敬之功已熟 則久而誠矣." 又問曰 "有未持敬而爲君子者乎?" 曰 "雖未持敬 天質粹美者 自然不作惡事者也." 仁曰 "然則 其爲人也可謂君子也. 然而不由持敬 則無奈終不可以入聖人之道歟." 大人曰 "然昔金公安國 與我同入宗廟 其初入班列時 莊敬嚴肅 俄而顧而 與人論文 是不敬也. 由是觀之 此人博學而少存養之功也." (下略)

韓國의 名文百選 42

집현전문신(集賢殿文臣)의
동국병감(東國兵鑑)

　한 때 만주(滿洲)라 일컫던 중국의 동북3성(東北三省)은 그 남반부 대부분이 고구려의 영토였다. 그러므로 고구려의 역사를 이야기하고자 할 때에는 그 삶의 터전이었던 국내성(國內城)·환도성(丸都城) 등을 말하지 않을 수 없고, 또 그곳은 지금 중국의 땅이 된 요녕성(遼寧省)·길림성(吉林省)으로 불리어진다는 것을 생각하지 않을 수 없다.
　산하는 의구하되 인걸은 간 데 없다할 것인가? 역사는 바둑의 판세처럼 산천의 주인들을 전후좌우로 자리바꿈을 시킨다. 그래서 지금은 남의 땅이 된 압록(鴨綠)·두만(豆滿) 이북의 땅을 고구려와 함께 추억의 땅으로 간직하고자 한다. 그러나 이것은 어디까지나 우리 한국인의 관점일 뿐이다. 일찍이 중국사람들은 고구려의 고토(故土)가 원래 한사군(漢四郡)의 땅이었으니 한사군의 고토는 영원히 중국역사의 일부로 검토되어야 한다고 생각한다. 이 생각이 오늘날 동북공정(東北工程)을 낳게 하였다. 물론 한사군은 고조선(古朝鮮)의 옛 터전이었다.

이러한 역사적 맥락에서 보면 동북공정은 한국과 중국이 어울려 살아온 유사이래의 쟁점이었다. 수(隋)·당(唐)의 고구려 침공도 그래서 발발했던 것이다.

당 태종(唐太宗)이 고구려를 공략하기 전에 그의 신하 진대덕(陳大德)을 사신으로 보내어 고구려의 허실을 탐지하고자 하였는데, 과연 진대덕은 고구려의 산천을 샅샅이 살피고 돌아가 태종에게 실상을 보고하였다. 그때에 태종은 이른바 동북공정의 원조라 할 다음과 같은 말을 남겼다.

고구려는 본래 한(漢)나라 사군(四郡)의 땅이다. 내가 군사 수만을 동원하여 요동을 공격하면 그들은 틀림없이 국력을 기울여 구하려 할 것이다. 이때에 별도로 수군으로 하여금 동래(東萊)를 나와 해도(海道)를 통하여 평양(平壤)으로 향하게 한다면 그 나라를 점령하는 것은 그리 어렵지 않을 것이다.

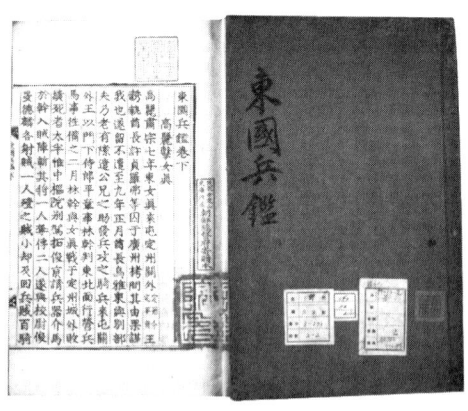
동국병감(東國兵鑑)

이렇게 말한 당태종은 고구려 보장왕(寶藏王) 3년(643 A.D.) 드디어 발병하여 그 다음해에 요동·백암 두 성을 함락시키는 데는 성공하였으나 끝내 안시성(安市城)을 이기지 못하고 장안(長安)으로 회군하였다.

이와 같은 일련의 한중전쟁사(韓中戰爭史)를 돌이켜 보면서 우리는 동북공정에 어떻게 대처해야할 것인가를 깊이 깊이 궁리하게 된다. 그 궁리는 우리에게 『동국병감(東國兵鑑)』을 읽게 한다.

『동국병감』은 조선조 문종(文宗) 때에 의정부(議政府)의 주청으로 문종의 명에 의해 집현전 문신들이 편찬한 병서(兵書)로서 우리나라 최초의 전쟁사서(戰爭史書)라 할 수 있는 책이다. 상·하 2권, 총 37항으로 되어 있는데 고조선의 멸망과 한사군의 설치를 제1항으로 하고, 제37항에 고려 말 여진족 제압의 기사로 마무리되어 있다.

다음은 그 동국병감의 제3항 〈고구려가 한(漢)나라 군사를 물리침〉이다.

고구려가 한나라 군사를 물리침

고구려 대무신왕 11년(28 A.D.)에 한나라 요동태수가 군병을 몰고 쳐들어 왔다. 임금이 여러 신하를 불러 놓고 그 침략에 방어할 계책을 물었다. 우정승 송옥구가 아뢰었다.

"신이 듣자오니 덕을 믿는 자는 번성하고 힘을 믿는 자는 망한다 하였습니다. 요즈음 중국은 황폐하고 혼란스러워 도적떼들이 벌떼처럼 일어나고 있는데 명분도 없는 출병을 하였으니 이것은 군신들의 뜻을 모은 책략이 아니옵고, 필경 변방의 장수가 이익이 있으리라 짐작하고 무단히 우리나라를 침략한 것입니다. 하늘을 거스르고 인륜을 배반한 군대는 결코 성공을 거두지 못합니다. 준엄한 지세를 이용하여 기습공격하면 반드시 그들을 무찌를 것입니다."

좌정승 을두지가 아뢰었다.

"작은 적이 한때 강성하다 하여도 큰 적에게 사로 잡히는 법입니다. 신이 생각해 보았습니다. 대왕의 병사와 한나라 병사를 비교하면 어느 쪽이 많습니까? 그러니 꾀를 써서 공격할 수는 있으나 전력으로 이길 수는 없습니다."

임금이 물었다.

"꾀를 써서 공격한다면 어떻게 하면 되겠는가?"

을두지가 대답하였다.

"지금 한나라 병사들은 먼 곳에서 이기겠다는 투지로 몰려 왔으므로 그 예봉을 꺾기는 어렵습니다. 대왕께서는 성문을 굳게 닫고 방비를 든든히 하시다가 저들 군사들이 지치기를 기다려 나아가 공격하면 좋을 것입니다."

임금이 그렇겠다 생각하고, 위나암성(곧 국내성 또는 불내성이라고도 하는데 환도산과 나란히 붙어 있음)에 들어가서 성문을 굳게 잠그고 수십일을 버티었으나 한나라 병사들도 포위를 풀지 않았다. 임금은 병사들이 힘이 빠지고 지친 것을 보고 을두지에게 말하였다.

"우리의 형세가 능히 지켜낼 수 없을 듯하니 어찌하면 좋겠는가?"

을두지가 대답하였다.

"한나라 사람들은 우리가 사는 이 암석 땅에는 샘물이 없을 것이라 생각하고 오래 포위하여 지치기를 기다리고 있습니다. 마땅히 연못의 물고기를 얻어다가 수초(水草)에 싸고 겸하여 술을 보내어 대접하십시오."

임금이 그 말대로 시행하고 덧붙여 편지를 보내어 말하였다.

"과인이 우매하여 상국에 죄를 지었기로 장군으로 하여금 백만의 병사를 거느리고 풍상을 겪으며 이 누추한 변방까지 오게 하였으니 그 도타운 뜻을 받들 길이 없어 감히 이 하찮은 물건을 보내드립니다."

그러자 한나라 장수는 성안에 물이 풍족하여 쉽게 함락시킬 수 없음을 깨닫고, 답서를 보내어 말하였다.

"황제께서 나를 노둔하다 여기지 않으시고 내게 명하여 군대를 거느리고 가서 죄를 물으라 하셨기로 여기에 이르러 수십 일을 넘겼으나 어찌해야 할 바를 모르고 있었는데 이제 보내온 글월의 뜻을 살피니 말씨가 순하고 또 공손하니 내 어찌 이것을 근거로 하여 황제께 보고하지 않겠소이까."

그리고는 드디어 군대를 물려 퇴각하였다.

자고로 가장 아름다운 승전은 싸우지 않고 이기는 것이라 하였다. 우리나라 전쟁사에서 최초의 승전이라 할 이 위나암성(尉那巖城) 전투는 버티기 작전이었지 전투가 아니었다. 그리고 위무나 지략으로 적이 스스로 물러가게 한 사건일 뿐이다. 그러나 여기에 약소민족의 활로가 보이는 듯하다. 2,000년 전의 사건이지만 이 작전은 오늘날에도 여전히 유효하다 아니할 것인가?

高句麗禦漢兵

  高句麗大武神王十一年 漢遼東太守將兵來伐 王會群臣 問戰守之計. 右輔松屋句曰"臣聞恃德者昌恃力者亡 今中國荒險盜賊鋒起 而出兵無名 此非君臣定策 必是邊將窺利 擅侵吾邦 逆天違人 師必無功 憑險出奇 破之必矣."

  左輔乙豆智曰"小敵之强 大敵之禽也. 臣度大王之兵 孰與漢兵多 可以謀伐 不可力勝." 王曰"謀伐若何."對曰"今漢兵遠鬪 其鋒不可當也. 大王閉城自固 待其師老 出而擊之可也."

  王然之 入尉那巖城(卽 國內城 或云 不耐城 與丸都山相接) 固守數旬 漢兵圍不解 王以力盡兵疲 謂豆智曰"勢不能守 爲之奈何."豆智曰"漢人謂我巖石之地 必無水泉 久圍待困, 宜取池魚 包以水草 兼以酒致犒." 王從之貽書曰"寡人愚昧 獲罪上國 致令將軍帥百萬之衆 暴露弊境, 無以將厚意 敢用薄物 致供左右."

  於是 漢將謂城內有水 不可猝拔 乃報曰"皇帝不以臣駑 下令出師問罪 及境踰旬 未得要領 今聞來旨 言順且恭 敢不藉口以報."遂引退.

韓國의 名文百選 43

김안국(金安國)의
답대마도주서(答對馬島主書)

　좀 더 나은 생활여건을 만들며 이웃나라의 선진문물을 받아들여 위세당당한 나라를 만들겠다는 것은 어느 종족, 어느 민족에게나 공통된 소망일 것이다. 그러나 이러한 소망을 노략질로 해결하려 한 민족이 있다. 멀리 동해 밖에 벗어나 있던 일본은 18세기에 이르러 서구문물을 접하기 전까지는 언제나 후진을 면할 수 없는 처지였다. 모든 문명의 빛은 중국을 중심으로 발산되고 있었고 더구나 척박한 토양은 농업생산도 보잘 것이 없었다. 그리하여 그들은 일찍이 해적행위에 눈뜨게 되었다. 그들 왜인들은 배를 타고 한반도 해안에 출몰하며 양민을 학살하고 재물을 탈취하는 일을 업으로 삼기 시작하였다. 우리 역사에서 그들을 왜구라고 부른다. 이 왜구는 이렇듯 부끄러운 역사적 배경을 갖고 나타난 동양중세, 한일교섭사의 골칫거리였다.

그들 왜구의 침략은 고려조 13세기 말경으로 소급하는데 그 피해는 해를 거듭할수록 심해지고 국방상으로도 커다란 위협이 되었다. 조선왕조가 들어서고 세종 원년에 이르러 대마도 정벌을 단행한 것도 그동안의 적폐를 씻고 왜구의 행패를 끊으려는 강력한 응징이기도 한 것이었다.

그러나 왜구의 침노는 수그러들지 않았다. 경제적 문화적 상승을 열망하는 저들의 의지와 그동안의 습성이 노략질을 멈추게 하지 않았다. 이에 조선 조정은 교린의 차원에서 유화책을 쓰게 되었다. 그것이 삼포(三浦)의 개방이었다.

처음에는 부산포(지금의 동래)를 열어 왜인의 거주를 허락하였고(1426, 세종 8), 10년 뒤에는 제포(지금의 창원)와 염포(지금의 울산)를 개방하여 무역선의 출입을 허락하고 무역과 어로가 끝나면 철수하도록 조치한 제한된 개방이었다. 그러면서도 숨통을 터놓아, 그동안에 연고가 있는 60여호는 그대로 살 수 있게 하였다. 그들을 항거왜인(恒居倭人)이라 불렀다.

그런데 세월이 흐를수록 항거왜인은 점점 늘어났고, 조정의 유화·포용책은 저들의 불법과 만행을 부추기는 결과가 되었다. 조정에서는 부득이 단속과 통제를 가하는 강경책을 쓰면서 저들을 규제하기 시작하였다. 성종 대에 시작된 이러한 조처는 연산군 때를 거쳐 중종 초기까지 일관된 정책이었다.

더구나 반정으로 등극한 중종은 정치사회 개혁의 필요성이 컸기 때문에 왜인을 더욱 엄하게 통제하였다. 바로 그 무렵에 왜구의 소굴이라 할 수 있는 대마도를 책임진 도주에게 어르고 달래며 겁주는 서찰을 계속하여 보내게 된다.

여기에 소개하는 「답대마도주서(答對馬島主書)」는 그 많은 서찰 가운데 하나일 뿐이다. 이 글을 쓴 모재(慕齋) 김안국(金安國, 1478 성종 9~1543 중종 38)은 김굉필(金宏弼)의 문인으로 23세 때 생원 진사시에 합격하고, 25세 때 별시문과에 급제하여 승문원에 등용되면서 환로에 나아갔다. 29세 때 다시 문과중시에 급제하여, 지평·장령·예조참의·대사간·공조판서를 역임하였다.

1519년 42세 때 신진사류에 철추를 가하는 기묘사화(己卯士禍)가 일어났으나 때마침 전라도 관찰사라는 외직에 있었기 때문에 파직되는 것으로 목숨을 구했다가 1537년 50세에 다시 기용되어 예조판서·대사헌·병조판서·대제학·판중추부사 등을 역임하였다. 성리학 뿐만 아니라 천문·역법·병법·주역·농사에도 조예가 깊었고, 물이끼(水苔)와 닥(楮)을 화합한 태지(苔紙) 제작에도 성공하여 그 보급을 권장했으나, 실효는 보지 못했다. 조광조(趙光祖) 등과 함께 지치(至治)를 역설한 전형적인 신진사류였다.

이제 그의 많은 「답대마도주서」 가운데 하나를 읽어보기로 하자. 이 글은 예조참의 시절에 쓴 것이니 오늘날로 보면 중앙부서 국장급이 발송한 것이다.

대마도주(對馬島主)에게 회답하는 글

바닷길이 막히어 멀리 떨어져 있으니 만나볼 기회가 없어 난감하고 간절할 뿐이다. 그동안 귀도(貴島)는 대대로 충성의 의리를 지키어 각별히 섬기고 두 마음을 가지지 않았으므로 나라에서도 이를

김안국(金安國) 필적

가상하게 여기어 접대하는 예절에 모자람이 없었고 서로 교통하여 좋은 관계를 맺은 것이 오래되었으나 변함이 없었다. 우리나라는 먼 지방을 편안케 하는 효과를 거두고 귀도는 하늘을 두려워하는 복을 얻으니 양쪽이 모두 바른길[道]을 얻었다고 할 만하다. 그런데 근년 몇 해 동안 간악하고 좀스런 무리가 점점 흉악한 짓을 거리낌없이 저질러 나라가 알을 품어 기르듯 하는 은혜를 돌아보지 않고 족하의 무기 단속의 엄정함도 두려워하지 않으며 틈을 엿보아 난동을 부리는 일이 빈번하게 있었다.

지난 병인년(1506, 중종 1) 9월에는 왜선 한 척이 전라도 지경을 넘어와, 마침 제주도 사람이 밤에 추자도에 머물고 있는 것을 엄습하여 재물을 약탈하고 나라의 신하 유헌과 김양보 등을 죽이기까지 하였다. 이러한 일은 귀도의 사람이 한 짓이 아니라면 반드시 3포에 사는 자일 것이다. 삼포의 왜인은 우리 땅에 살기를 의탁하여 자손을 키우고 편안히 생업에 종사하며 살아온 것이 어느새 백년이 되었다. 어려움 없이 고기잡이하고 물자를 교환하여 의식을 마련하게 하였으니 이것은 우리나라 조종이 이웃을 편안히 감싸는 사랑의 은혜 아닌 것이 없다. 그런데 꿈틀거리는 무지한 무리가 배은망덕하여 돌연 간사한 마음을 품으니 감싸고 다독거리기를 더욱 부지런히 하였건만 죄악을 쌓는 일이 더더욱 심하였다.

갑자년(1504, 연산군 10) 이후로부터 연이어 변방의 장수들을 욕보이고 또 금하는 지역을 넘어와 백성의 집을 불태우며 흉포함이 거칠 것이 없으니 이처럼 심한 지경에 이르러 나라에서는 어찌 그 처단할 바를 모르겠는가. 다만 임금된 자로서 그 거친 것을 감싸는 도량으로 잠시 더불어 따지지 않고 안면을 바꾸어 스스로 새로운 길을 열게 하였다. 그러나 이렇게만 하면 저 간악하고 사나운 무리가 징계를 받지 않게 되니 더욱 더 간계한 의도를 품고 임금의 법을 어기어 마침내는 용서할 수 없는 지경에 이를 것이니 참으로 불쌍한 일이다. 한편 우리 선대조 때에 삼포를 열어 살게 한 것은 단지 60호만을 약정하였고 출입 통행 주거가 모두 한정된 범위를 넘지 않도록 법으로 정하였었는데, 세월이 오래 지나면서 점차 본래의 규약을 잊고 늘어난 종족들이 머뭇거리며 구차히 눌러 앉아 인구가 크게 팽창하니 간사한 무리가 그 사이에서 싹트는 것은 반드시 형편이 그럴만한 것이었다.(중략)

우리 전하께서는 한 나라를 맡아 쓰다듬어 기르시기 이제 4년이 되었다. 먼 나라와 편안히 지내고 작은 나라는 사랑하여 그 어짊[仁]이 하늘을 덮은 듯한데, 이제 귀도는 윗대부터 충성을 바치기를 지금껏 변치 않으니 깊이 기특하게 여기어 칭찬하는 것이다. 단지 염려스러운 것은 족하가 멀리 거칠고 메마른 땅에 살고 있어서 나라가 새롭게 고쳐 나아가는 가르침의 은혜를 알지 못할까 하는 것이고, 또 완악하고 무지한 무리들이 거듭하여 나라의 법을 어기니 마침내는 스스로를 보전하지 못할까 측은한 마음이 드는 것이다. 그래서 이번에 특별히 예빈시정 윤은보(尹殷輔)를 보내어 귀도에 머물게 하여 나라가 어루만져 편안하게 하려는 간절한 뜻이 있음을 거듭하여 타일러 알리고, 또 지난날이나 금후에 범죄를 짓거나 도적질한 왜인을 찾아내어 잡아서 법대로 처리할 것과 옛날의 약속을 거듭 분명히 하여 3포에는 정한 호수(戶數) 외의 왜인을 쇄환시킬 일 등을 아울러 족하에게 이르는 것이다.

 족하는 나라의 예우가 융숭하고 무겁다는 것을 몸으로 깨달아 그 깊은 은혜에 깊이 보답하며 마땅히 해야 할 일을 행하여 간특한 행실이 영원히 끊어지고 서로 사귐이 더욱 돈독하여져서 복이 자손에게 흘러 대대로 끊이지 않으면 이 어찌 아름답다 하지 않겠는가. 족하는 살피고 생각하라. 하사하는 물건은 별폭에 자세히 갖추었다. 그리고 시절에 순응하며 진중하기 바란다. (할말을) 다하지 못한다.

 이러한 글월을 읽은 왜는 그 뒤에 어떻게 행동하였는가? 정확하게 1년 뒤인 1510년 4월에 이른바 삼포왜란을 일으켜 난동을 피우는 것으로 답례하였다. 이 왜란은 항거왜인과 대마도주의 아들 종성홍(宗盛弘) 등이 벌인 일종의 반란이기는 하지만 피차 수백 명이 희생되고 삼포의 왜인들이 모두 대마도로 도주하여 그 후 국교가 다시 열릴 때까지 삼포는 3년간 폐쇄되었다.

 그러나 또 80년 후에 임진왜란을 일으키니 저들의 근성은 도대체 어디에 있는 것인가? 그리고 임진왜란이 끝난 지 312년 뒤인 1910년 우리는 한일합방(경술국치)의 쓴잔을 마셔야 하였다.

 과연 왜구의 변란은 끝난 것인가?

◉ [참고] 삼포왜란의 전말

 중종 5년(1510)에 삼포에서 일어난 일본거류민들의 폭동. 경오왜변이라고도 함. 세종대에 대마도주의 간청으로 부산포·제포·염포를 개항

하여 왜인들의 무역선의 왕래와 어로를 허가하였다. 각 포구는 왜관을 설치하여 교역과 접대의 장소로 활용하였다. 이 삼포는 왜인의 왕래만 허락하였으나 점차 영주하는 인구가 발생하여 세종 말년에 이미 삼포에 도합 1,800명 이상이 상주하였다. 애초에 60여호만을 허락한 항거왜인이 점차 늘어나므로 조정은 그들의 통제에 고심하게 되었다.

중종이 즉위하자 제정쇄신의 차원에서 항거왜인에 대한 규제도 강화하였다. 특히 밀무역의 통제를 엄하게 하자 왜인들은 자기네가 약속을 어긴 것은 생각지 않고 규정대로 단속하는 것을 불만불평하였다. 드디어 중종 5년 4월 4일 제포의 항거왜추인 오오바시리(大趙馬道)와 야스고(奴古守長) 등이 대마도주의 아들 종성홍(宗盛弘)을 대장으로 삼아 4, 5천명을 이끌고 제포를 공격하여 분탕하고 부산포도 침략한 다음 웅천의 수비군도 공략하였다. 이들은 조선측이 식량과 선박용구를 제대로 공급하지 않으며 왜인을 사역시킬 뿐 아니라 도주가 보내는 서계를 조정에 늦게 올리고 중앙에 보내는 소원을 제대로 전달하지 않는다는 등의 이유를 들어 규제를 풀어 성종 이전의 상태로 돌이켜 달라고 요구하여 왔다. 조정에서는 황형(黃衡)을 경상좌도방어사, 유담년(柳聃年)을 경상우도방어사로 삼아 왜군을 격퇴하고 종성홍을 살해하는데 성공하였다.

이 난으로 조선측은 군민 272명이 피살되고 민가 276호가 소실되는 피해를 입었고 왜측은 5척의 배가 격침되고 295명이 참수되었다. 조정에서는 참수된 수급을 매장하여 그 무덤을 높이 쌓아 뒤에 오는 왜인들이 위구심을 갖게 하였다.

이 난의 결과로 삼포는 완전폐쇄되어 이후 3년간 지속되었다. 이에 일본의 아시카가 바쿠후(足利幕府)에서 수교의 복구를 간청하여 오므로 중종 12년(1512)에 국교가 재개되었으나 그 내용은 세종 때의 절반수준으로 격감하여 세견선 25척, 세사미는 쌀과 콩 각 100석으로 제한하였으며 특송선도 폐지하고 삼포 가운데 제포의 왜관만을 다시 열게 하였다.

答對馬島主書

海途阻隔 瞻覲無由 難堪勤企. 就中貴島 世輸忠款 恪事無二 國家亦用嘉之 接遇之典 無所不至 交通脩好 久而不渝. 我國收綏遠之效 貴島獲畏天之福 可謂兩得其道矣. 頃年以來 奸細之徒 漸肆兇獷 不顧國家卵育之恩 不畏足下檢戢之威 伺間作耗 比比有之.

在丙寅九月 倭舡一艘 犯全羅道界 因濟州人夜泊楸子島 掩襲劫掠 至殺朝臣柳軒金良輔等. 此非貴島人 則必居三浦者也. 三浦之倭 來投我土 長子若孫 安業而居 殆將百年. 其便漁釣 通互市以資衣食者 無非我祖宗綏懷之恩. 而蠢爾無知之輩 忘恩背德 輒懷奸軌 撫之愈勤 稔惡愈甚.

自甲子年後 連辱邊將 又擅越關限 焚蕩民家 肆兇無忌 至此其甚 國家豈不知所以處之 但以王者 包荒之量 姑不與較 以開革面自新之路. 然只此而已 則彼頑悍之徒 無所懲創 愈懷奸圖以干王法 終至於不可赦 則誠爲憫惻. 且在我祖宗朝許處三浦者 只約六十戶 其出入行住 皆有界限法程 年代浸久 漸失本約 繁衍種族 因循苟留 生齒旣衆 奸類之孼芽其間 勢所必至.(中略)

我殿下 臨撫一國 于今四載 綏遠子小 仁如天覆 以貴島 自先世納忠 迄今不衰 深用嘉獎. 但慮足下 邈處荒遠 不能悉國家更新之化 且憫頑悍無知之徒 累違邦憲 恐終不能自保 故玆特遣禮賓寺正尹殷輔 前往貴島 申諭國家綏撫有加之意 且將搜獲 前後犯罪 作賊之倭 置之於法事項 及申明舊約 刷還三浦數外倭戶等事 幷諭足下.

足下其體國家禮遇隆重之意 深思報效 且亟施行 使奸慝永絶 交好益篤 福流子孫 世世無替 豈不美哉. 惟足下審諒 敬賜物件 詳具別幅 餘冀若時珍重 不宣.

韓國의 名文百選 44

권벌(權橃)의 청물허일본청화계
(請勿許日本請和啓)

　자고로 이웃한 나라끼리 사이가 좋을 수는 없다. 서로가 엇갈리는 이해와 경쟁관계 속에서 숙원이 쌓이기 때문이다. 그럼에도 불구하고 이혼하지 못하고 살아가는 부부처럼 때로는 반목하고 때로는 화친을 모색하면서 바람직한 미래를 향하여 상생의 슬기를 모으는 역사를 만들어 간다. 멀리 영국과 아일랜드의 관계가 그러하고 프랑스와 독일의 관계가 그러하다.
　우리도 과거 교린의 역사를 바라보노라면 그 시절에 그럴 수밖에 없었던 사실과 사건들이 현재의 시점에서도 풀어내야 할 심각한 문제로 우리 앞에 다가선다.
　중종 5년(1510)에 이른바 삼포왜란이라는 변란을 치른 뒤에 조ㆍ

왜 간에는 건널 수 없는 깊은 골이 패이고 말았다. 그때에 조선으로서는 관계를 끊는다하여 특별한 손익이 발생하는 것이 아니었으나, 왜측으로서는 문화적 경제적 손실이 엄청난 것이었다. 저들은 새로운 지식의 창구가 조선쪽으로만 열려 있었고 조선과의 통상을 통하여 얻는 양곡과 기명 등이 또한 저들의 생계에 지대한 영향을 끼치고 있었기 때문이었다. 따라서 저들은 경오지변을 겪은 바로 다음해 중종6년(1511) 4월에 승 붕중(弸中)을 사신으로 보내어 화친을 청하였다. 그때 조선의 입장은 단호하였다. 그러자 다급해진 왜는 대마도의 수악인(首惡人) 18명을 참살하고 중종7년(1512) 4월에 다시 승 붕중을 일본국 왕사로 삼아 재삼 청화하기에 이르렀다.

다음 글은 이렇게 대왜문제가 긴박하게 돌아가던 때에 불허청화론(不許請和論)을 들고 나온 주계(奏啓) 일편과 또 그 뒤에 불허무역론을 개진한 일편이다. 이 글을 쓴 권벌(權橃, 1478 성종9~1548 명종3)은 안동인으로 생원 사빈(士彬)의 아들이다. 자는 중허(仲虛), 호는 충재(冲齋). 준수한 의표에 유려한 필력은 타고난 것이었다고 한다. 중종2년 증광문과에 급제하여 검열, 주서, 지평, 정언, 장령, 사인, 사성, 도승지를 거쳐 참판, 한성부판윤, 지중추부사, 지춘

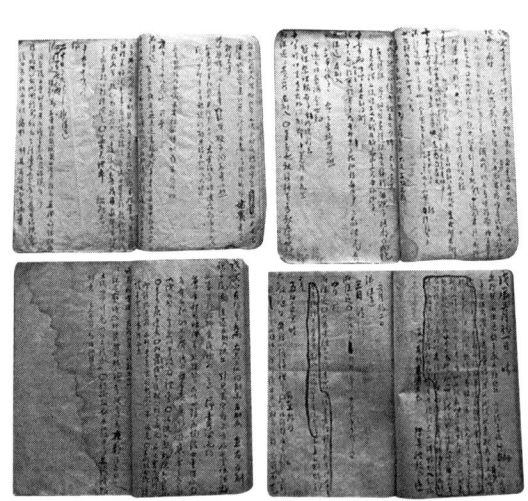

권벌(權橃) 충재일기

추관사, 우찬성, 판의금부사 등을 지냈다. 다음 글을 지은 것은 사간원 정언 때(試讀官)쯤 이었을까?

그는 정암 조광조(趙光祖)와 같은 신진사류에 속해 있었으므로 기묘사화가 일어나자 파직되어 15년 동안 고향에 돌아가 경학에 몰두하였다. 그 후 명종이 즉위하자 원상이 되었으나 양재역벽서사건에 연루되어 구례에 유배되었다가 삭주에 이배되어 그곳에서 생을 마쳤다. 전형적인 신진사류의 행보를 걸어간 16세기의 문신이다.

일본이 화친을 청하는 것을 허락하지 말기를 청하는 글

나라에 큰 일이 있으면 마땅히 대신들에게 의논할 것을 분부하셔야 하는 것인데, 우의정 성희안(成希顔)이 먼저 섬나라 오랑캐와 화친함이 옳다는 말을 하여 그 자리에 있던 모든 사람이 처음에는 혹 아니라고 하였으나 나중에는 대신들에게 이끌리어 모두 휩쓸려 한결같이 한 가지 말을 하게 되었습니다. 옛날에 송나라가 요나라와 강화할 때에 구준(寇準)이 홀로 그 옳지 않음을 주장하였습니다. 그 때에 만약 구준의 말을 따랐다면 100년의 무사함을 보장할 수 있었을 것인데, 그 말을 채택치 않았기 때문에 정강의 변고를 당했던 것입니다.

이번에 붕중(弸中)이 이미 우리나라가 화친하려는 뜻이 있어 자기 나라 우두머리의 말을 받아들일 것을 알고(왔습니다), 그러나 적의 괴수들이 버젓이 활동하며 아직도 벌을 받지 않았는데 잔꾀를 부려 거짓항복하고 있습니다. 이것이 어찌 정성스러운 마음으로 약속을 받아들이는 뜻이라 할 수 있겠습니까. (더구나 저들은) 100년 동안 알을 품어 기르듯한 은혜를 저버리고 지방 백성을 살해하는 일이 있었건만 오히려 그 부끄러움을 씻어내지도 못한 채 이제 갑자기 화친을 허락한다면 도리어 저들에게 교만한 마음이 생길 것입니다. 만약에 또 다시 옛날에 살던 땅에 들어와 살기를 청하여 (허락을 얻으면) 저들의 욕심은 끝이 없어서 마침내는 지탱하기 어려울 것입니다.

이제 비록 통호를 허락하지 않는다 하여도 옳은 것은 우리에게 있고 잘못은 저들에게 있습니다. 저들은 반드시 경오년에 먼저 난동을 피운 자들을 원망할 것입니다. 오늘의 계책으로서는 성읍과 요새를 단단히 지키고 일체의 군사장비를 깨끗이 갖추어 만반의 준비로 저들을 기다림만 같지 않사옵니다. 붕중이 오늘 서울로 들어올 것이오니 청컨대 깊이 생각하시어 결정하시옵소서.

※ 정강지화(靖康之禍) : 1127년 북송이 금나라의 침입에 밀려 수도 변경을 내어주고 휘종과 흠종이 포로로 잡혀간 일. 정강은 흠종의 년호. 이 난으로 남송시대가 되었음.

※ 경오지란(庚午之亂) : 1510년(중종5) 삼포왜란을 가리킴.

일본 사신의 은(銀) 무역을 허락하지 말기를 청하는 글

일본나라 사신이 통신사라는 이름으로 장사할 물건을 많이 가져왔다 하옵니다. 은이 8만량에 이른다 하오니 은이 비록 보물이오나 백성들이 입고 먹을 수는 없사옵고 실로 쓸 곳이 없는 것이옵니다. 우리나라는 바야흐로 면포로 물건값을 치렀습니다. 백성들은 모두 이 면포에 의지하여 삶을 누렸사온데 백성들이 필요한 것을 쓸데없는 [銀같은] 것과 바꾸면 이로움은 저들에게 있고 우리는 피해를 입는 것이오니 더욱 옳지 않사옵니다. 하물며 왜의 사신들이 銀으로 값을 치르는 일은 전에도 없던 것이옵니다.

이번에 만약 그 무역을 허락한다면 그 이익이 큰 것을 좋아하여 다음에 올 때는 가져오는 것이 이번의 갑절이 될 것이 분명하니 만약에 한번 그 단서가 열리면 저들의 끝없는 욕심을 감당하기가 대단히 어려울 것입니다. 처음부터 거리를 두어 물리친다면 저들이 비록 실망하겠지만 그 노여움은 오히려 미미할 것이오나 받아주기 어려운 지경에 이르러 중지하고자 한다면 저들의 노여움은 더욱 크게 되어서 그 피해 또한 클 것이옵니다.

또한 공적으로 [국가비용으로] 무역하는 일도 원칙적으로 옳지 않사온데 백성들에게까지 무역하는 것을 허락한다면 은으로 거래를 금하는 법령에도 어긋나는 것이오니 더더욱이나 불가한 일이옵니다. 청하옵건대 이 무역을 못하게 하시어 뒷날의 폐해를 막으시옵소서.

이러한 계문이 주청되고 오백년 세월이 흐른 오늘, 다시 이러한 계문을 읽는 우리의 감회는 자못 남다르다. 첫째로는 일본이란 나라와 그 민족은 과연 우리에게 어떤 존재인가 하는 것이요, 둘째로는 도학정치의 기치를 내건 성리학의 이상주의가 우리 역사에 전하는 교훈은 무엇인가 하는 것이다.

이 두 가지 물음은 우리에게 우리가 21세기를 사는 동안 그 해결의 책문(策文)을 진지하게 완성하도록 거듭거듭 요구하고 있다.

273

請勿許日本請和啓

　國有大事 當命大臣議之 而右議政成希顔 先倡島夷可和之說 在座諸人 始或非之 而終乃牽制於大臣 靡然傅會 同出一辭.

　昔宋與遼講和 寇準獨以爲不可. 當時若聽寇準之言 則可保百年無事 而旣不用其言 故卒有靖康之禍.

　今狒中已料 我國欲和之意 卽諾函首之言. 然賊魁 盛親 尙不誅, 而挾詐佯服, 是豈輸誠納款之意歟 負百年卵育之恩 屠害一方之氓 尙不能快雪其恥 而今遽許和 反生驕慢之氣. 若復請入舊居之地 則其慾無窮 卒難支矣.

　今雖不許通好 直在我 曲在彼. 故倭人等必怨庚午之首倡煽亂者矣. 爲今之策 莫若深固城地 精備器械 以强待彼耳. 狒中今日 當入京矣. 請宸慮熟計處置焉.

　中宗實錄 16卷, 7年(1512 壬申) 閏5月 14日(丁亥條)

請勿許日本使臣銀貿易啓

　日本國使 以通信爲名 多齎商物 銀兩至於八萬 銀雖寶物 民不可衣食之 實爲無用. 我國方以綿布行用 民皆賴此生活 以民之所賴 換其無用之物 利歸於彼 我受其弊 甚爲不可. 況倭使齎銀, 在前所無.

　今若許貿 則樂其利重 後來所齎 必倍於此 若一開端 難以應無窮之欲. 却之於始 則彼雖缺望 其怒猶淺 及其難應 欲爲中止 則其怒益深害亦必大.

　且公貿已爲不可 而許民之貿 有違禁銀之令 尤爲不可. 請勿貿易以杜後弊.

　中宗實錄 98卷, 37年(1542 壬寅) 4月 24日(甲戌條)

韓國의 名文百選 45

조광조(趙光祖)의
계심잠병서(戒心箴並序)

　연산군의 십년학정은 중종반정으로 새 국면을 맞이하였다. 나라 세운 지 114년째요, 세조의 왕위찬탈로부터는 50년 뒤였다. 그 무렵 조정은 세조대 이래의 공신과 반정의 공신들로 채워져 있었다. 새로이 임금이 된 중종은 조정의 중심세력인 저들 훈구파 공신들을 견제하고 새로운 정치풍토를 만들고자 참신한 선비들을 발탁하였다. 그러자 사림파(士林派)는 도학정치를 표방하며 이상사회를 세우겠다는 열정으로 조정을 쇄신하려 하였다. 그들은 성군론(聖君論), 친군자원소인론(親君子遠小人論), 애민론(愛民論) 등을 주장하며 임금과 모든 벼슬아치들에게 엄정한 품성과 고매한 인격을 요구하였다. 물론 그들 스스로는 한 점 부끄럼 없는 도학군자로서 불같은 성심으로 칼날 같은 정론을 펼쳐 나갔다. 그 중심에 정암(靜庵) 조광조(趙光祖, 1482 성종 13년~1519 중종 14년)라는 인물이 있었다.

그러나 이러한 이상이 어느 세상엔들 제대로 펼쳐질 수 있었겠는가? 기득권세력의 끊임없는 모략과 중상으로 좌절의 쓴 잔을 마시는 것, 또한 세상 사는 이치가 아닐 것인가! 더구나 정암(靜庵)은 관용과 타협으로 인화를 도모하는 일에는 부족함이 있었다.

정암은 29세의 나이에 진사가 된 이래 38세에 대사헌이 되기까지 만 아홉 해 동안 눈부신 승진을 거듭하며 나라의 적폐를 씻어나갔다. 미신적 제천행사를 주관하던 소격서를 혁파한 일, 현량과(賢良科)를 실시케 한 일, 「소학」을 생활화하게 하며 향약보급에 힘써 미풍양속을 진작시킨 일 등, 그의 업적은 실로 놀라운 것이었다. 그러나 공신들의 위훈(位勳)을 삭제하기 위하여 끊임없이 상소를 올리고 원로대신들을 소인배로 몰아붙이자 점차로 중종(中宗)은 도학정치에 염증을 느끼게 되었다. 그리하여 급기야 기묘사화(己卯士禍)라는 소용돌이 속에서 사약을 받고 죽으니 그때 그의 나이 서른여덟이었다. 이것이 성급한 이상주의로 비운의 종말을 고한 정암의 일생이다.

다음은 그가 임금께 올린 글 계심잠병서(戒心箴並序)인데, 평소에 얼마나 근신에 열심이었는가를 짐작할 수 있다.

마음을 다스리는 글 머리에

사람이 천지자연으로부터 단단함과 부드러움을 받아 형체를 이루고, 굳셈과 유순함을 받아 성품을 지녔는데, 기(氣)는 네 계절 춘하추동에 어울리고, 마음은 네 가지 덕(德), 효제충신(孝悌忠信)을 갖

추었나이다. 이렇듯 천지의
기운은 크고도 넓어서 감싸
안지 않은 것이 없고 마음
은 신령스럽고 오묘하여 통
달하지 않은 것이 없습니다.
하물며 임금님의 한 마음은
하늘과 땅의 큰 것을 본받
았고, 천지의 기운과 만물의
이치가 모두 우리 사람들의
마음을 움직여 쓰는 가운데
에 포함되어 있으니, 단 하
루의 날씨와 한 물건의 성질인들 가히 우리 사람들의 헤아리는 바
에 순응치 아니하여 어그러지고 뒤틀리게 할 수 있겠습니까?

  그러나 사람의 마음에 욕심이 발동한다면 이른바 그 신령하고
오묘함이 가라앉아 버려서 사사로운 정에 짓눌리어 그 마음은 흘
러 통하지 못하고, 하늘의 이치는 어두워지고, 자연의 기운도 또
한 막혀 버려서 떳떳한 인륜이 깨져버리고 만물이 제자리를 찾지
못하는 것입니다. 하물며 임금님은 고운 소리, 예쁜 여인, 좋은 향
기, 맛있는 음식의 유혹이 날로 심해지고 권세는 드높아져서 쉽사
리 교만해지지 않겠습니까? 성상께오서는 이것을 염려하시고 두려
워하여 신(臣)에게 계(戒)를 지으라 명하시니 아아 지극하오십니다.
신은 감히 뜨거운 마음을 펼쳐내어 만분의 일이나마 도움이 되기
를 바라나이다.

   천지기운 왕성하고 자연조화 참되도다

조광조 필적

기운통해 형체되고 참된이치 계승했네
한치마음 모두감싸 삼라만상 정연하고
온전가득 밝게비쳐 신묘작용 틀림없네
은밀한곳 드러난곳 인륜도리 펼쳐보여
온세상에 퍼진법칙 모든만물 길들이네
거룩하고 신묘함이 하늘끝에 닿았으니
요임금의 높은위업 이와같은 마음일세
그렇지만 만사본질 살아있고 비어있어
사물이라 느끼지만 그종적은 묘연하네 (중략)
오호라
마음지님 한가지로 선과악이 갈라지니
성인께서 주신것을 마음으로 받으올뿐
밝히기는 어려운法 흐르기는 쉬운이치
정성스레 마음다져 덕의보전 힘쓰리라
성상께선 체득하사 두려움을 지니소서
옳지않음 원수삼고 인의예지 밝게펴사
살피시고 지키시고 바른이치 꼭붙잡고
태극같은 마음지킴 영원무궁 이르소서

　사람을 대자연의 축소판인 소우주로 생각하고 인간의 마음을 우주자연의 질서에 순응하는 도구로 삼고자 했던 정암 조광조의 계심잠은 인간을 조물주 하느님의 형상화로 설명하는 그리스도교의 인간관과도 그렇게 먼 것은 아닌 듯하다. 다만 그 표현이 21세기 현대인의 취향에 맞지 않을 뿐, 그러나 거듭하여 차분히 읽는다면 가슴을 울리는 반향을 분명 들을 수 있을 것이다.

戒心箴並序

人之於天地 稟剛柔以形 受健順以性 氣則四時 而心乃四德也. 氣之大浩然 無所不包 心之靈妙然 無所不通, 況人君一心 體天地大 天地之氣 萬物之理 皆包吾心運用之中, 一日之候 一物之性 其可不順吾度 使之乖戾邪枉耶. 然人心有欲 所謂靈妙者沈焉 梏於情私 不能流通 天理晦冥 氣亦否屯 彛倫斁而 萬物不遂. 況人君聲色臭味之誘 日溱於前 勢之高亢 又易驕歟. 聖上是念是懼 命臣述戒 嗚乎至哉 臣敢披割丹衷 補翼萬一.

天地絪縕 大化惟醇 氣通而形 理承其眞
歙括方寸 萬象彌綸 渾然昭晣 神用不忒
充微著顯 式揭人極 擴準四海 功躋位育
偉哉靈妙 於穆天通 巍巍堯業 亦此之衷
然體活虛 物感無從 (中略)
嗚呼操操 舍善惡攸 關故聖授 受只傳心
法難明者 理易流者 欲惟精惟 庶存其德
願上體躬 戒懼翼翼 克非如敵 發端若茁
察守惟察 中執屬屬 存心太極 永保無斁

韓國의 名文百選 46

서경덕(徐敬德)의 사직소(辭職疏)

　16세기 조선시대의 문화풍토를 상징하는 한 마디 말이 있다. 그것은 성리학의 규범에 갇혀 조선조의 양반사회가 점차 경직성을 보이려고 할 즈음, 개성(開城) 지역에 청량한 가을바람처럼 나타난 세 개의 보물이니 이름하여 송도삼절(松都三絶)이라 한다. 첫째는 한미한 양반농부의 아들로 태어나 한평생 벼슬도 아니하고 공부만 했던 유기철학자(唯氣哲學者) 서경덕(徐敬德)이요, 둘째는 진사의 딸로 태어났으나 뜻한 바 있어 기생으로 입신하여 낭만의 꽃을 피운 여류시인 황진이(黃眞伊)요, 셋째는 서경덕과 황진이의 사랑을 끝내 "프리토닉 러브"로 승화시키는 데 배경이 되어준 천마산(天磨山)의 박연폭포(朴淵瀑布)다.

서경덕(徐敬德, 1489 성종 20년~1546 명종 1년)의 출현은 주자학일변도의 성리학(性理學)에 새로운 바람을 일으켜 이른바 송도학파의 토대가 되었다. 그는 우주자연이 미세입자인 기(氣)로 되었으며 그 기는 영원불멸하면서 자연의 조화를 이끌어 간다고 하였다. 따라서 인간의 죽음도 한낱 기의 변환인즉 결국은 생사일여가 되는 것이라 주장하였다. 이러한 도가적(道家的)이고, 유물론적인 그의 학풍(學風)이 없었다면 조선조의 유림철학(儒林哲學)은 얼마나 싱거웠을 것인가! 또 황진이의 유혹을 사제의 인연으로 바꾸어 놓음으로써 조선조 기생문화에 드높은 도덕적 전범(典範)을 세웠으니 이 또한 유림철학의 향훈이요 운치가 아니겠는가. 그의 문하에 토정비결(土亭秘訣)의 저자 이지함 같은 이가 나온 것은 참으로 그럴 법한 일이었다.

그러나 무엇보다도 송도삼절의 존재는 역성혁명(易姓革命)으로 집권하여 한양에 자리잡은 이씨왕조에 개성(開城)이라는 "안티테제"가 건재함을 과시하여 조선왕조가 곁길로 흐르고자 할 때마다 형안을 번득이며 비판의 서슬을 짙푸르게 하였다는 사실이다. 그 송도삼절의 중심에 화담(花潭) 서경덕(徐敬德)이 있었고 그의 사직소(辭職疏)같은 글이 있었다.

직책을 사양하며 올리는 글

초야에 묻혀 사는 생원, 신 서경덕은 삼가 죽음을 무릅쓰고 주상전하께 두 번 절하옵고 말씀을 드리나이다. 신은 엎드려 성은을 입사와 후릉참봉(厚陵參奉)을 제수하시니, 그 명을 듣자옵기 황공하고 송구스럽나이다. 가만히 생각하옵건대 전하께서는 최근 2 · 3년 이

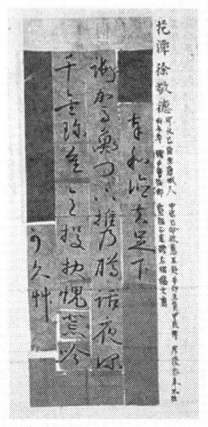

서경덕 필적

래로 지치(至治)에 온 정신을 기울이시어 어진 사람 찾기를 목마른 이가 물을 찾듯 하시니, 지난 경자년에 어진 사람을 천거하라는 명령을 내리시어 좌우 신하들에게 각기 숨어 사는 선비를 천거하게 하셨으므로 대제학 신 김안국(金安國)이 저의 사람됨을 지나치게 듣고 숫자를 채워 추천을 하였나이다. 그 뒤부터 참봉의 비망에 참예되기를 두세 번에 이르렀나이다.

이제 또 이조(吏曹)에서 위로 전하의 뜻을 받들어 급히 인재를 얻으려하여 대학제생들에게 재주와 학식이 있는 이를 합의하여 보고하게 하였사온데 신이 또 보고 가운데 외람되게 참예되오니, 이에 미천한 저에게도 또 은명(恩命)이 미치게 되었나이다. 신은 고무되어 용약하며 생각하오니, 조정에서 공도(公道)를 밝게 펴시어 숨은 선비를 찾아내는 길을 넓히고, 재능 있는 이를 낱낱이 거두려 하여 산간벽지에까지 미치니 이는 전에 없던 비상한 일이옵니다. 유식한 선비 가운데 어느 누가 관(冠)을 매만지며 서로 경하하면서 대궐로 나아가기를 원치 않겠습니까?

하오나 신은 참으로 재능이 없사와 의리로서 마땅히 달려가 명에 따라 사은숙배(謝恩肅拜)하고 힘써 스스로 채찍질하여 맡은 바 직책을 다하여야 할 것이오나, 엎드려 가만히 생각해보오니 신은 본래 세상 물정에 어두운 선비로 산야에서 자랐으므로 곤궁하고 적막한 삶을 달가운 분수로 여길 뿐 아니오라 또 빈궁하여 조밥과 나물국도 때로는 얻어먹지 못하나이다. 이에 근력이 일찍부터 쇠약하고 질병도 침입하여 신의 나이 쉰여섯이오나 칠순의 늙은이와 같사옵니다. 제 스스로 세상에 소용이 없어 임천(林泉)에서 수양이나 하며 남은 생애를 보전하는 것이 진실로 저의 분수인 줄로 아옵나이다.

  신은 감히 몽매함을 무릅쓰고 은명(恩命)을 도로 바치오니 엎드려 바라옵건대 속히 윤허하시어 임명을 거두어 주소서. 신은 송구하여 한없이 떨림을 감당할 수 없나이다.

  서경덕은 평생토록 여러 차례에 걸쳐 출임천거를 받았으나 한번도 응하지 않고 개성의 동문 밖 화담(花潭)에 서사정(逝斯亭)이란 초막을 짓고 살며 공부에만 전념하였다.
  이 사직소(辭職疏)의 원제목은 「의상 중종대왕사직소(擬上 中宗大王 辭職疏)」로서 실제로 임금께 바치지는 않은 채, 2년 뒤에 화담은 세상을 떠났다. 그러나 그가 죽은 지 30년이 되던 1575년 선조8년에 우의정(右議政)으로 추증되었으니 이 사직소가 우의정을 만든 것이라 할 수는 없는 것인지.

辭職疏

　草茅生員 臣徐敬德 謹昧死 再拜上言于主上殿下

　臣昨者伏蒙聖恩 授厚陵參奉 聞命惶懼, 竊以殿下近年以來 留神至治 側席渴賢, 歲庚子 明揚有旨令 左右各擧遺逸. 故大提學臣金安國 過聽臣之爲人 備數充薦 自是之後 獲忝備望參奉 至於數再.

　今吏曹上體叡旨 急於得人 令大學諸生 衆推有才學者以報 臣又獲忝備報中 猥使恩命及臣之微賤, 臣鼓舞踊躍以爲 朝廷布昭公道 欲廣搜訪甄收 亦及於林壑 此曠古非常之擧也. 有識之士 孰不彈冠 相慶願進於闕下乎.

　臣誠不材 義當奔赴 應命拜恩 勉自驅策 以供所職 竊伏惟念 臣本迂儒 生長山野 分甘窮寂 加以貧寠 疎食菜羹 亦或不給 茲以筋骸早衰 病亦侵尋, 臣年五十有六 有同七旬之老 自知無及於用 莫若養素林泉 以報餘年 固其分也.

　臣敢冒昧 上還恩命 伏乞早賜兪允 收復差除. 臣無任戰懼之至.

韓國의 名文百選 47

이준경(李浚慶)의 유차(遺箚)

한 사람의 이름과 함께 그가 남긴 한 편의 글이 즉시 연상된다면 그 글은 그 사람의 화신이라 불러 무방하리라. 선조 초 74세를 일기로 세상을 떠난 동고 이준경이 바로 그러한 분이다. 선조실록 5년 7월 조에는 다음과 같은 기사가 실려 있다.

〈영중추부사 이준경이 죽었다. 준경은 한 달이 넘도록 병석에 누워 있었는데 병세가 악화되자 의원을 물리치며 말하기를 "나의 수명이 이미 다 하였다. 어찌 약을 먹어 목숨을 연장할 수 있겠는가. 오직 우리 임금에게 한 말씀 올리고 싶을 뿐이다."하였다.〉

이 글 아래에 그의 유차가 한 자 빠짐없이 전재되었다. 그리고 다음의 일화가 덧붙여져 있다.

〈상소가 들어가자 답하기를 "아뢴 말은 살펴보았다. 혹시 더 할 말이 있는가?"하고 승지로 하여금 가서 물어보게 하였는데 그때는 이미 세상을 떠난 뒤였다. 나이는 74세였다. 준경은 어릴 때부터 뜻이 높고 비범하였으며 체격이 웅대하여 많은 선비들 사이에 이름이 있었는데 김굉필과 김안국으로부터 큰 기대를 받았다.〉

동고(東皐) 이준경(李浚慶, 1499 연산군5~1572 선조5)이 태어나 살던 시대는 겉으로는 평화로운 듯했으나 나라 안팎으로 나태와 안일의 적폐가 쌓여가던 때였다. 연산조 이후로 조정은 훈신과 척신이 세력다툼을 벌이고 그 틈에 신진사류가 진출하여 삼파전의 양상을 띠면서 사화라는 정쟁이 연출되었고, 그 와중에 명종 대에는 임꺽정 등 도적의 무리가 전국 각처에서 일어나 백성들은 하루도 편할 날이 없었다. 동고 이준경은 이러한 시대에 진정한 사대부의 모습이 무엇인가를 보여준 당대 선비의 전범이었다. 그가 세상에 태어나 5살이 되었을 때, 그는 갑자사화에 화를 입은 조부와 부친에 연좌되어 형 윤경(潤慶)과 함께 괴산에서 유배생활을 하였으니 어린 마음에 선비가 파당을 지어 지위를 탐하는 것은 정도가 아님을 뼈저리게 느끼며 자랐을 것이다.

그는 광주인 부수찬 수정(守貞)의 아들로 29세에 생원이 되고 33세에 과거에 급제하여 승문원에 입조하면서 벼슬을 살았다. 35세에 주서, 저작, 박사, 부수찬, 45세에 문관정시에 장원을 하면서 대사성이 되었고, 51세에는 대사헌, 50세 이후 병조 · 형조 · 이조 · 공조판서를 두루 거치고 67세에 영의정이 되어 72세에 사임하였다. 이처럼 겉으로는 화려하였으나 그 역시 파직, 체직, 유배를 심심치 않게 거치면서 영상의 자리에까지 나아갔는데 그러한 현달이 가능했던 것은 불편부당하여 중심을 잃지 않는 자세와 대쪽같은 언행이었다고 한다. 이제 그 유차를 읽어보기로 하자.

유언으로 드리는 글월

　엎드려 아뢰나이다. 땅 속에 묻히게 된 신하 아무는 삼가 네 가지 항목을 적어 우러러 바치오니 이 몸이 죽은 후에라도 전하께서는 조금이나마 관심을 두어 살펴주시기를 엎드려 바라나이다.
　첫째, 제왕이 힘써 하실 일은 오로지 학문을 큰 것으로 삼는 것이옵니다.
　程子가 말하기를 "마음을 기르는 것은 모름지기 공경을 실천하는 것이요, 학문에 나아가는 것은 앎을 완전케 하려고 하는 데 있다."고 하였습니다. 전하의 학문은 앎을 완전케 하려는 노력에서는 그 성과가 상당한 듯하오나 마음을 닦는 공부에는 얼마간 미치지 못하는 바가 있습니다. 그리하여 말씀과 표정에서 그 드러내심이 자못 기상이 부족하옵니다. 엎드려 원하옵건대 전하께서는 여기에 한층 노력을 기울이소서.
　둘째, 아랫사람을 상대하실 때에는 위엄이 있으셔야 하옵니다.
　신이 듣자옵건대 천자는 온화하고 의젓하며, 제후는 화려하고 아름답다 하였습니다. 의젓하신 위엄을 지니시고자 힘쓰지 않을 수 없습니다. 신하들이 진언할 때에는 마땅히 의젓하고 여유 있는 모습으로 예의를 갖추어 대하시고, 비록 뜻을 어기고 마음에 거슬리는 말을 하더라도 가끔 슬기로운 기상을 드러내시어 조심하게 하는 분위기를 줄 것이요, 사사건건 내용을 폭로하여 스스로만 어질고 성스러운 체하여 그것을 여러 신하에게 보이시는 것은 옳지 않사옵니다. 만일에 그렇게 되오면 백가지 일이 모두 풀어져서 잘못을 고치려 해도 제대로 되지 않을 것이옵니다.

셋째, 군자와 소인을 분별하는 것이옵니다.

신이 듣자옵건대, 군자와 소인은 스스로 특정한 차이점이 있어서 (본성을) 가릴 수 없사옵니다. 옛날 당나라의 문종과 송나라의 인종이 일찍이 군자와 소인을 모르지는 않았사오나 사사로운 당파에 이끌리어 군자와 소인을 분별하여 쓰지 못하고 드디어 옳고 그름이 뒤섞여서 조정이 편안치 않았사옵니다. 진실로 군자라면 비록 소인이 공격해 오더라도 (그 군자를) 선발하여 임용하고 의심하지 않을 것이며, 진실로 소인이라면 비록 사사로운 사정이 있을 지라도 (그 소인을) 물리쳐 버리고 미련을 두지 않으셔야 하옵니다. 만일에 이같이 하신다면 어찌 "하북의 도적은 공격하기 쉬워도, 조정에 생긴 붕당은 다스리기 어렵다"하는 말이 있겠사옵니까?

넷째, 붕당의 사사로움을 타파하는 것이옵니다.

신이 보옵건대, 오늘날 세상 사람은 그 몸에 잘못하는 행동이 없고, 하는 일에도 어긋남이 없는데, 어쩌다 한 마디 말이 (자기 마음에) 맞지 않으면 배척하여 용서치 않으옵니다. 그리하여 행실도 사리에 맞지 않고 글 읽기도 힘쓰지 않으며 나아가 헛되이 큰 소리나 탕탕 치며 끼리끼리 붕당이나 맺는 자를 고상한 인물이라 여김으로써 결국은 거짓과 위선의 풍조를 만들었사옵니다. 군자이거든 구별 없이 등용하여 의심하지 마옵시고, 소인이거든 내버려두어 그들 무리와 어울리도록 놓아두는 것이 옳을 것이옵니다. 이제 전하께서는 공정하게 듣고 보시며 힘써 오늘날의 이러한 폐단을 끊어 버려야 하실 때이옵니다. 그렇지 않으면 필경에는 나라가 구할 수 없는 환란에 빠질 것이옵니다.

신은 충성하는 마음, 간절하오나 죽음이 가까운 듯 어지럽사와 뜻한 바를 다 말씀드리지 못하옵니다. 처분만 기다리나이다.

　이 글이 세상에 알려지자 온 조정은 벌집을 쑤신 듯하였다. 평온한 나라에 있지도 않은 붕당설을 유포하여 세상을 어지럽히는 것은 소인배의 짓이라는 규탄과 성토가 쏟아지는가 하면 다른 한편에서는 동고의 평소행적을 지켜볼 때에 그의 고언이 비록 과한 점은 있으나 그것은 우국충정의 발로이니 결코 탓할 일이 아니라고 두둔하는 변호가 팽팽히 맞섰다고 한다.
　그러나 어찌하랴 그의 예언은 적중하였다. 그가 죽은 지 3년이 되는 선조 8년(1575), 드디어 사림은 자체분열하여 동서로 갈라지니 이것이 우리나라 300년 당쟁사의 서막이었다.
　여기에서 우리는 주목하여야 한다. 어느 시대에나 세상을 꿰뚫어 보는 형안과 예지의 인물이 존재한다는 것을.

遺箚

伏以 入地臣某 謹條四件仰瀆 身後之聽伏願 殿下少垂察焉.

一曰 帝王之務 惟學爲大. 程子曰"涵養須用敬 進學在致知."殿下之學 其於致知之功 思過半矣, 涵養之力 多有所不逮. 故辭氣之間 發之頗厲 接下之際 少涵容遜順氣象. 伏願 殿下於此加功焉.

二曰 待下有威儀. 臣聞 天子穆穆 諸侯皇皇, 威儀之間 不可不謹也. 臣下進言之際 當優容而禮貌之, 雖有違拂之辭 時露英氣 以振警之, 不宜事事表襮 高自賢聖 以示群下, 如此 百僚解體 救過之不瞻矣.

三曰 辨君子小人. 臣聞 君子小人 自有定分 不可掩也. 昔唐之文宗 宋之仁宗 未嘗不知君子小人 而牽於私黨 不能辨別而用之. 遂致眩於是非 朝廷不靖. 苟君子也 雖或小人攻 治拔而用之勿貳. 苟小人也 雖有私意 斥而去之勿疑. 如此 則安有河北盜賊之易擊 朝廷朋黨之難治也哉.

四曰 破朋黨之私. 臣見 今世之人 或有身無過 擧事無違 則而一言不合 則排斥不容. 其於不事行檢 不務讀書 而高談大言 結爲朋比者 以爲高致 遂成虛僞之風 君子則立立而勿疑 小人則任置而同其流 可也. 此乃 殿下公聽竝觀 務去此弊之時也. 不然 終必爲 國家難救之患矣.

臣切於貢忠 而臨死錯亂 言不盡意 取進止.

韓國의 名文百選 48

이황(李滉)의 진성학십도차
(進聖學十圖箚)

　퇴계(退溪) 이황(李滉, 1501~1570) 선생은 조선유학의 거봉일 뿐 아니라 민족절세의 사표이시다. 대과에 급제하여 벼슬살이를 하셨으니 관료요, 경세가이심에 틀림없으나, 퇴계의 참모습은 59권에 이르는 호한한 저서『퇴계집(退溪集)』이 말해주듯 학자로서의 면모가 으뜸이요, 도산서원(陶山書院)을 짓고 강학훈도(講學訓導)에 몸바친 교육자로서의 면모가 그 다음이다. 세상 사람들은 말한다. "孔子의 道는 宋나라 정주(程朱)에 이르러 깊이 있게 탐구되었고 조선의 퇴계(退溪)에 이르러 진수를 얻은 다음, 그것이 다시 日本에 전해졌다." 그리고 또 말한다. "불교사상계에 원효(元曉)가 있었다면 유교사상계에 퇴계(退溪)가 있다." 여기에 또 무엇을 덧보태어 퇴계의 학

이황(李滉)

문적 위치와 업적을 상찬할 것인가.

그러나 무엇보다도 퇴계의 위대함은 그의 사상이 가장 평범한 인간의 가장 평이하고 명백한 일상생활 속에 기초하고 있다는 것이다. 그것이 이른바 "경(敬)"사상이다.

퇴계는 말한다. "세상 사람들은 모든 이치를 다 알고 나서 행하는 것도 아니요, 다 행하고 나서 아는 것도 아닙니다. 앎과 행함은 서로 돕고 서로 나아가는 것이니 마치 사람이 길을 걸을 때, 두 다리로 번갈아 앞서거니 뒤서거니 하는 것과 같은데 그 바탕에 진실하고 망령됨이 없는 참이 있습니다. 이것을 '성(誠)'이라 하는 것으로 이 참된 것 자체는 하늘의 도(道)요, 참 되려고 노력하는 것은 사람의 도이거니와, 그 참 되려고 노력하는 방법이 다름 아닌 '경(敬)'입니다." 그리고 또 말한다. "敬이라는 것은 성인(聖人)이 되는 공부의 처음과 마지막을 이루는 것이며, 한 마음의 으뜸 주인이요, 만사의 밑뿌리입니다. 따라서 사람은 단 하루도 '경'에서 떠날 수 없는 것이오며 그것이 '성인'이 되는 공부의 처음과 마지막이 되는 까닭입니다."

다음은 '敬'의 실천방법이 어떻게 일상생활에서 이루어져야 하는가를 구체적으로 밝힌 글 두 가지이다.

경재잠(敬齋箴)

의복관대 바로하고 살핌눈매 존엄하게
가라앉힌 마음가짐 하느님을 모신듯이
발가짐은 묵직하게 손놀림은 공손하게
땅밟기를 가려하여 개미두렁 돌아가세.
門나서면 손님맞듯 일할때는 祭지내듯
전전긍긍 조심하여 감히쉽게 行치말고
甁막듯이 입다물고 성벽처럼 잡념막고
성실하고 진실하여 경솔함이 없게하세.
서쪽으로 가야할길 동쪽으로 가지말고
북쪽으로 가야할길 남쪽으로 가지말며
해야할일 당하여서 그일에만 전념하여
두가지일 세가지일 두세쪽에 내지말고
한마음을 외곬으로 천변만화 살펴보세.
모든일에 이같으면 持敬이라 부르리니
움직일때 고요할때 어그러짐 없어지고
겉과속이 서로살펴 바로잡아 나아가리.
잠시라도 틈새벌면 만단사욕 일어나서
불없이도 더워지고 얼음없이 추워지니
털끝만한 차이에도 하늘땅이 뒤바뀌고
삼강윤리 무너지고 홍범구주 사라지네.
아아작은 어린이여 생각하고 공경하라.
먹을갈아 경계글로 마음앞에 고하노라.

숙흥야매잠(夙興夜寐箴)

닭이울어 잠을깨면 여러잡념 일어나니
어찌하여 그동안에 마음정돈 않겠는가
옛허물을 반성하고 새깨달음 정리하여
차례대로 條理세워 분명하게 알아두세.
근본바탕 세웠으면 새벽같이 일어나서
세수하고 머리빗고 의관갖춰 바로앉아
바른마음 이끌기를 태양처럼 밝게하여
엄숙하고 반듯하고 虛明靜一 몸가짐에
바야흐로 책을펼쳐 옛날성현 마주하면
孔子께서 계신자리 顔回曾子 동석하니
聖賢께서 하신말씀 친절하게 새겨듣고
제자들의 질문사항 거듭하여 참고하세.
일이생겨 처리할때 실천으로 증험하며
밝고밝은 천명이니 항상눈을 거기두고
사태처리 종결되면 내본모습 되찾아서
方寸마음 고요하게 정신모아 안정하세.
動과靜이 순환함을 마음으로 지켜보며
고요할때 보존하고 움직일때 살펴보아
두세갈래 갈린마음 가져서는 아니되리.
글을읽고 남는시간 틈을내어 휴식하며
바른정신 가다듬고 고운性情 길들이세.
날저물고 피곤하면 흐린기운 엄습하니
엄정하게 가지런히 맑은정신 다잡으리.

밤이깊어 침상들면 손과발을 바로하고
잡된생각 하지말고 마음편히 쉬게하여
밤기운에 마음길러 제자리로 돌아오세.
이와같은 마음새김 밤낮으로 힘쓰리라.

　성학십도(聖學十圖)는 안으로는 성인(聖人)과 같은 인격을 갖추고 밖으로는 세상 사람을 편안케 할 수 있는 사람(곧 임금)의 능력을 갖출 것을 목표로 하는 유학(儒學)을 성학(聖學)이라 표현한 다음, 그 내용을 열 가지 그림으로 설명한 책이다.

　그 열 가지 그림은 ① 태극도(太極圖) ② 서명도(西銘圖) ③ 소학도(小學圖) ④ 대학도(大學圖) ⑤ 백록동규도(白鹿洞規圖) ⑥ 심통성정도(心統性情圖) ⑦ 인설도(仁說圖) ⑧ 심학도(心學圖) ⑨ 경재잠도(敬齋箴圖) ⑩ 숙흥야매잠도(夙興夜寐箴圖)이다. 이 그림들은 대부분 예전부터 전해져 온 것이지만 퇴계가 새로이 증보하고 그 그림 끝에 설(說)을 붙여 자신의 견해를 표명하였다.

　특별히 이 성학십도가 우리의 주목을 끄는 것은 선조원년(1568)에 등극한 지 겨우 두 해째가 되는 17세의 어린 임금을 위해 68세의 퇴계가 실로 정성을 기울여 해설을 붙여 "진성학십도차"라는 이름으로 임금께 올린 글이기 때문이다. 그 중에서도 경재잠과 숙흥야매잠은 퇴계의 '敬'사상이 실로 평이하고 자상하게 해설된 백미(白眉) 부분이다.

敬齋箴

正其衣冠 尊其瞻視 潛心以居 對越上帝
足容必重 手容必恭 擇地而蹈 折旋蟻封
出門如賓 承事如祭 戰戰兢兢 罔敢或易
守口如瓶 防意如城 洞洞屬屬 罔敢或輕
不東以西 不南以北 當事而存 靡他其適
弗貳以二 弗參以三 惟心惟一 萬變是監
從事於斯 是曰持敬 動靜弗違 表裏交正
須臾有間 私欲萬端 不火而熱 不氷而寒
毫釐有差 天壤易處 三綱旣淪 九法亦斁
於乎小子 念哉敬哉 墨卿司戒 敢告靈臺

夙興夜寐箴

鷄鳴而寤 思慮漸馳 盍於其間 澹以整之
或省舊愆 或紬新得 次第條理 瞭然黙識
本旣立矣 昧爽乃興 盥櫛衣冠 端坐斂形
提掇此心 皦如出日 嚴肅整齊 虛明靜一
乃啓方册 對越聖賢 夫子在坐 顏曾後先
聖師所言 親切敬聽 弟子問辨 反覆參訂
事至斯應 則驗于爲 明命赫然 常目在之
事應旣已 我則如故 方寸湛然 疑神息慮
動靜循環 惟心是監 靜存動察 勿貳勿參
讀書之餘 間以游詠 發舒精神 休養情性
日暮人倦 昏氣易乘 齋莊整齊 振拔靜明
夜久斯寢 齊手斂足 不作思惟 心神歸宿
養以夜氣 貞則復元 念茲在茲 日夕乾乾

韓國의 名文百選 49

조식(曺植)의 유두류산기(遊頭流山記)

"평생토록 우러러 뵙기를 하늘의 북두성같이 하였고 세상에서 뛰어난 분을 만난다는 것은 책 속의 인물이려니 하였는데 홀연히 보내주신 글월을 받으니 은근하고 간곡하시어 나에게 약됨이 크옵고 일찍이 아침저녁으로 만나 뵌 것 같습니다."

이렇게 허두를 시작한 이 편지 글은 남명(南冥) 조식(曺植, 1501 연산군 7~1571 선조 5) 선생이 퇴계 이황 선생에게 보낸 것이다. 남명은 여러 가지로 퇴계와 대비된다. 무엇보다도 두 사람이 모두 일가를 이룬 조선조 성리학의 태두들이요, 두 사람이 각기 고유의 학파를 이끌고 당대이래 우리나라 유학계에 끼친 공로가 지대하다. 참으로 흥미로운 것은 두 사람의 출생년대가 똑같은 동갑이요, 또 벼슬살기를 죽기보다 싫어했다는 점이다.

그래도 퇴계는 임금의 부르심을 받고 마지못해 출사를 하였으나 남명은 단성현감, 상서원 판관 등에 임명되었으나 장문의 봉사소장(奉事疏狀)을 올려 사퇴하고 한사코 벼슬을 받지 않았다.

남명 조식 선생은 창령인으로 정랑 언형(彦亨)의 아들이다. 어려서부터 일찍이 제자백가에 달통하니 그의 깊은 학문이 온 세상에 알려졌다. 그러나 그는 세상에 나서는 것을 단념하고 지리산(두류산) 덕산동에 은거하여 성리학 연구에 침잠하며 자기류의 학풍을 확립하여 문하에 수많은 문도들을 배출하였다. 김우옹(金宇顒), 정구(鄭逑), 김효원(金孝元), 최영경(崔永慶), 정인홍(鄭仁弘) 등이 모두 그의 가르침을 받은 학자문신들이다. 경의(敬義)는 그의 신조였고 반궁체험(反躬體驗)과 지경실행(持敬實行)은 그의 학문 목표였다.

다음 글은 그가 두류산에 들어가 있을 때의 답사여행쯤 되는 것일까? 당시 선비들의 풍류를 짐작할 수 있다.

두류산을 유람한 글

◎ 가정(嘉靖) 무오년(1558년 명종 13년) 첫 여름에 김진주(金晉州) 홍・홍지(弘・弘之), 이수재(李秀才) 공량・인숙(公亮・寅叔), 이고령(李高靈) 희안・우옹(希顔・愚翁), 이청주(李淸州) 정・강이(禎・剛而) 그리고 내가 함께 어울려 두류산을 유람하기로 하였다. 산에서는 나이를 따지되 벼슬을 고려하지 않고 술잔을 나누며 자리를 정할 때도 나이 순으로 하였으나 반드시 그런 것은 아니었다.

◎ 초열흘. 고령군수 우옹 이공이 초계에서 도착하여 나의(별장) 뇌룡사에서 묵었다.(중략)

◎ 스무날. 신응사에 들어왔다. 이 절은 쌍계사에서 10리쯤 떨어져 있는데 그 사이에 작은 주막이 몇 채 있었다. 절 문앞 백 걸음쯤에 있는 칠불계 위에 이르러 죽 둘러앉았다가 시내가 좁고 그 냇물이 험하므로 모두 말을 타고 말등에 찰싹 붙어 건너갔다. 절 주지 옥윤(玉崙)과 지임 윤의(允誼)가 나와 맞이하였다. 절에 이르자 문안으로 들어서지 않고 개울 앞에 있는 반석위로 뛰어가서 그 위에 둘러앉았다. (그 때) 인숙과 강이 두 사람을 돌머리 제일 높은 곳에 밀어 앉히고 나서 "자네들은 아무리 위급한 상황이 오더라도 이 자리를 잃지 말게나. 만약 하류로 몸이 떠내려가도 올라올 수 없네." 이렇게 말했더니 그들은 웃으면서 "부디 이 자리를 잃지 않게 하소서."하고 응수하였다.

새로 내린 비에 물이 불어 돌에 부딪치며 치솟아 부서지는 것이 마치 만 섬의 맑은 구슬이 다투어 쏟아졌다가 숨어드는 듯하고 또 천 갈래로 울리는 우레소리가 귀가 멍멍하도록 으르렁거리며 끓어 넘치다가 은하를 가로질러 뭇별이 되어 어우러져 떨어지는 듯하니 요지에 잔치가 끝나고 비단 돗자리가 가로세로 펼쳐진 듯 무섭게 검

조식(曺植)

푸른 못이 된 것 같다. (거기에) 용과 뱀이 비늘을 숨기고 있는 듯 그 깊이를 짐작할 수 없고, 넘쳐흐르는 물 위로 솟아 나온 돌은 소와 말이 튀어나온 듯 어지러워 그 수를 헤아릴 수 없었다. 연못기슭을 바라보니 바야흐로 (소와 말의 모습을 한 것들이) 그 형상을 바꾸고 나타났다 사라졌다한다. 진실로 이것은 조화신공(造化神工)의 노련한 솜씨가 끝없는 재주를 마음껏 펼치는 곳인 듯하다.

　서로 서로 눈이 휘둥그레져서 넋을 잃은 채 시 한 구절을 읊고자 하나 읊을 수가 없었다. 메아리 한 가락인 듯 노래를 부르니 뭇 소리가 겨우 큰 항아리 속에서 나는 가드다란 울음소리 같아 그 소리가 들릴까 말까 하니 그것은 단지 시냇물 신령의 노리개에 지나지 않는 것이었다. 절간의 스님들이 술과 과일을 소반에 갖추어 내왔고 우리도 준비해간 술과 과일을 내놓고 서로 주거나 받거니 술잔을 나누며 바위에 의지하여 춤을 추면서 즐겁게 실컷 놀았다.(중략)

　밤에 서쪽 스님 방에서 누워 자면서 마음 속으로 다음과 같이 경계하는 말을 하였다.

　〈명산에 들어온 사람이라면 누군들 그 마음을 깨끗하게 닦고자 하지 않으랴. 그리고 또 스스로 이르기를 자기 자신을 소인이라 하겠는가? 그러나 필경 군자라야 군자가 되고 소인이면 소인이 되는 것이니 가히 한 번 볕을 쬐였다 하여(무슨 변화가 있으랴) 달라짐이 없음을 알리라.〉

　◎ 스무 하루. 큰비가 하루 내내 그치지 않았다. 김사성(金思誠)이 홀연히 물러가겠다 인사하고 돌아갔다. 비를 무릅쓰고 억지로 떠났다. 백생 유양(白生 惟良)도 함께 떠났다. 세 명의 기생과 악공도 아울러 모두 떠났다. 호남의 여러 선비들과 더불어 하루종일 절문 위 다락에 올라앉아 시냇물 붓는 모습을 지켜보았다.(하략)

백두의 유생이건만 동행한 사람들은 모두 녹녹히 않은 지방장관 출신들이다. 진주·고령·청주 등 지명을 성씨 다음에 적고 있으니, 그 고을 수령을 지냈으리라. 남명의 성명이 어떠하였는가를 짐작하기 어렵지 않다.

그러나 남명은 그 천진난만한 유람의 흥취속에서도 잠시 대자연의 숭엄함에 압도되어 마치 득도나 한 것 같은 착각에 빠지지 말 것을 스스로에게도 준렬히 타이르고 있다. 지금도 우리 귀에 울리지 않는가?

"필경 군자(君子)라야 군자가 되고 소인(小人)이면 소인이 되는 것이니 한번 볕을 쬐었다 하여 달라짐이 없음을 알리라."

遊頭流山記(遊頭流錄)

嘉靖戊午孟夏 金晉州泓・泓之 李秀才公亮・寅叔 李高靈希顔・愚翁 李淸州楨・剛而 泊余 同遊頭流山. 山中貴齒 而不尙爵擧酌 序坐以齒 或時不然.

初十日 愚翁自草溪來 我雷龍舍 同宿.(中略)

二十日 入神凝寺 寺在雙溪寺十里許 間有殘店數家. 到寺門前百步許七佛溪上 下馬列坐, 溪水險隘 皆御馬背負而渡. 住持玉崙 持任允誼 來迎. 到寺未暇入門 徑趨前溪盤石 列坐其上. 獨推坐寅叔剛而 於最高石頭曰"君等雖至於顚沛 毋失此地 若置身下流 則不得上矣." 笑曰"請毋失此坐."

新雨水肥 激石濆碎 或似萬斛明珠 競瀉吐納 或似千閃驚雷 沓作噫吼 怳如銀河橫截衆星零落 更訝瑤池宴罷 綺席縱橫 黝黝成潭. 龍蛇之隱鱗者 深不可窺也. 頭頭出石 牛馬之露形者 錯不可數也. 瞿塘峽口 方可以喩其變化出沒 眞是化工老手戲劇無藏處也. 相與睢盱褫魄 欲哦一句不得. 一響歌吹 衆聲僅如大瓮中細腰之鳴 不能成聲 祗爲溪神之玩而已 寺僧爲具酒果盤盞以勞之 吾亦以行中酒果交酬迭酢 據石蹈舞 盡歡而罷.(中略)

夕宿西僧堂夜臥 黙誦又以警人曰〈入名山者 誰不洗濯其心 肯自謂曰 小人乎 畢竟君子爲君子 小人爲小人 可見一曝之無益也.〉

二十一日 大雨 彌日不已. 金思誠忽辭去 冒雨强出. 白生 惟良 同出. 三妓與樂工 幷令偕出 與湖南諸君 盡日坐寺門樓 觀漲.(下略)

韓國의 名文百選 50

보우(普雨) 스님의
회암사중수경찬소(檜巖寺重修慶讚疏)

  16세기 중반의 우리나라(조선)는 바야흐로 유학이 전성기에 접어들어 곳곳에 서원이 생기고 퇴계 이황을 비롯한 쟁쟁한 거유들이 유림과 조정을 넘나들며 나라의 사상적 주류를 형성하던 시대였다. 그러나 한편으로는 내우외환의 조짐이 곳곳에서 일어난 불안한 시대이기도 하였다.
  국초이래 백여 년에 걸친 태평기는 조야간에 긴장의 끈이 풀리고 있었다. 안일에 빠진 벼슬아치들은 민생을 돌보는 데 게을렀고 조정은 대윤(大尹) 소윤(小尹)으로 갈려 정쟁을 일삼았다. 그 틈바구니에서 살기 힘들어진 민초들은 유리걸식하다가 도둑의 무리로 변신하였다. 오늘날까지 전설처럼 전해오는 대도(大盜) 임꺽정(林巨正)이 세상을 어지럽혔던 것도 이 시대였고 한 해가 멀다하고 이곳저곳에서 왜구의 노략질로 해안의 백성들은 불안에 시달리며 목숨을 잃는 일도 심심치 않았다.

이러한 때에 조선조 13대 왕 명종(1534 중종29~1567 명종21)이 20여 년간 임금의 자리에 있었다. 그는 치세기간에 군국기무를 총괄하는 비변사를 복설하고『속무정보감(續武定寶鑑)』·『경국대전주해(經國大典註解)』등을 편찬하는 등, 그 나름의 치적도 있고 선정을 베풀 수 있는 좋은 자질도 갖추고 있었으나, 그의 신변환경과 운명은 그의 편이 아니었다.

명종은, 임금의 자리에 오른 지 7개월만에 후사없이 갑자기 세상을 떠난 형님 인종의 뒤를 이어, 12세 나이에(1645년) 보위에 오른 임금이었다. 임금의 자리에 오르고 처음 8년간은 모후 문정왕후(文定王后)가 수렴청정하는 그늘에 가려 뜻을 펼 수 없었고, 친정이 시작되었으나 모후의 영향력은 여전하였고, 소윤의 우두머리인 외삼촌 윤원형(尹元衡)의 횡포는 조정을 잠시도 편안케 하지 않았다.

그러던 중 명종 19년(1564) 왕세자가 세상을 뜨는 비운을 맞아 명종은 상심이 극에 달하여 만기를 폐하고 고뇌에 빠지기도 하였다. 모후인 문정왕후가 뒤미처 세상을 뜨자 정신을 차려 윤원형의 관작을 삭탈하는 등 조정에 새로운 바람을 채우려 하였으나 명종의 운세도 거기까지, 후사없이 대통을 이복동생 덕흥군의 아들 하성군에게 맡기고 승하하니 그의 나이 겨우 서른세살이었다.

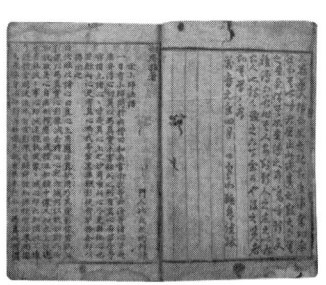

나암잡저

이처럼 명종의 치세기간 20여

년은 차라리 그의 모후 문정왕후의 시대라 해도 과언이 아니다. 문정왕후는 죽을 때까지 음으로 양으로 권력을 휘둘렀기 때문이다. 그 문정왕후의 발탁과 후원으로 보우(普雨)라는 스님이 세상의 전면에 나서서 그동안 쇠퇴의 길을 걷던 불교를 잠시나마 중흥의 분위기로 바꾸어 놓았다. 불교는 그 시절에 선교(禪敎) 양종이 다시 정비되고 승과(僧科)를 개설하여 선교양종의 시경승(試經僧) 이천오백 명에 도첩을 분급하는 등 유생의 격렬한 반대를 이겨내며 한 때 유불의 평화공존이 보이는 듯하였다.

그 중심에 보우(普雨, 1515 중종10~1565 명종20)라는 스님이 있었다. 보우의 사람됨에 대하여는 요승(妖僧)이라느니 용기있는 지도자라느니 이설이 분분하다. 유학일변도의 정계에 대왕대비 문정왕후의 비호하에 등장한 정치승이었으니 유생의 눈에 곱게 보일 리 없었을 것이다. 아마도 보우가 정권핵심의 보호를 받는 처지가 아니었다면 그저 이름 없는 학승으로 사라졌을 지도 모른다. 그러나 왕실과 내명부는 전통적으로 호불 숭불의 유습이 있었으므로 보우 스님이 불교중흥의 책임을 지게 되자 여말선초(麗末鮮初)의 학승(學僧) 기화(己和)처럼 유불일여의 기치를 내걸고 불교의 중흥을 모색했을 것이다. 물론 그의 운명은 문정왕후의 죽음과 함께 막을 내렸다.

다음 글은 보우가 한참 득세할 무렵 국초이래 왕실 사찰인 회암사를 중수하고 그 기쁨을 술회한 글이다. 보우는 이 글을 지은 지 얼마 지나지 않아 그의 인생을 마감하거니와 아무리 경찬의 글이라고는 하나 미사여구가 지나치다는 느낌을 풍긴다. 혹시나 이런 것을 정치승의 요설이요 너스레라 볼 수는 없는 것인지 차분히 뜯어 읽어 보자.

회암사(檜巖寺)의 중수(重修)를 경찬하는 글

낡은 집을 수리하여 새 단장을 하는 것은 만년의 보배로운 절로 하여금 영원히 아름다운 부처님 나라에 도움이 되고자 하는 것이며, 그 수리를 끝마치고 낙성식을 하여 기쁨을 나누는 것은 오로지 한 그릇의 맛깔스런 음식으로 티끌 세상의 어진 이들에게 널리 공양코자 하는 것입니다. 그러므로 정성스런 마음의 가닥가닥을 다하여 그윽이 감응하심이 밝고 밝기를 우러러 비옵니다.

이 절로 말하면, 이 나라 절 가운데 목구멍과 옷깃 같은 곳이요, 온 세상 스님들이 몰려드는 연못이요 숲입니다. 임금님의 수명이 억만년 되시라고 비는 맑은 종소리는 하루 종일 멈추지 않고 경내의 모든 요사(寮舍: 스님의 거처)에서 염불에 열중하신 스님들은 언제나 오백명을 헤아립니다. 전단향의 연기는 전각마다 (가득하고) 경쇠소리는 방방마다 (울려 퍼집니다.) 도리천의 선법당도 멀리서 이 아름다움에 주눅들고 사위국의 금정사도 멀리서 이 빛나는 모습에 기를 펴지 못했습니다. 세상천지에 구름처럼 노니는 손님들은 선방(禪房) 뜰에 모여들었고 개경과 한양에서 글짓기를 다투는 시인들은 바람처럼 달려와 달빛 어린 섬돌아래 모였습니다. 이것이 어찌 임금님의 덕화가 은근하게 드러나는 복된 땅이 아니옵고, 성스러운 임금님 은혜가 고요히 깃들이는 영험한 도량이 아니겠습니까? 그러하오나 쇠퇴함은 번성함의 아들이요, 완성이라는 것은 곧 무너짐의 씨앗인지라 주춧돌이 기울고 기왓장도 헐었고 기둥은 혹 썩기도 하였고 서까래가 떨어져 나가기도 하였습니다. 비바람이 불어치면 벽도 부서지고 창도 깨졌습니다. 마침내 장엄한 모습을 자랑하던 시설물과 금빛 찬란하던 단청의 아름다움은 토끼가 뛰놀고 까마

귀가 날아든 지 오래되어 반쯤은 먼지에 묻히고 좀이 갉아먹었으니 이것을 보고들은 이들이라면 어느 누가 한탄하지 아니하겠습니까?

제자는 다시 수리하는 것은 처음 짓는 것보다 갑절이나 힘들다는 것을 잘 압니다. 그래서 계해년(1563)에 처음으로 정성을 다하여 공사를 시작하여 을축년(1565) 봄에 와서야 마침내 온 힘을 기울여 마칠 수 있었습니다. 솜씨가 신묘하여 옛날과 다름없이 되었으며 그 아름다움이 지극하여 새로운 기운이 천하에 두루 통하고 그 아름다움은 온 우주에 두루 퍼지니 그 존귀함을 맞설 것이 없는 듯 하옵니다. 부처님들은 모두 중흥의 상서로운 빛을 내뿜고 스님들은 모두 다시 지은 절간의 신묘한 공덕으로 돌아오니 그 소문은 멀리 멀리 퍼지고 그 칭송은 조야에 넘쳐 나옵니다. 신과 사람은 하나의 이치인지라 보배로운 세월이 이로 말미암아 멀리 펼쳐 나아갈 것을 함께 알았으며 스님세상과 세속도 같은 근원인지라 (불가의) 큰 계획이 이것을 의지하여 더욱 단단해지는 것을 모두 기뻐하옵니다. 그리하여 이제 천가지로 상서로운 길일을 받아 삼가 세 개의 단에 경하하는 잔치자리를 마련하나이다. 이제 화로에서는 묘한 향기가 타오르고 저녁 노을 빛은 보배로운 전각에 빗기어 비치니 상서로운 연기는 모이고 모여 덮개를 만들고 상서로운 안개는 엉기고 엉기어 누대가 되옵니다. 하얀 비단 실타래는 등불 빛과 함께 단위에 가득하고 맑은 음식 냄새는 더욱 더 맑은 기운을 온 하늘에 퍼지며 달빛과 더불어 천지에 진동하니 어찌 사십만 리 허공에 티끌 먼지가 떨어져 나가고 천백억 경계의 나라 땅에 발전과 축복이 넘치는 것이라 아니하겠습니까?(중략)

엎드려 바라나이다. 주상전하께옵서는 글로도 뛰어나시고 무예도 출중하시어 날로 발전하시고 날로 새로우셔서 온전히 하늘의 보살핌을 받으시어 명석하심은 해와 달보다 더하시고 후덕하심은 五常을 능가하시어 더욱더 부처님의 사랑을 받아 하늘과 땅처럼 수하시고 3왕(하은주(夏殷周)의 우탕문(禹湯文)왕)처럼 인자하소서. 또 성스러운 아드님을 줄줄이 많이 보시어 마치 메뚜기 무리가 어우러짐 같으시고 천하사방이 편안히 잠을 자며, 영구히 전쟁은 사라지게 하시고 백가지 곡식이 마당에 가득 쌓여 백성과 만물이 언제나 평안하고 위아래 사람들이 함께 기뻐하여 부르는 노랫소리가 나라 안팎에 퍼지고 조정과 백성이 함께 즐겨 뜀뛰고 춤추는 것이 온 나라에 고르게 하소서. 왕비 심씨께서도 고우신 덕성이 널리 밝으시고 국모로서의 의젓하심이 온 나라에 한결같이 하시어 즉시 대를 이을 아들을 배어 영특하신 왕자를 속히 낳으소서. 공의왕대비 박씨께서는 평안하고 유순하심이 하늘처럼 높고 고요하고 부드러우심이 땅처럼 도타우시어 별처럼 수하시어 오래 오래 빛나시고 새벽처럼 복되시어 길이길이 밝음을 누리소서.(중략) 또 원하옵니다. 이 몸도 해와 달이 갈수록 액운이 모두 사라지고 음양의 나쁜 기운이 다 풀리며 여러 성인들의 보이지 않는 보호의 손길을 깊이 받아 하늘의 만년 뜻을 돕고 온 땅의 신묘한 행적을 두루 증거하여 세상 사람들을 한결같이 오래오래 제도하게 하소서. 또 원하옵니다. 이 일에 기쁘게 동참한 모든 사람들이 길이길이 수명을 누리고 봉록과 벼슬이 점점 높아지며 큰 뜻과 굳은 서원, 넓은 마음과 튼튼한 몸을 (갖게 하소서) 하늘처럼 영원한 아름다운 궁궐이여! 몸과 마음이 작은 어긋남도 없기를 생각하게 하시고, 땅처럼 항구한 빛나는 누각이여! 영원히 봉홧불 지키는 큰 다스림을 기억하게 하소서. 남은 물결이 밀려와 메마른 것들을 고루 적시어 (살아나게 되기를 빌며) 이 아름다운 신선(중수된 회암사)을 우러러 바라보나이다.

윗글을 읽은 사람이 옛 회암사 터에 오면 어떤 느낌을 받을까? 아마도 다음과 같은 시조를 생각하게 될 것이다.

흥망이 유수ㅎ니 만월대도 추초ㅣ로다
오백년 왕업이 목적에 부쳐시니
석양에 지나는 객이 눈물 계워ㅎ노라

고려 말의 은둔거사 원천석(元天錫)의 작품이다. 옛 회암사 터를 찾은 나그네는 이 터를 보면서 고려 왕궁 만월대의 운명과 회암사의 시말을 중첩시키지 않을 수 없기 때문이다.

이 회암사(檜巖寺)는 양주시 회천동 회암리에 있다. 서울에서 의정부를 지나 동두천 쪽으로 북상하다가 덕정 사거리에서 오른쪽으로 꺾어 십여 리를 가면 사방이 훤히 트인 분지에 닿으니 거기가 옛 회암사 절터다. 그 옛터의 오른쪽에 천보산 끝자락을 잡고 자그마한 절 한 채가 서 있다. 앞마당에는 보물로 지정된 쌍사자석등만이 풍우를 이기고 이끼를 머금은 채 옛 영화를 쓸쓸히 대변하고 있다. 오백명 스님들이 북적대던 요사 터는 간 곳이 없고.

修舊重新 欲使萬年寶刹 永作裨補於瑤圖, 落成慶讚 只爲一器珍羞 普供賢聖於沙界. 故竭丹心之片片 仰丐玄應之昭昭. 玆寺也 一國伽藍之喉襟 六和苾蒭之淵藪. 祝君壽億萬年之淸梵 無虛於十二時, 念佛名卅九寮之高禪 常居於五百. 栴檀煙殿殿 磬聲房房, 忉利天善法堂 遙愧彫華, 舍衛國金精社 遠慚輪奐. 八表雲遊之野客 輻輳禪階 兩京詩戰之騷人 風趁月砌. 此豈非所謂密助王化之福地 冥資聖德之靈場. 然而衰惟盛男 成乃壞母 礎傾瓦解 柱或朽而橡或墮 雨打風瑤 壁有破而窓有碎. 至如像說莊嚴之勝 丹艧

金碧之光 久經免走烏飛 半被塵侵蠹蝕 凡諸見聞者 孰不嗟吁歟. 弟子窃念 重修實倍初創 爰自癸亥之歲 始發誠於運斤洎 及乙丑之春 終竭力於畢. 手妙同舊製 麗極新成通天下 而美必居先在宇內 而貴應無右. 佛皆放重興之瑞彩 僧盡歸再造之神功 聲流邇遐 頌溢朝野. 神人一理 共知寶曆由是而遐延, 黑白同源 僉喜丕圖賴此而益固. 肆占千祥之吉日 敬建三壇之慶筵. 於是爐焚妙香霞橫寶閣 祥煙聚以作蓋 瑞靄結以爲臺. 素縷盈壇共燈光 而馥郁淸芬通漢 與月色而氤氳 豈惟離穢於四十萬里之虛空 亦能興福於千百億界之國土.(中略)

伏願 主上殿下 文經武緯 日盛月新 克荷天庥 明踰二曜 而德勝五常 益承佛眷 壽等兩儀 而仁並三王, 多見聖子之繩繩 正如螽羽之蟄蟄 四方安枕 而干戈永息 百穀登場 而民物恒安 上下同歡 謳歌沸於中外 朝野咸樂 蹈舞均於邇遐. 王妃沈氏 懿德宣明 母儀一國 卽娠天縱 速誕生知. 共懿王大妃朴氏 怡順天高 靜柔至厚 壽星永曜 福晨長明.(中略)

亦願 已身年月厄之咸消 陰陽沴之頓釋 深荷諸聖之密護 補天萬年 圓證十地之妙行 度人長劫. 又願 隨喜同緣 諸人登壽算綿遠 祿位增崇 志大願强 心廣體泮. 天長鳳闕 意無身心之小乖 地久龍樓 永見巢燧之大治 餘汲所洎 群枯等沾 仰對金仙 云云.

韓國의 名文百選 51

유희춘(柳希春)의 미암일기(眉巖日記)

하루 하루를 지내면서 경험한 일과 생각한 바를 날짜순으로 적어 나가는 비망록(備忘錄)을 일기(日記)라 하거니와, 이 일기가 개인의 사사로운 정담류에 머무는 것이 아니라 한 나라의 역사서에 준할 만큼 공공의 가치를 지니게 된다면 그것을 일기라 할 것인가? 역사책이라 해야 할 것인가?『미암일기(眉巖日記)』 14책을 펼칠 때마다 이것은 단순한 일기가 아니라 사적(史籍)이라해야 옳겠다는 생각을 떨쳐버릴 수가 없다.

『미암일기』는 미암(眉巖) 유희춘(柳希春, 1513 중종8~1577 선조10)이 선조 즉위년(1567) 10월부터 선조 10년(1577) 5월까지 적은 일기 14책을 가리킨다. 선조 10년 5월에 그가 작고하였으니 그의 생애 마지막 11년간이 빠짐없이 기록된 것이다.

미암 유희춘은 전라도 해남에서 박학한 아버지 계인(桂麟)의 아들로 태어나 최산두(崔山斗), 김안국(金安國) 등 당대 거유(巨儒)의 가르침을 받고 중종 33년 문과별시에 급제하면서 환로에 나아갔다. 성균관 학유를 거쳐 사간원 정언에 이르기까지 순탄한 관직생활을 하였으나 을사사화(乙巳士禍)로 파직되고 양재역벽서사건(良才驛壁書事件)으로 제주, 종성, 은진 등을 전전하면서 전후 19년 간 귀양살이를 하였다.

선조가 즉위하자 신원(伸寃)되어 성균관 직강이 되었다가 홍문관 교리, 전라감사 등을 거쳐 성균관 대사성, 사헌부 대사헌, 사간원 대사간, 승정원 승지 등 장관직에 있으면서 동지성균관사, 교서관 제조를 겸임하며 경서(經書)의 구결(口訣)과 언해(諺解)를 상정하고 『주자대전(朱子大全)』·『주자어류(朱子語類)』 등 전적(典籍)을 교정하는 일에 심혈을 기울였다. 무엇보다도 『신증유합(新增類合)』의 편찬은 국어교육사에 한 획을 긋는 큰 업적이 되었다. 이 『신증유합』은 천자문(千字文)의 미비점을 보완하여 당대 실용한자 3,000자를 영역별로 분류하고 사자성어식(四字成語式)으로 익히게 함으로써 한자교습과 국어어휘 보존에 그 공로가 인정되기 때문이다.

미암이 돌아가고 10여 년이 지나 임진왜란이 터지자 나라의 전적(典籍)이 모두 잿더미가 되었는데 광해군 때에 선조실록을 찬수하기에 이르러 임난 전의 사료로 믿을만한 것으로는 이 『미암일기』가 꼽혔다는 사실은 이 일기가 얼마나 사실에 충직한 기록이었는가를 입증하고도 남는다.

미암일기(眉巖日記) 갑술년(甲戌年, 1574 선조8) 시월 초열흘

맑음. 파루 칠 때에 일어나 의관을 갖추고 이른 아침에 경연청으로 나갔다. 묘시(아침 6시)에 전하 앞에 입시하였다. 주상 전하께서는 지난번에 받아 읽으셨던 글월을 읽으셨는데 옥음이 낭랑하여 신(臣)은 즐거움을 이길 수 없었다.(중략)

주상전하께서 말씀하셨다.

"무릇 (漢文) 글월과 그것을 풀이하는 토(吐)나 새김과의 관계를 놓고, 어떤 이는 별로 중요한 일이 아니므로 특별히 신경 쓸 필요가 없다고 하는데, 그러나 성현이 하신 말씀을 글뜻을 통하여 이해하지 못한다면 어찌 그 말씀의 깊은 뜻을 능히 통달하였다고 하겠는가? 이제 사서(四書)와 경서(經書)의 구결토 붙이는 것과 우리말로 풀이하는 것은 의견이 분분하여 정해진 바가 없다. 마침 경의 학문이 정밀하고 해박하여 세상에서 보기 드문 재주라 하니, 사서오경의 구결토와 우리말풀이를 모두 경이 자세히 살펴 정하도록 하라. 상설기관을 설치할 필요가 있다면 그렇게 해도 좋다. 또 혹 경학강론(經學講論)을 담당하는 관원이 있어야 한다면 그것도 역시 경이 알아서 선발하라."

신이 상주(上奏)하여 말씀드렸다.

"이러한 일은 상설기관을 설치할 필요까지는 없습니다. 오직 경학에 정통하고 밝은 사람 몇이서 함께 의논하여 정하면 될 일입니다. 다만 신은 지금 『주자대전(朱子大全)』을 교정하고 있사옵기로 다른 일에 간여할 겨를이 없습니다. 또한 신은 몸이 심히 잔약한데다가 노쇠함까지 밀려오고 있습니다. 명년에 『주자대전』의 인출(印出)이 모두 끝나면 그 가을로 고향에 돌아가서 만들어 보면 어떻겠습니까?"

주상께서 말씀하셨다.

"무슨 말이냐 그것은 아니 된다."

신이 또다시 아뢰어 말씀하였다.

"신은 어려서부터 몸이 몹시 쇠약하였습니다. 제 고향의 마을 사람들이 모두 삼십을 넘겨 살기 어렵겠다 하였사오며, 남으로 북으로 귀양살이를 하면서 비바람 찬 서리를 맞고 고초를 겪으니 세상 사람들은 모두 살아서 돌아오기 어렵겠다 하였는데, 마침내 살아서 돌아와 또 임금님의 은혜를 입고 전하를 모시는 경연에 출입하게 되었사오니 신으로서는 더할 수 없는 행운이온데 거기에 또 무엇을 바라겠습니까? 기사년(1569, 선조3) 겨울에 아내를 거느리고 고향에 돌아갔을 때부터 이미 벼슬에서 물러나 쉬고자 하는 뜻을 지녔사오나, 신의 아비와 할아비가 벼슬을 받은 바 없음을 생각했었습니다. 다행스럽게도 신이 통정감사가 되었사오니 추증(종이품 이상의 벼슬아치의 부·조부·증조부에게 관위를 내려주는 일)의 행운을 얻게 된다면 신의 소원을 이루는 것이라 여겼나이다. (그리하여) 신이 전라감사가 되자 날마다 신임 도사(都事)가 내려와 신의 병장(病狀: 신병으로 직무 수행이 어려워 사직한다고 하는 글월)을 받아 돌아가기를 바랐었습니다. 마침 노진(盧稹)이 내려왔으므로 사직의 글월을 바치려고 하였사온데 갑자기 부르시는 소명을 받잡고 올라오니 (또) 전하

미암일기(眉巖日記)

의 칭찬과 사랑이 너무나 크고 분에 넘치어 차마 속히 물러가지 못하옵고 머물러 있으며 오늘에 이르렀나이다. 엎드려 비오니 성명(聖明)하옵신 전하께서는 시작과 끝마침을 모두 가엾게 보살피시어 이 세상 부모의 은혜를 다할 수 있도록 하여 주옵소서."

이에 주상전하께서는 아무 말씀이 없으셨다. 아마 전하께서도 신의 간절한 뜻을 헤아리시는지라 차마 박절하게 내치지 못하고 생각하시는 듯하였다.

위에 인용한 일기는 미암과 선조대왕 사이의 대화 한 대목이지만, 거기에 경서의 구결석의(口訣釋義)와 관련된 그 당시 우리나라 학술, 문화, 교육의 현안이 함축적으로 제시되어 있다. 그리고 또 미암은 어떻게 귀거래의 사직을 청원하는지, 경연이 끝난 자리에서 벌어지는 임금과 신하의 정담이 430여 년의 시공을 넘어 우리들의 서재에 그림인 듯 파고든다.

眉巖日記

卷十四 甲戌年 十月初十日.

晴. 罷漏起衣冠. 早朝上經筵廳 卯時入殿 上讀前受 玉音琅琅 臣不勝喜悅.(中略)

上曰"凡文字吐釋之間 或者以爲小事 不必留意 然聖賢有言 未有不得於文義而能通其精微者. 今四書五經 口訣諺釋 紛紜不定, 卿之學問精博 世所罕有 四書五經 口訣及釋 卿皆詳定, 亦可以設局 或欲取經學講論之員 則亦惟卿所擇."臣對曰"此事不必設局 只當與精明之人 通議而定之. 但臣今方校朱子大全 無暇及他. 臣孱弱之甚 衰老亦至 明年朱子大全畢印出 其秋乞歸田里而爲之."

上曰"吁 此則不可."臣復陳曰"臣自少小孱弱尫羸 鄕閭之人 皆不以過三十爲期 及南遷北徙 觸犯風霜 沙礫之苦 人皆不以生還爲期 卒得生還 又蒙天恩 出入帷幄 臣以爲幸 不可屢徼. 自己巳冬 挈妻歸家 已有退休之志 以臣父祖無官 幸爲通政監司 得追贈 則志願畢矣, 爲全羅監司 日望新都事下去 得呈病而退. 盧稹下去 方欲呈辭, 忽被召命. 睿獎太過 天寵過分 故不忍速退 而留在至今, 伏乞 聖明始終保恤 以卒天地父母之恩."上黙然 蓋聖上亦知 臣由中之懇 故不忍牢拒而思之也.

찾아보기

ㄱ

가사문학(歌辭文學) 136
각훈(覺訓) 80
강감찬 239, 241
강희맹(姜希孟) 219
경국대전(經國大典) 213
경한(景閑) 113, 114
계백(階伯) 174
계원필경(桂苑筆耕) 42
고금군자은현론(古今君子隱顯論) 234
고려도경(高麗圖經) 66
광개토대왕비문(廣開土大王 碑文) 15
광종(光宗) 49
교장도감(敎藏都監) 61
구결(口訣) 173, 312
구결토 313
구텐베르그 114

국강상광개토경호태왕(國岡上廣開土境好太王) 17
권근(權近) 173
권벌(權橃) 269, 270
귀신론(鬼神論) 243
규장각(奎章閣) 217
균여대사(均如大師) 50, 54
균여전(均如傳) 54
금오신화(金鰲新話) 234
기화(己和) 178, 181
길재(吉再) 158, 227
김부식(金富軾) 65
김시습(金時習) 233
김안국(金安國) 261, 263, 282
김종직(金宗直) 226
김해산성기 148

ㄴ

나옹화상(懶翁和尙) 114, 132, 133

남효온(南孝溫) 227, 228, 243, 244
노비안검법(奴婢按檢法) 49

ㄷ

대각국사(大覺國師) 63
대승기신논소(大乘起信論疏) 28
도박사의 논리(Wager's argument) 181
도산서원(陶山書院) 291
도연명(陶淵明) 229
도자설(盜子說) 224
돈오점수(頓悟漸修) 76, 143
동국병감(東國兵鑑) 255, 257
동국사략(東國史略) 173
동국이상국집(東國李相國集) 80, 86
동국통감(東國通鑑) 213
동문선(東文選) 213
동인시화(東人詩話) 213

ㄹ

르네상스 192

ㅁ

목우자수심결(牧牛子修心訣) 75
무오사화(戊午士禍) 228
미암일기(眉巖日記) 313

ㅂ

박연(朴堧) 203
박연폭포(朴淵瀑布) 280
박팽년(朴彭年) 201
백납가(百衲歌) 137
백운화상(白雲和尙) 113, 114
보우(普愚) 114, 127
보한집(補閑集) 98
보현십원가(普賢十願歌) 50, 52, 54, 55, 58
부관참시(剖棺斬屍) 226, 228, 244
불씨잡변(佛氏雜辨) 156

ㅅ

사가독서(賜暇讀書) 201, 212, 217, 227
사가문신(賜暇文臣) 217
사육신(死六臣) 200
산가서(山家序) 159
삼국사기(三國史記) 65, 68
삼국유사(三國遺事) 54, 103
삼포왜란 266
상죽헌기(霜竹軒記) 152, 154
서거정(徐居正) 212
서경덕(徐敬德) 280, 281
선문염송(禪門拈頌) 92
성리학(性理學) 148
성삼문(成三問) 196, 206

성학십도(聖學十圖) 295
성현(成俔) 238
세자책봉(世子册封) 168
속장경(續藏經) 61
시사설(市肆說) 122
시화(詩話) 수필 70
신숙주(申叔舟) 195, 196, 198
쌍청당기(雙淸堂記) 201

ㅇ

악학궤범 238
안평대군(安平大君) 203
안향(安珦) 103
야은(冶隱) 138
양성지(梁誠之) 189
억불숭유(抑佛崇儒) 152
언해(諺解) 312
역옹패설(櫟翁稗說) 108, 109, 110
오도송(悟道頌) 143
왕오천축국전(往五天竺國傳) 37
용비어천가 190
용재총화(齋叢話) 238
원천석(元天錫) 309
원측(圓測) 20, 32
원효(元曉) 27, 32
유희춘(柳希春) 311
율곡 249
의상(義湘) 32

의천(義天) 60
이곡(李穀) 119, 121, 138
이규보(李奎報) 80, 86, 97
이두(吏讀) 185
이방원(李芳遠) 147, 168
이색(李穡) 138
이숭인(李崇仁) 152, 153
이승휴(李承休) 102, 103
이언적(李彦迪) 249
이인로(李仁老) 70
이제현(李齊賢) 108, 109, 138
이준경(李浚慶) 285, 286
이차돈 84
이태조(李太祖) 168
임꺽정(林巨正) 303
임제종(臨濟宗) 114, 127
임진왜란 266

ㅈ

정도전(鄭道傳) 156, 154, 167, 170
정몽주(鄭夢周) 147, 148
정인지(鄭麟趾) 183
정지상(鄭知常) 66
정혜사(定慧社) 76
제왕운기 102, 103, 106
조계종(曹溪宗) 75, 114
조광조(趙光祖) 271, 275, 276
조선경국전(朝鮮經國典) 167, 170

조식(曺植) 297
조의제문(弔義帝文) 228, 230
지눌(知訥) 75, 91
직지심체요절(直指心體要節) 113, 114
진화(陳澕) 97
집현전(集賢殿) 207

ㅊ
차마설(借馬說) 122
천태종(天台宗) 63
최자(崔滋) 97
최치원(崔致遠) 42, 156
추강냉화(秋江冷話) 244
추강집(秋江集) 244

ㅌ
태고집(太古集) 130
퇴계(退溪) 이황(李滉) 249, 291
퇴계집(退溪集) 291

ㅍ
파스칼(Pasca) 181
파한집(破閑集) 70, 98
팡세(pensees) 181
품일(品日) 175
필원잡기(筆苑雜記) 213

ㅎ
한일합방 266
해동고승전(海東高僧傳) 80, 99
해동제국기(海東諸國記) 195, 196
향찰(鄕札) 50
현정론(顯正論) 179, 181
혜근(惠勤) 114, 132
혜심(慧諶) 91
혜초(慧楚) 37
화폐론(貨幣論) 60, 61
황진이(黃眞伊) 280
회암사(檜巖寺) 127, 303, 306, 309
훈민정음해례본(訓民正音解例本) 184

기타
4.6병려체(駢儷體) 43

韓國의 名文百選 (上)

초판 인쇄/ 2012년 2월 9일
초판 발행/ 2012년 2월 18일

저　　자　심재기
책임편집　김민경

발 행 처　도서출판 지식과 교양
등　　록　제2010-19호
주　　소　132-908 서울시 도봉구 창5동 262-3번지
전　　화　02-900-4520 / 02-900-4521
팩　　스　02-900-1541
전자우편　kncbook@hanmail.net

ⓒ 심재기 2012 All rights reserved. Printed in KOREA

ISBN 978-89-94955-71-1 94810
ISBN 978-89-94955-70-4 (전2권)　　　　　　　　정가 20,000원

잘못된 책은 바꾸어 드립니다.
이 책의 무단 전재나 복제 행위는 저작권법 제98조에 따라 처벌 받게 됩니다.

이 도서의 국립중앙도서관 출판도서목록(CIP)은 e-CIP홈페이지(http://www.nl.go.kr/ecip)에서
이용하실 수 있습니다. (CIP제어번호: CIP2012001161)